分析與思考

黃奇帆的復旦經濟課

黃奇帆　著

分析與思考

黃奇帆的復旦經濟課

香港中和出版有限公司
www.hkopenpage.com

寫在前面的話

張軍（復旦大學經濟學院院長）

2019 年 9 月 16 日傍晚，在黃奇帆教授為經濟學院學生授課前，我安排黃奇帆教授與黃有光教授見面，共進晚餐。兩位黃教授雖首次會面，但相見恨晚，談興甚濃，最後合影留念。一年前的 9 月 27 日，我們在學院的主頁和微信公眾號中公佈了一則新聞：原重慶市市長、全國人民代表大會財政經濟委員會原副主任委員黃奇帆同志和國際著名華裔經濟學家黃有光（Yew-Kwang Ng）教授近日正式受聘復旦大學特聘教授，並加盟復旦大學經濟學院。新聞稿特別提到，兩位黃教授的加盟「將促使復旦大學經濟學院在政策諮詢和理論研究方面踏上新台階」。這個消息一經發出，立刻便成為重磅新聞，迅速在國內各大媒體上傳了開來。

當然，媒體更感興趣的是黃奇帆先生的加盟。在黃奇帆先生正式受聘擔任復旦大學的特聘講座教授之前，他常常是以「中國國際經濟交流中心副理事長」的身份出現在公眾視野中。「國經中心」（CCIEE）是著名的國家高端智庫，理事長則是前國務院副總理曾培炎先生。當然，在卸任重慶市市長之後，黃奇帆先生還曾擔任全國人大財經委副主任一職。

2017 年 5 月 26 日，適逢復旦大學迎來建校 112 周年之際，在學校領導的協助下，我們有幸邀請到黃奇帆先生來復旦與師生交流。黃奇帆先生在復旦大學中國經濟研究中心（RICE）的「中國大問題講堂」

上就中國房地產市場的主題發表了精彩演講。那天晚上，我們把講座安排在復旦校園光華樓的吳文政報告廳，講座現場座無虛席，氣氛十分熱烈。那次演講結束不久我就向學校提出動議，希望邀請黃奇帆先生擔任我們的講座教授，能經常來經濟學院給學生們授課，也能為我們的政策研究做一些指導和推動的工作。我們的請求得到了學校的支持並順利通過校學術委員會等審核程序，學校批准了黃奇帆先生受聘擔任復旦大學的特聘講座教授。儘管黃奇帆先生也常在北京和上海的一些著名高校出席活動，但用黃奇帆先生的話説，如果要在某間大學擔任特聘教授，他當然會首選復旦大學。

作為復旦大學的特聘講座教授，黃奇帆先生答應每月在經濟學院為各年級專業碩士研究生項目的學生們集中授課一次，每次 3 小時。從 2018 年 11 月到 2019 年 12 月，跨越三個學期連續為學生們講課達 10 次，總計 30 多個小時。授課安排在晚上進行，考慮到前來聽課的學生可以來自學校的其他院系，也有不少教師旁聽課程，我們特意把授課地點安排在了經濟學院的大金報告廳。但即使這樣，依然場場爆滿，連走道的台階上都坐滿了學生，現場秩序井然，討論熱烈。

我還記得，黃奇帆教授每個學期開始上課前都與我們溝通每次課的主題，一旦確定下來，他便很快構思形成一個系統的內容。他上課不用 PPT，也不用板書，更沒有書面講義，而是靠自己驚人的記憶力和胸有成竹的結構娓娓道來，表達精準，邏輯自洽，層次分明，有鮮明的論點，有豐富的論據，並佐以大量的統計數字，三小時一氣呵成。對於一位年近七旬的長者，這實在讓後生難以望其項背。

這篇書稿經黃奇帆教授親自審定，在內容上分成了 14 個講題，涵蓋 6 大專題，涉及中國的宏觀經濟、貨幣發行制度、資本市場、房地產市場、中美貿易摩擦與對外開放新格局等重要領域。這些可以

説都是中國當下最重要的問題，也是媒體關注的熱點。在所有這些問題上，黃奇帆教授都有自己的獨到見解與觀點。他的這些見解不僅有經濟理論的基礎，而且對中央決策和政策設計具有很強的含義和操作性。因此，黃奇帆教授的觀點深受關注，無論是在媒體還是在政府部門都具有較大的影響力。

在最後成書時，我注意到黃奇帆教授特意增加了一個附錄，收錄了自己最近在媒體上發表的對浦東開發的一些回憶文章。這個很有意義。2020 年是上海浦東開發 30 周年。1990 年 4 月中央宣佈浦東開發之後不久，還在上海擔任上海市經濟信息中心主任的黃奇帆被任命為浦東開發辦公室副主任，後來又擔任浦東新區管委會的副主任。1994 年他離開浦東新區，擔任上海市委副秘書長、研究室主任，之後又任上海市政府副秘書長、經委主任。2001 年他離開上海，履新重慶，先後任重慶市副市長和市長一職，直至 2016 年年底卸任重慶市市長，在重慶工作了整整 15 年。

黃奇帆先生是一位學習能力超強的領導幹部，在理論與實踐的結合上做到了遊刃有餘，這是有口皆碑的。他吸收理論的能力，加上長期在財經崗位上的豐富閱歷，讓他對很多重大複雜問題的認識帶有很強的穿透性。看上去相當複雜的現象，他能化繁就簡，抓住問題的要領，抽絲剝繭，把問題說清楚，講透徹，繼而找到解決問題的辦法。這常常讓經濟學家汗顏。

説來慚愧，我在大學畢業後一直沒有去過重慶，直到 2015 年。第一次應邀去重慶是在 2015 年的 6 月，我應留美中國經濟學會（CES）的邀請出席 6 月 13 — 14 日在重慶大學舉行的「中國經濟新常態與深化綜合改革國際研討會」。時任重慶市市長的黃奇帆先生應邀在上午的開幕式上就西部重慶的經濟和金融發展戰略與政策發表了精彩的演

講，演講持續了至少一個半小時，給包括諾貝爾經濟學獎獲得者肯尼斯‧阿羅（Kenneth J. Arrow）和詹姆斯‧莫里斯（James Mirrlees）在內的數百位經濟學家留下了非常深刻的印象。2015 年 12 月 10 日我第二次受邀到重慶，在重慶國際會議中心出席由重慶金融辦和西南證券聯合主辦的第二屆「西南金融論壇」並發表主題演講。雖然黃奇帆先生沒有出席論壇，但在論壇前的一個晚上親自邀請演講嘉賓一起共進晚餐。席間黃奇帆先生聊了很多金融的話題，讓我們受益匪淺。從那時候起，我就暗自萌生一個念頭，希望將來能有機會邀請到黃奇帆先生來復旦經濟學院講課。沒有想到兩年後我的這個願望實現了，真可謂因緣際會。

短短的幾年，國際形勢突變，世界在很多方面發生了不可思議的逆轉。中美關係倒退，全球秩序急速瓦解，給正在爬坡過檻的中國經濟帶來四十年來從未有過的新的挑戰。中國似乎比任何時候都更需要大智慧來應對百年未有之大變局，重新尋找我們自己的機會。在這個動盪時代的背景下，黃奇帆教授的這本講稿得以編輯出版，可謂正逢其時，不僅可以給關注這個時代的更多的人以思想的力量，去把握當下與未來，而且也會將我們引入對國家如何保持定力尋求持續發展這一重大問題的理性思考之中。我想這也是黃奇帆教授在復旦大學經濟學院堅持給學生授課的初衷。

2020 年 5 月 6 日於滬上

目錄

附錄：改革開放40年珍貴記憶

宏觀調控

第 一 課

降槓桿與風險化解

上課日期：2018 年 11 月 14 日

　　課程摘要：本課程講述了當前宏觀經濟脫實就虛的四大特徵，以及世界各國去槓桿的基本路徑，重點分析中國宏觀經濟去槓桿的關鍵所在。要害是把企業 160% 的負債率降 40 個點到 120% 左右。實現這個目標，操作上既不能「一刀切」地想兩三年解決，也不能簡單化地排浪式地用一種辦法孤注一擲，更不能層層加碼走極端。從宏觀上看，至少可以用核銷破產、收購重組、提高股權融資比重、穩定物價指數、平穩調控 M2 增長率等五種辦法一起着力。在金融監管中，最需要防範的就是打着金融產品創新的旗號，通過多種金融產品和工具疊加抬高槓桿的問題。要切實把握好金融去槓桿的政策節奏和力度，分類施策，根據不同領域、不同市場金融風險的情況，採取差異化、有針對性的辦法，打贏金融去槓桿的攻堅戰。

今天晚上我將用兩個小時的時間，跟大家交流關於宏觀經濟去槓桿、防風險以及相關改革措施方面的思考。大體上講課一個半小時，再花半個小時討論。今天這個講座，跟你們以後的工作有關聯。所以，我想了一下，講兩個方面。第一方面，整個國家 2018 年最重要的一個任務，就是金融領域，宏觀經濟領域去槓桿、防風險，這是黨的十九大提出來的三大攻堅戰之一。另外兩個是精準脫貧和污染防治。去槓桿、防範金融風險是 2018 年重點工作中的頭等工作。第二方面，具體一點、微觀一點，專門講金融機構怎麼創新，創新的要素以及金融產品創新中最要防範的槓桿過高的風險問題。

一、關於宏觀經濟領域去槓桿

說到去槓桿，大家一般想到的是去庫存、去產能、去槓桿，還有降成本、補短板。「三去一降一補」，講到的都是實體經濟的東西。實際上去槓桿的重點在於宏觀經濟去槓桿，最重要的問題就是目前的國民經濟中的宏觀經濟槓桿率比較高的問題，主要表現在四個指標與世界各個國家相比，我們顯得比較高或者說特別高。

第一，國家 M2。2017 年中國 M2 已經達到 170 萬億元，這幾個月下來到 5 月底已經是 176 萬億元，中國的 GDP 2017 年是 82 萬億元，M2 與 GDP 之比已經是 2.1：1。美國的 M2 跟它的 GDP 之比是 0.9：1，美國 GDP 是 20 萬億美元，M2 統統加起來，儘管已經有了三次（Q1、Q2、Q3）的寬鬆，現在的 M2 其實也就 18 萬億美元，所以中國這個指標就顯然是非常非常的高。

第二，國家金融業的增加值。2017 年年底佔 GDP 總量的 7.9%，2016 年年底是 8.4%，2017 年 5、6 月份到了 8.8%，下半年開始努力地

約束金融業誇張性的發展或者說太高速的發展，把這個約束了一下，所以到 2017 年年底是 7.9%，2018 年 1 — 5 月份還是在 7.8% 左右。這個指標也是世界最高，全世界金融增加值跟全世界 GDP 來比的話，平均是在 4% 左右。像日本儘管有泡沫危機，從 20 世紀 80 年代一直到現在，基本上在百分之五點幾。美國從 1980 年到 2000 年也是百分之五點幾，2000 年以來，一直到次貸危機才逐漸增加。2008 年崩盤之前佔 GDP 的百分之八點幾。這幾年約束了以後，現在是在 7% 左右。它是世界金融的中心，全世界的金融資源集聚在華爾街，集聚在美國，產生的金融增加值也就是 7%。但世界的金融資源增加值、效益利潤並沒有聚集到中國來，中國的金融業為何能夠佔 80 多萬億元 GDP 的百分之八點幾？中國在十餘年前，也就是 2005 年的時候，金融增加值佔當時 GDP 的 5% 不到，百分之四點幾，快速增長恰恰是這些年異常擴張、高速發展的結果。這說明中國的金融發達嗎？不對，其實是脫實就虛，許多金融 GDP 把實體經濟的利潤轉移過來，使得實體經濟異常辛苦，從這個意義上說，這個指標是泡沫化的表現。

第三，國家宏觀經濟的槓桿率。非銀行非金融的企業負債，政府部門的負債，加上居民部門的負債，三方面加起來是 GDP 的 2.5 倍，250%，在世界 100 多個國家裡中國是前 5 位，跟美國相當，是偏高的，美國也是 250%。日本是最高的，現在是 440%，英國也比較高，當然歐洲一些國家，比如意大利或者西班牙，以及像希臘等一些債務財政出問題的小的國家，也異常的高。即使這樣，中國的債務槓桿率排在世界前 5 位，也是異常的高。

第四，每年全社會新增的融資。中國的企業每年都要融資，除了存量借新還舊，存量之外，有個增量，在十年前每年全社會新增融資量是五六萬億元，五年前新增的量在 10 萬億 — 12 萬億元，2017 年新

增融資 18 萬億元。每年新增的融資裡面，股權資本金性質的融資只佔總融資量的 10% 不到一點，也就是說 91% 是債權，要麼是銀行貸款，要麼是信託，要麼是小貸公司，或者直接是金融的債券。大家可以想像，如果每年新增的融資總是 90% 以上是債權，10% 是股權的話，這個數學模型推它十年，十年以後中國的債務不會縮小，只會越來越高。

所以這四個指標對於中國宏觀經濟來說是有問題的，中央提出金融去槓桿，宏觀經濟去槓桿、防風險，不是無的放矢，是抓住了中國國民經濟問題的要害，這是一個情況，大家應該了解。

對這四個指標的高低還可以有一個具體的結構分析。我們剛才說槓桿率是 250%，在全世界來說是排在前面，是比較高的。這個指標裡面又分成三個方面，其中政府的債務佔 GDP 不到 50%，國家統計公佈的數據是 40% 多，但是有些隱性債務沒算進去，就算算進去也不到 50%。第二個方面是老百姓的債務，十年前還只佔 10%，五年前到了 20%，我印象中有一年中國人民銀行也說了，中國居民部門的債務還可以放一點槓桿，這兩年按揭貸款異常發展起來，居民債務兩年就上升到 50%。老百姓這一塊的債務，主要是房產的債務，也包括信用卡和其他投資，總的也佔 GDP 50% 左右。兩個方面加起來就等於 GDP。我們真正債務重的是企業，就是非銀行的工商企業，不管國有、民營，它們的債務總量接近 130 萬億元，中國 2017 年 GDP 是 80 多萬億元，也就是說企業的債務總量是 GDP 的 160%，這個比例是很高的。

日本政府的債務是世界各國最高的。按照 IMF 的分類：日本 2018 年年底私人部門負債與 GDP 比值 207.57%，一般政府公共負債與 GDP 比值 237.13%，其中日本中央政府負債與 GDP 比值 198.44%。乍一看來，日本政府負債率高得令人咋舌，為甚麼國際社會對之風浪不驚呢？大家都知道，日本在海外有很大一塊經濟投資和收入，因此日本

的 GNP 幾乎是 GDP 的 1.8 倍。所以日本的債務如果與 GNP 比的話，就不是 4.4：1，而僅僅是 2.3：1。另一方面，日本國民的高儲蓄率也支持了日本政府的高負債行為，日本國債 95% 都被自己人給消化掉了。再一方面，日本政府的債是日元債、本幣債，不是外債，利息又很低，幾乎趨於零，負擔並不重。即使出現償付危機，日本央行通過印鈔也能夠解燃眉之急。

美國的債務是 GDP 的 250%，跟中國好像差不多，但是兩者的結構有所不同。美國的政府債務到 5 月份是 21 萬億美元，美國 GDP 是 20 萬億美元，所以政府債務是 GDP 的 105%，大賬就是 1：1。但是還要注意一點，美國政府這 21 萬億美元的債務是聯邦政府債務，美國 50 個州政府的債務，一概不統計，大家有時候説，底特律破產，那個很有名的演員阿諾舒華辛力加做加州州長時，加州也曾經因債務停擺過。也就是説美國州政府一級債務也不小，至少有 6 萬億美元債務，但是美國人是不統計的，所以美國對世界説債務就是 21 萬億美元。而中國政府的 40 多萬億元債務，是中央政府的債務有十幾萬億元，地方政府的債務有 20 多萬億元，加在一起 40 多萬億元，佔 GDP 50% 左右，是把區縣、地市、省級政府到國家級統算在一起的。所以中國政府的債務算得是比較充分的。大家要挑剔的話，有時候也會説，中國地方政府有幾萬億元隱性債務，即使把它加進去，也就是 20 多萬億元。從這個意義上，我認為對中國政府的債務並不要自我恐慌，把它當作太大的危機。就這一點而言，不管跟日本比，還是跟美國、歐洲比，中國政府的債務率都低得多，我們都應該淡定一點，問題不那麼大。大家可以理解這一點。

居民的債務。我們中國人比較願意儲蓄，透支消費除了買房，這個十年有點熱錢，有點狂熱以外，幾十年來都是量入為出的。只要不

涉及買房子的家庭，債務都不會太重。廣大農民不涉及商品房買賣，所以中國農民雖然很窮，但他們的債務並不重。白領階層，城市居民負債重，但畢竟有房產作抵押品。要說中國房產跌掉一半，然後變成壞賬，這個可能性也不大。我講這段話的意思是，對中國居民債務佔GDP 50% 這件事，關鍵是要遏制它繼續高速擴張的勢頭。如果今後五年還控制在 50% 左右，不再那麼狂熱地上升（比重上升），這件事大可不必太過擔心，覺得是了不得的事。這個比重跟世界比的話也不算高，真正高的是企業的債務，這個居世界最高。

美國的企業負債率總體很低。因為美國企業每年新增的融資大部分是股權而不是債權。2017 年美國企業新增的融資 30% 是債權，70%是股權，後者是不構成債務的，也因此，整個美國企業的負債比重很低，美國企業負債是美國 GDP 的 60%，而中國企業的負債是 GDP 的160%，這個指標是有問題的。我這麼分析一下，這個結構性的概念就說清楚了。

再有，中國的金融增加值為甚麼這麼高？如果僅僅是以銀行、證券、保險來統計金融增加值的話，其實也就是 4% — 5%，有 3% 左右是非銀行的金融企業形成的。最近的十年，銀行的理財、委託貸款、資管業務等快速發展，央行把錢給了商業銀行，商業銀行把錢給了非銀行金融機構，商業銀行變成非銀行金融機構的「央行」。到 2016 年年底，有 30 多萬億元資金通過表外業務、理財業務、資管業務轉了出去，形成了近 100 萬億元的資金是在非銀行金融機構中周轉，包括信託、小貸、保理或者其他的擔保公司、財務公司、互聯網金融公司，還有私募基金等。就是說在這十七八種非銀行的各種類型的金融機構、類金融機構或者非銀行金融機構中周轉流動、互相疊加、重覆形成的資金流達上百萬億元。這樣的系統往往是一筆錢來了以後，我轉

到你這兒，你轉到他這兒，每個周轉過程都產生一定的收入，一定的租金，一定的利潤，一定的成本，雁過拔毛，這些東西哪怕只佔過路資金的 2% 左右，上百萬億元的表外資管業務資金會形成 2 萬億元左右的非銀行金融系統的增加值，那麼實體經濟就要承擔非銀行金融系統自我循環所產生的成本，這種成本表現在金融系統就是收入，是利潤，是稅收，是增加值，表現在實體企業上就變成了高額的利息成本。

現在銀行的貸款利率一般在 7%，到了信託，到了非銀行系統出來的資金一般都在 12% 以上，到了小貸公司就會到 18% — 20%，導致實體經濟雪上加霜，實體經濟融資難、融資貴都和這個系統有關。這個系統形成的增加值大體上相當於 GDP 的 3%，80 萬億元就是 2.4 萬億元轉到了影子銀行資管業務系統，100 萬億元資金轉出來 2.4 萬億元，等於中間抽頭了百分之二點幾。2018 年以來，金融監管部門對資管業務進行嚴格管制，萎縮後，今年這一塊比重會下來一些。

以上我對四大指標的結構做了一個分析，接下來問題關鍵是去槓桿怎麼去。回顧金融史，這一百年來很多國家都出現過經濟高槓桿以後要去槓桿的調整過程，總結他們的經驗教訓，大體有三種情況。

第一種情況是通縮型去槓桿，造成了極其嚴重的經濟蕭條和企業倒閉，出現金融壞賬，經濟崩盤等局面。

第二種情況是嚴重的通貨膨脹去槓桿，同樣會造成國民經濟大起大落的震盪。

第三種情況是良性的去槓桿，也就是經濟受到了一定的抑制，但還是健康地向上，產業結構、企業結構調整趨好，既降低了宏觀經濟的高槓桿，又避免了國民經濟蕭條，保持了經濟平穩，沒有出現嚴重的危機。

第一種是非常糟糕的緊縮型去槓桿。去槓桿就是金融緊縮，緊縮

過猛了導致經濟崩盤，就是糟糕的去槓桿。第二種是通過通貨膨脹發貨幣，這個加貨幣印鈔的過程，把各種各樣的壞賬通過發貨幣稀釋掉了，這個通貨膨脹如果過於嚴重就會出現社會震盪，財產的再分配，也會導致劇烈的經濟危機，這種是糟糕的加貨幣的去槓桿。第三種是良性的去槓桿，我們可以看到美國從 20 世紀到現在這一百年裡有兩次金融危機（大的危機），一次就是 1929—1937 年，甚至到第二次世界大戰結束，也就是羅斯福新政這一段。這一段裡面既有糟糕的通縮型去槓桿，引發了巨大的蕭條危機，危機之後再進一步凍結，整個國民經濟停滯；後來又有適當的財政加槓桿和金融放貨幣，實行了凱恩斯那一套，可謂先苦後甜，但這不是一個系統決策，不是 1929 年就想好了的一個系統決策，而是碰鼻子轉彎，中間還遇到了第二次世界大戰這麼一個過程。日本在 20 世紀 80 年代後期一直到現在這一段，整個二三十年也是去槓桿，因為 80 年代的時候日元匯率上升產生了日本收購美國資產這樣的高速擴張，然後在 80 年代經濟崩盤以後出現整個國民經濟停滯近二十年。

美國第二次去槓桿是 2008 年遇上了極其嚴重的金融危機（次貸危機），這一次他們做得比較好，屬於良性的去槓桿。十年裡面，一方面把崩盤的金融企業壞賬核掉一塊；另一方面通過 Q1、Q2、Q3，這個過程使得股市健康，道瓊斯指數從 6000 點漲到 28000 點，整個企業債務率現在也很低，美國企業的債務是 GDP 的 60%，現在的經濟增長也是十年來最高的（3%），對他們來說正常只有 2% 左右，差一點就是不增長或者 1% 的增長，那麼 2% 以上就算是良性了。20 世紀 90 年代在老布殊、克林頓那一段也有過百分之二點幾，現在這一段基本上到了 3%，經濟是比較健康或者比較好的良性發展。

我的意思是，真正宏觀經濟的去槓桿，不僅是一個個企業怎麼

去壞賬、怎麼核銷、怎麼破產的問題，還要從宏觀上看這個結構和模型。我們國家如果要把 GDP 250% 的國民經濟宏觀債務下降三五十個點，降哪一部分？是把政府 50% 的部分往下降？還是把老百姓 50% 的部分往下降？還是三方面的平均下降？我認為今後五到十年，如果居民和政府的負債還能夠穩穩當當控制在 50% 左右，那是上上大吉，要害就是把企業的 160% 降 40 個點，降到 120%。如果企業真能降到 120%，政府是 50%，居民 50%，加起來是 220%，那就非常好了。

所以，首先要有一個宏觀經濟去槓桿的目標，我們決不能允許現在的槓桿率 250%，過五年十年變成 300%，十年以後也許中國 GDP 到了 150 萬億元、180 萬億元，如果那個時候槓桿率還是 250%，甚至 300%，那宏觀債務會變成多少了呢？ 180 萬億元的 300%，那就是 500 多萬億元債務，想像一下，這是非常可怕的事。所以，宏觀上中央提出了去槓桿，一定要比現在的 250% 往下降，比如三年、五年以後降到 230%、220%。十年以後，通過供給側結構性改革，力爭槓桿率能控制在 200% 左右，這是一個定量定性的宏觀目標，要堅定不移努力去實現。

所以實現這個目標的措施，時間上來說不能「一刀切」，想一年、兩年、三年就解決。太急地去解決，這麼大的宏觀經濟體傷筋動骨，是不現實的，會導致國民經濟癱瘓，會造成嚴重的通貨收縮，出現大家最不願意看到的糟糕的通縮型去槓桿。所以我們現在對銀行，對各種金融資管不能抽得太快。目標要堅定，但是步驟還是要分年度擇機行事，穩妥把握好一個度，總的是要有條有理，穩妥推進，這是一個原則。

再則，在企業去槓桿方面，要有一個今後 3 — 5 年，企業債務總量佔 GDP 的比重降一至兩成，5 — 10 年降三至四成的目標，這是中國

經濟去槓桿的關鍵環節。企業去槓桿，目標要堅定，方法要合理，不能孤注一擲，只用一種辦法去槓桿，應該是多元化的辦法去槓桿。從宏觀上來看可以有五種方法去槓桿，五管齊下，辯證、系統、協調，一起加力。

第一種，核銷破產。對企業來說相當於賴賬，在經濟學詞典裡面，宏觀上說叫債務減免，相當於把這一部分債務豁免了，從微觀上看實際上就是有一批企業破產了，強制性破了產，硬生生把銀行債務去掉了，這是一種債務減免。

第二種，收購兼併重組，資源優化配置。這個過程中企業沒有死，債務也沒有 100% 破產核銷，但是也會有債務的豁免。比如說 2000 年前後國有企業改革，那時候 1.3 萬億元債轉股、債務剝離，進行了企業重組。當時的債轉股過程中，1.3 萬億元並沒有完全壞賬，對銀行來說一般會壞賬核銷 60%—70%，但資產管理公司得到了全部債權，一般能從經營條件轉好的債轉股企業中回收 60%—70% 的債權，真正核銷的壞賬是 40% 左右。這項改革在後來的十年形成了四大萬億元級的資產管理公司，取得了巨大成功。

我去重慶後，發現重慶這麼一個老工業基地和西部困難地區雙疊加的地方，破產指標沒拿到多少，在 20 世紀 80 年代後期，國家經貿委 4000 多億元的破產指標中只拿到 40 多億元，13000 多億元的債轉股指標中只拿到 100 億元，都只佔 1% 左右，但他們銀行整個貸款餘額 1800 億元中，五級分類裡面第五級的壞賬就有 400 多億元。那時候已經沒有債轉股指標了，事情已經過了。我就為此與工、農、中、建、交銀行行長們商量，搞地方式的債務剝離，就是你幫我核掉 300 億元，我還給你 20% 多的貸款本金。如果破產的話，你可能只有 5% 的本金可以拿回去，你幫我豁免 300 億元，我一下子就把這 300 億元的

20% 多的本金，在一個月裡面還給銀行，你也不要打官司了，否則一個企業 3000 萬元、5000 萬元、1 億元、2 億元的，這 300 億元全涉及的話可能有 1000 多個企業打破產官司。這件事，重慶市政府和幾大商業銀行取得了共識，形成方案，報經國務院批准，搞了一次沒有國家統一指標的地方層級的債轉股。這是一種部分的債務豁免，通過資產重組、債務重組實現資源優化配置，形成不傷筋動骨的良性去槓桿。

如果說，在中國 130 萬億元企業債務裡面，有 10%—15% 的企業存在高負債、高槓桿、高壞賬率問題的話，這裡面有 5% 是必須破產關閉、核銷壞賬、動外科手術的，那就該有 6 萬多億元的壞賬核銷，如果有 10% 的困難企業通過債務重組、結構調整，經營改善、恢復生機，那麼銀行方面即使打個對折核銷 6 萬多億元，還能回收 6 萬多億元本金。

第三種，就是調整每年新增的融資結構。每年新增的融資如果能夠在今後三五年裡使股權融資從 9%、10% 增長到 20%、30%，五年以後股市搞得好一點，增長到 50%，也就是說現在一年新增融資 18 萬億元（2017 年），這個新增融資裡面，如果股權融資能到 50%，債權融資減少 40 個點，本來 90%，現在降到 50%，有 40 個點變成股權，這樣一年就增加 8 萬億元、10 萬億元的股權，這個股權除了從股市裡面要以外，還有私募基金投資也是股權，以及其他各種各樣的直接投資也是股權投資。也就是說我們的經濟結構要發生這麼一個變化，這樣的話，幾年下來，三五年裡面債務相當於會減少三四十萬億元。

第一種破產法，去債 6 萬多億元；第二種重組法，豁免也是 6 萬多億元；第三種通過發展股權融資，實現減債 30 多萬億元；總的來說，這三種辦法加起來就可能有將近 50 萬億元了。

第四種是甚麼呢？是良性的通貨膨脹，自主地稀釋一部分債務。

我們不能去主張通貨膨脹，但是通貨膨脹總是客觀存在，每年 2% 的物價指數也是通貨膨脹，就算保持 2%—3%，那麼五年時間也相當於 10 個點的資金自然而然地稀釋掉了，這不是有意的賴賬，這是一種良性的通脹，但也是一種稀釋。這個辦法如果一點不用，完全變成緊縮、通縮，那麼資金鏈會斷掉，也會出問題的，所以美國人刺激經濟的時候，一邊是財政刺激，一邊是金融寬鬆，當然這個寬鬆還是有度的，不是亂搞的，但這個過程中使得美國經濟、股市，包括房地產市場都能穩住，2008—2010 年美國能走出困境，這也是很重要的一個辦法。

通脹這個概念，一般經濟學裡經常會爭論。從本質上說，通脹是一種貨幣現象，只要有物價上升，一定是貨幣發行過多。當然通脹也和供求有關，供不應求就漲，供過於求就縮。在國際化背景下，通脹又跟外匯匯率有關，貨幣升值是輸入通脹，貨幣貶值是輸出通脹。現在調控物價，調控指數，三種工具都在起作用。

第五種，穩定並適當降低 M2 的增長率，這也是降低企業槓桿率的重要方面。近十年 M2 的增長率高則 20% 以上，低則 10% 以上，平均在 14% 左右，M2 總量過大，形成了企業負債過度寬鬆的生態環境。今後十年的貨幣政策，要全力穩定並適當降低 M2 增長率，使每年 M2 的增長率與 GDP 增長率和物價指數增長率之和大體相當。如果 GDP 增長 6.5%，通貨膨脹率 2.5%，加在一起就是 9%，必要時再加一個逆週期調控的平減指數，在經濟偏熱的時候，平減指數是減 1、減 2，經濟偏冷的時候則加 1、加 2。

我剛才說了五條，第一是堅定不移地把沒有任何前途的、過剩的企業，破產關閉，傷筋動骨、壯士斷腕，該割腫瘤就要割掉一塊。第二是通過收購兼併，資產重組去掉一部分壞賬，去掉一部分債務，同時又保護生產力。第三是優勢的企業融資，股權融資從新增融資的

10% 增加到 30%、40%、50%，這應該是一個要通過五年、十年實現的中長期目標。第四是柔性地、柔和地通貨膨脹，稀釋債務，一年 2 個點，五年就是 10 個點，也很可觀。第五是在基本面上保持 M2 增長率和 GDP 增長率與物價指數增長率之和大體相當。我相信通過這五方面措施，假以時日，務實推進，那麼有個三五年、近十年，我們去槓桿四五十個百分點的宏觀目標就會實現，這是我今天講的第一部分。

第一部分裡面如果再要補充一點大家感興趣的，就是五個措施裡面的第三條是最關鍵的。怎麼把股市融資和私募投資從 10% 上升到 40%、50%，這就是我們中國投融資體制，金融體制要發生一個坐標轉換。這裡最重要的，實際上是兩件事。

第一件事，要把證券市場、資本市場搞好。十幾年前上證指數兩三千點，現在還是兩三千點。美國股市指數翻了兩番，香港股市指數也翻了兩番。我國國民經濟總量翻了兩番，為甚麼股市指數不增長？這裡面要害是甚麼呢？可以說有散戶的結構問題，有長期資本缺乏的問題，有違規運作處罰不力的問題，有註冊制不到位的問題，各種問題都可以說。歸根到底最重要的一個問題是甚麼呢？就是退市制度沒搞好。

大家注意一下，美國、歐洲，包括日本的市場，成熟的市場有一個基本概念，比如說 20 世紀 80 年代紐約證券交易所的上市公司就是 3000 個左右，到了 2000 年還是 3000 個左右，2008 年是 3000 個左右，現在去看也是 3000 個左右。實際上每年都要新增 200 多個，那十年就漲 2000 多個，三十年就是 6000 多個，為甚麼現在還是 3000 多個呢？就是因為每年的退市跟上市基本上 1：1，有的年份退市比上市多一點，三五年平均來看基本上進退 1：1，所以企業數量大體是不變的。同樣 3000 多個企業，道瓊斯指數原來 6000 多點，現在 24000 多

點，那這 3000 多家企業的市值翻了兩番，買了這隻股票的人不就一起發財了嗎？他這 3000 多個企業市值就等於美國 GDP，因為美國股票市值跟 GDP 大體是 1：1。所以股市代表了國民經濟的一個風向標，它之所以能夠增值，不是簡單地靠資金推動，而是靠效益來推動。效益好，入市資金就不會短缺；效益不好，有資金也不會輕易入市。

大家有時候說中國股市資金只有這點，新股上市多了，資金就短缺了。「獨角獸」來了把資金抽掉一點，股市就跌了。從短期來說，是有這麼一個概念，資金客觀不變，這邊多那邊就少。宏觀上看國民經濟的這個池子，其實整個股市的池子只是國民經濟池子的一小塊，但這一小塊如果效益好，市場總是會有足夠的錢去買它的。同樣 3000 多個企業，每年總有那麼兩三百個差勁的關門離開，總是有兩三百個好的進去，優勝劣汰的結果是留在裡面的總是當下最好的，過了五年好的也可能變差又滾蛋了，但這五年裡面新的好的又進來了。只要保持這個狀態，那麼聰明的人，有點錢的人，全社會跟股市無關的錢，有意無意總會進股市，這個社會是不會缺錢的。就像買房子上百萬億元，分流 20% 進股市，股市市值就可能因為增量資金流入，帶動存量資產升值，從 50 萬億元變 100 萬億元了。我要講的意思就是退市制度沒搞好，只進不出、只吃不拉，這是股市發展不順利的基本原因。

第二件事，就是私募基金。美國的私募基金，各種各樣的私募基金總的擁有的資本金跟股市大體相當，有十七八萬億美元。我 2017 年 11 月去華爾街，當時代表全國人大財經委去的，與華爾街的摩根士丹利、高盛、KKR、黑石四大金融集團的董事長見了面。黑石的資金量就有幾萬億美元，KKR 也有 5000 億美元，這些基金和投行的老總個個胸中有全局，有全國，有全球，天文地理甚麼都通。那一天我們分別見面，與四個老總各聊了兩個半小時，從早聊到晚。我講這段話

的意思，就是說這個股權基金如果搞得好，他所有的出手就是股權投資，就是資源優化配置，就是使得美國每年新增股權融資量達到總融資量 70% 的關鍵所在。

我們現在的股市有問題，基金也沒搞好。我們現在的基金，至 2018 年年底，註冊的基金大體上 2 萬多個，25 萬億元人民幣。其中公募基金一百來個，資金總量約 13 萬億元，大部分是債權投資。其中 7 萬多億元買了貨幣基金，3 萬多億元買了債券，僅有 2 萬多億元是作為股權投資買了股票。私募基金 2 萬多家，資金總量約 12 萬億元，資金來源中，有相當部分的 LP 資金形股實債，缺少真正的股權投資。由於私募基金雜、散、小，大部分基金公司往往只管幾千萬元，一個億都不到，許多基金企業，因為名聲不好，沒有太多有錢人投資，為了生存，違規搞通道業務，或者搞亂集資，也就是搞固定回報的高息攬儲、搞高利貸（放貸），這就不是真正對企業股權進行投資。

私募基金及其投資活動，是資本市場的重要組成部分。資本市場的二級市場上少不了基金的投資活動，資本市場的一級市場上也少不了基金的投資活動。在上市公司沒上市之前，也少不了基金的活動，這是基本的要義。基金是整個資本市場的撒手鐧、啄木鳥，是各方面推動的動力。所以我認為，如果好好去講資本市場的話，要麼講註冊制、講退市的機制體制，要麼講基金發展和制度建設。

二、關於加強金融產品創新中的風險防範問題

第二部分我來講一下具體的金融企業在創新當中怎麼防風險、去槓桿。金融的本質就是三句話：(1) 為有錢人理財，為缺錢人融資；(2) 金融企業的核心要義就在於信用、槓桿、風險三個環節，要把握好三

個環節的度；（3）一切金融活動的目的是為實體經濟服務。

當你為實體經濟服務，為實體經濟中有錢的人理財，為實體經濟中缺錢的人融資的時候，當然最重要的就是管控好信用、槓桿和風險。沒有信用就沒有槓桿，沒有槓桿就沒有風險。沒有信用、沒有槓桿那就是實物交換，1：1對等。有了信用就可以透支，透支就是槓桿，槓桿過高了就是風險。所以把現有信用用足用好，有信用不發揮好就是笨蛋或者是死心眼，但是有信用把槓桿用得過了頭造成風險，那就是瘋子或者是愚蠢的人。金融管理的要義就是把自己這個企業單位信用用足，但是用足就表現為槓桿的放大，在放大槓桿的時候又把風險控制在底線裡面，這就是一個高明的金融領導人員、管理人員、工作人員、財會人員必須負的基本責任。

從宏觀上來看這三句話，宏觀經濟中的貨幣信用、負債信用、槓桿信用從哪裡來？一個國家 GDP 增長率，一個國家財政稅收的增長率，實體經濟的利潤率，是一切貨幣信用、負債信用、槓桿信用的來源。反過來，槓桿過大了又會帶來宏觀經濟的風險。這三句話表現在微觀上，就是每個企業對自己的債務槓桿、效益改善都應日日關注、月月關注、年年關注，把事情做好。

在具體的金融工作中我們可以看到一個現象，正規的金融機構，它的信用必須有多大的資本、有多大的槓桿，都有基本的制度，是個定數。比如說銀行有五個信用指標，一是資本充足率，你有 1 億元，可以搞 10 億元；二是貸款利潤率；三是壞賬準備金；四是存款準備金；五是存貸比。這些都是一種信用槓桿、信用的基礎。

證券公司也好，小貸公司也好，各種保險公司也好，凡是金融機構，一行三會批的，有牌照的，它的信用基礎、槓桿比例、風險防範都是有制度安排，有明確的法律的或者制度的管制，在這方面一個金

融工作人員只要學習了這些業務，循規蹈矩，把工作做好就可以了。除非是金融監管失控才會亂象橫生，應該說不管是 20 世紀 80 年代、90 年代，還是 21 世紀以來的 18 年，特別是世界金融危機以來的這十年，傳統的、常規的金融機構，銀行、證券、保險其實還是基本規範的，因為裡面各種各樣的規矩十年前、二十年前就有，全世界也基本上統一，不大會有人離經叛道亂搞一通，除非是犯罪分子，一被偵破就坐牢去，這方面鋌而走險的人是不多的。

那麼，習近平總書記批評金融系統這段時間亂象橫生，這個亂象主要發生在哪呢？主要發生在資管業務上、表外業務上、小銀行的金融機構上，發生在這三類業務的金融產品創新上。金融創新分為金融機構新設、金融技術發展、金融產品創新三大類。

第一類，是隨着實體經濟、國民經濟的發展，與時俱進產生的一些新的金融機構。比如說在 1990 年以前，中國除了商業銀行以外，證券公司是沒有的，1990 年浦東開發有了證券交易所以後就有了證券公司，對當時來說這是屬於新的金融業務。但在全世界來看這不叫創新，這是一個傳統業務。再以前保險公司連人壽保險、財產保險都不分，後來把它分開，中國人民保險公司等等推出各種各樣的生命保險和貨物保險，這種都屬於國民經濟發展當中新的業務。再比如說 1985 年以前是沒有信託公司的，當時榮毅仁受鄧小平委託建立了中國第一個國家級的信託公司，就是現在的中信集團，這是一類金融創新。現在互聯網出來了，就出來了比如說第三方支付的金融業務或者消費金融信貸的業務，這些都屬於與時俱進的實體經濟。國民經濟發展需要有新的長進，出來的新業務，這也叫創新，但這些創新在中國是創新，在世界上是傳統常規業務，這類創新一旦產生，這個規矩基本上就是確立的。

第二類，是金融技術發展，比如說電話發展、電報發展、互聯網發展，通訊方式發展了，金融結算方法發生了變化，結算的過程沒甚麼槓桿不槓桿，就是快速、準確，這也是一種技術創新。這種創新會提高效率，但基本上和槓桿也沒關係，也是管得住的。

第三類，是金融產品創新。金融創新中真正的要防範信用失真風險，防範槓桿率過高的地方是金融產品創新，這是我下面要重點講的。甚麼叫金融產品創新呢？我們常規的金融工具，就像是十八種武器，鎗炮、手榴彈各種各樣的武器，或者中國古代兵器的十八般武藝，刀槍棍棒，等等。銀行、信託、保險、證券、保理業務、小貸業務或者各種擔保公司、財務公司、汽車金融公司、消費金融公司，也就是說這一類有國家正規牌照，常規性的業務牌照的公司，銀證保主流系統和非銀行系統的總的有十七八種，時間關係不去把它展開列出來，大家一聽就明白。

這十七八種裡面都有自己常規的信用、槓桿、風險管控的制度安排，這都是一目瞭然，清清楚楚的，是可以當作一個知識、一個制度、一個約定去把它學會弄懂的。但是金融創新並不是把這些常規的金融企業、金融通道的業務都學會就算創新。這個創新是把信託的資金，保險的資金跟資本市場、證券市場的資金、銀行的資金、私募基金的資金各種通道連接起來，組合起來。這個組合的方法，它的宏觀環境是我們說的銀行理財業務、表外業務、資管業務。這個資管業務通過各種各樣的金融工具，形成了各種各樣的組合，有的是兩三種金融牌照的業務組合在一起，有的是五六種組合在一起。

這個組合當中，不同的工具組合在一起靠甚麼來連接呢？就像小孩子拼拼圖，幾百塊拼成一個圖，總是有勾勾連連的工具。這種工具大體上有六種，也就是說用這六種工具把這十七八種業務互相組合起來。

1. 高息攬儲。各種短期資金通過這種方式吸收過來。

2. 剛性兌付。以虛擬的剛性信用，讓散戶和中小企業放心寬心地拿出資金。

3. 資金池。這麼多資金拉過來了，可能是半年期、一年期、兩年期的，放出去的錢是長期的、中期的、三年、五年的，你怎麼樣能夠組合呢？要有一個資金池。

4. 錯配。這個資金池裡的水是各種各樣的短途資金往裡裝，裝到池裡以後，池子出去的錢可以兩年、三年，甚至五年，它可以錯配。

5. 通道。這種資金往外走的時候，每過一個通道就可以疊加一部分槓桿。

6. 嵌套。各種類型的資金混在一起嵌套使用時，視其信用等級分成優先劣後，形成抽屜協議。

金融產品創新中，為了取得高額效益，往往採用上述六種工具加大槓桿。比如說我通過各種各樣高息攬儲，剛性兌付，形成 20 億元的錢，如果我就只是錯配 20 億元往外發的話，槓桿比還不高，賺的錢，因為是高息來的，出去的錢也要高利息回收，可能利差也不多，所以要放大資本和資金的效益，我就通過一個通道，比如說私募基金，把這 20 億元通過私募基金放出，私募基金給人的概念就是股權，明明是短期亂七八糟的債務，經私募基金這個通道就能加槓桿了。你給私募基金 1% 的過道費，就由他出馬拿你這 20 億元跟銀行組合，銀行一看私募基金拿了 20 億元，那銀行借你 40 億元，這就變成 1：3 的槓桿。如果 20 億元本身是 90% 的槓桿，那麼就變成 27 倍的槓桿了。他拿了銀行的貸款出來的這部分錢，20 億元已經變成 60 億元，如果到股市裡面投資，投資 60 億元股票，還融資融券，不要太狠心，1：0.5 好了，60 億元就可以借 30 億元，他就變成 90 億元，他原始的錢可能只有 2

億元，結果就放大了幾十倍。

　　所以說在金融創新中加槓桿的辦法一共有六種。第一種叫高息攬儲。第二種叫剛性兌付。第三種是資金池。第四種是錯配。第五種是通道，通道可能把債權變成股權，就可能產生底數不清的資金流。第六種是嵌套，通道以後還可以嵌套。嵌套的時候一定有抽屜協議，表述為優先級和劣後級兩種資金。如果僅有一個抽屜也就罷了，有時候會有三四個抽屜，抽屜的抽屜的抽屜，弄得天昏地暗，底數不清，最後整個金融亂象誰都搞不清。但這個亂象是在座各位學生千千萬萬的前輩在業務工作崗位上，在企業裡面昏頭昏腦做起來的，哪個單位裡的人都通過這樣的業務做成了一個槓桿和業務，雁過拔毛，大家就可能有了利潤、稅收、收入。金融亂象就是這麼來的。

　　我今天用這樣的方法把它講全了。如果把中國這五年金融亂象中所謂的金融創新中的工具，全部歸納一下，只要有這六條就可以組合成萬花筒。也就是說十八種武器算橫坐標，這六種工具算縱坐標，通過這六種工具組合十八種武器，可以組合成中國金融亂象中各種可測的、不可測的，被大家發現的和沒被發現的案件。

　　總之，金融產品創新全部的要義，孤立地看，每一個環節都會有一點信用，都在考慮一種信用底數，每個環節如果沒有信用底數它就無法操作，跟你合作的人也不會跟你合作。包括抽屜協議也是認為你信用不夠了，製造一個強制信用，優先級的錢先還，劣後級的後還。我要收 10% 的利息，收了以後，多餘部分你再跟我分，你才能分，等等，這都是為了保底的信用，是防風險的措施。所以每個環節一定又把風險信用和槓桿扯在一起。但是當有三五個環節都有這麼三五種信用，三五種槓桿和三五種風險扯在一起的時候，就一定會造成信用底數不清，槓桿級數猛增，風險系數幾何級地放大的嚴重後果，那一定

會出大事。

我舉兩個案例結束今天的講課。

第一個案例，就是大家都知道的寶能。寶能收購萬科 25% 的股份這件事吸引大家的眼球，也是中國資本市場這幾年最大的事件之一。分析寶能整個案子可以看到幾個現象。

寶能，首先不是利用它自己的保險公司正常的保費，而是發了一個萬能險，它是一種理財資金，是半年或者一年或者一年半，一期一期的理財資金，雖然它叫保險資金，其實就是高息攬儲，並且通過銀行櫃台來銷售給各種各樣到銀行儲蓄的人。銀行的業務員也熱衷推銷這類產品，老百姓拿了 10 萬元來儲蓄，銀行業務員說，你別在我這兒儲蓄，你買這個保險吧，這個保險利息比銀行利息要高兩三個點，萬一你有甚麼事還有點保費。老百姓很現實，就跟着買，而且是銀行賣給我的，就認為是剛性兌付的。

這個萬能險就有三個問題。第一，它是高息攬儲；第二，通過銀行發放，讓人家把保險公司信用和商業銀行信用聯繫在一起產生剛性兌付的印象；第三，萬能險的比例高槓桿放大。萬能險不是中國人發明的，在美國、歐洲早就有了，但是國外保險公司有一個規定，任何一個保險公司一年的保費餘額中，萬能險的保費餘額不能超過公司總保費餘額的 15%。就相當於保費是資金池，也就是短期的資金作為保費出去就是長期投資，錯配了以後，你如果只佔 15%，風險很小。但這幾年我們對萬能險保費比例不控制，至少過去幾年裡，我們國家六七個民營保險公司萬能險保費餘額佔整個保險公司保費餘額的 70%、80%，這本身就是必須禁止的事，但是沒禁止。這一件事就是短期資金高息攬儲，然後產生剛性兌付錯覺，再變成資金池高比例錯配。

我們可以看到 2016 年初，寶能買萬科股份的錢裡面最底層的原

始資產有 70 億元萬能險，這是它自己公告的，這 70 億元去買每股十幾塊的萬科股票，只能買幾億股，所以它嫌槓桿不夠。它就把這 70 億元放到兩個基金裡，跟兩個私募基金合作，這就通過幾個通道形成嵌套，以基金投資的名義，把這 70 億元放銀行，存一貸二，銀行放貸 200 多億元給他們，銀行的 200 多億元加上萬能險的 70 億元就 280 億元了，280 億元買萬科的股票，平均價格每股十六七塊，買了十七八億股，佔 18%，已經變成第一大股東，然後通過股權抵押融資融券變成 450 多億元，佔萬科 2000 多億元的近 25%，就進一步跟萬科提出董事會改組。這是第一個故事，情況就是這樣。

這件事在法理上違反了幾個法規。一是保險公司萬能險佔比 70% 以上是有問題的；二是多通道疊加嵌套形成高槓桿融資是穿透式違規行為；三是短期資金可以購買股票理財，但將萬能險作為股權資本購買長期法人股權違反了國際資本市場規則。總之，這個案例從更深層提醒我們要加強監管，特別是跨領域的綜合性監管；要加強法制建設，特別是對金融產品創新中的負面清單、法律制度的建設要加快、加大、加強。邏輯上講，這件事把剛才說的六個要素，高息攬儲、剛性兌付、資金池、錯配、多通道疊加、多抽屜協議嵌套，六種槓桿工具統統都用上了，是一個非常典型的跨領域、穿透式、高槓桿的投融資不規範的案例。

第二個例子，是用來說明有些事情發展過程中雖然出了岔子，但是不要用雞飛蛋打的方式，「一刀切」的辦法去處理，不要潑髒水的時候把小孩也潑掉。這個事情涉及阿里巴巴。馬雲有一個花唄，有一個借唄。大家知道本人從 2013 年以後對國內互聯網貸款 P2P 是十分警覺、堅決制止的。所以在 2013 年，在我們金融辦上面批示，在重慶這個地面上絕不允許註冊一個 P2P，也絕不允許外地批准的 P2P 跑到

重慶來開公司。當時各地都是作為新生事物在支持站台，我卻禁止。
到 2014 年我遇上尚福林，建議中國銀監會要把這件事管起來。我記得
2014 年 6 月份彙報以後，他 7 月份開了一個黨委會，中國銀監會的領
導就佈置這方面的管控措施。總的來說，這方面重慶管得是可以的。
2015 年的時候，全國 2000 多個 P2P，有幾千億元的壞賬，這個名單裡
面重慶沒有，但是重慶當地網民有損失，因為重慶的人在網上把錢匯
過去了。但至少重慶沒有出現體制性的毛病。

　　另一個方面，我認為符合國家規章的互聯網小貸應該支持。所以
在 2013 年的時候，我遇上馬雲，在我辦公室聊天時，他跟我說，他想
成立一個網上小貸公司，但是那個時候，浙江省因為溫州小貸公司壞
賬較多，正在整頓，沒有批准他的網絡小貸公司。我跟他說了五條。
第一，你只要小貸公司的錢不像 P2P 公司那樣從網民那兒來，資本金
的來源是母公司集團自己的資本金注入 30 億元、50 億元，而不跟網民
發生關係。第二，這個錢是貸給你的客戶鏈，而不是向毫無關聯的網
民放貸款。第三，貸款資金按中國銀監會規定的資本金的 2.3 倍拆借融
資，也就是拿 30 多億元資本金可以放款 80 億元。第四，進一步的貸
款資金來源可以通過合規的資本市場 ABS 融資。第五，在整個發展過
程中業務可以輻射到全國去，但是你的總部要註冊在重慶。他就按照
這個要求註冊了，他註冊以後，騰訊的、百度的，所有中國前十的互
聯網公司的小貸公司都在重慶註冊。目前中國互聯網小貸，P2P 的不
算，因為這都在整頓當中，正常的互聯網小貸，全國性的現在有 1 萬
多億元，重慶註冊的這一批公司形成的餘額近 5000 億元，約佔全國互
聯網小貸總量的 50%。

　　大家知道 2016 年 9 月份、10 月份，馬雲的花唄、借唄遇上了金融
資管整頓，他遇上一個麻煩。大家看到網上發的消息，花唄、借唄資

本金貸款的槓桿比達到了 100 倍以上，被整頓了。此時，我了解到，重慶要求的上面這五條約定他們都是遵守的，重慶的金融系統、政務系統沒有任何違規，而重慶這五條都是符合中國銀監會要求的。問題出在 ABS 發行上，螞蟻金服把 30 多億元資本金通過 2.3 倍的拆解融資形成了 90 多億元網上小額貸款，又利用中國證監會一個金融工具 ABS，一個貸款餘額拿到證券市場交易所發 ABS 債券，90 億元進去可以發 90 億元，那 90 億元拿來以後又變成貸款，出去以後再發一次，這樣循環了多少次呢？循環了 40 次。這就造成了 30 多億元資本金發放 3600 多億元網上小貸，形成了上百倍的高槓桿。這件事如果因其高槓桿「一刀切」停擺了，對於企業發展是嚴重衝擊，而且證交所並沒有設定 ABS 循環的次數，企業也沒違規。事實上，常規的非網上的金融機構的貸款資產中 ABS 資金循環一次往往要半年到一年，一般循環三四次，底層的首次貸款已經兩年時間，早就收回了。而網絡貸款周轉效率高，一筆債券融資，一到兩週就循環了，這是老革命遇上新問題，傳統 ABS 規則不適應網貸業務的問題。基於此，我向有關資管部門提了三個建議。一是網絡貸款的 ABS 不應無限循環，可以約定轉四次左右。二是貸款資本金通過銀貸放大 2.3 倍不變，與 ABS 環節疊加槓桿比控制在 10 倍左右，30 億元資本金也就能放 300 多億元貸款。三是螞蟻金服在重慶的貸款公司資本金分三年從 30 多億元增加到 300 億元。2017 年底，他們把 30 多億元增加 80 多億元，變成 120 億元，2019、2020 年到 320 億元，各種遊戲規則比較清楚。這件事得到有關各方的認同，形成了新規則，結局是皆大歡喜，「一行三會」健全了體制機制，解決了高槓桿風險，重慶地區增加了幾百億元資本金，螞蟻金服貸款公司得以恢復運轉。

最後總結幾句話。第一，全部金融的要義就是信用、槓桿、風

險，不管宏觀和微觀都要管控風險，用足信用，合理槓桿。第二，要宏觀上去槓桿和微觀上去槓桿雙管齊下。微觀上去槓桿主要是在監管方面下功夫，主要是監管金融產品創新的風險槓桿管理，主要是把六種工具黏結劑和十八種常規金融牌照組合的時候，審查它們的槓桿率和各方面的問題。但是絕不阻止和取消金融產品創新，因為它本質上是要求在合理信用基礎上把槓桿用足，然後創造新的產品方法靈活為實體經濟服務，做得好是實體經濟的助推劑；但做得不好就是雞飛蛋打，需要我們引以為戒。

答學生問

問題 1：

我們同學當中有很多來自 VC 行業（Venture Capital，風險投資），這也算是金融亂象之外的一股清流。現在碰到有很多 VC 在募資過程當中比較麻煩，社會給的資金不是特別充足。剛才您演講當中也提到直接融資需要大幅度提升。我的問題是，您認為長期資本這方面的供給主要來自哪個方面？通過甚麼手段會增加這部分的供給？

黃奇帆教授：

其實從理論上說，一個社會，資本市場長期資本的來源，至少可以有十種以上的合規資金：一是企業年金；二是政府建立的養老、醫療等社會保險基金；三是商業保險公司的保險基金；四是各類企業，包含國有、民營企業的自有閒置的資金；五是富餘家庭可用於投資的資金；六是政府財力組建的各種產業基金或引導基金；七是各類專業的資本運營公司或 LP 類投資公司的投資資金；八是各類金融機構按股權投資比例授予的融資融券的資金；九是商業銀行資本金合規比例下的股權投資資金；十是境外合規投資資金。在中國目前的情況下，長期資本的市場制度還不健全，比如年金、商業保險公司資金的制度還不健全。一方面，中國社會的資金量極其充分，M2 是 GDP 的 2 倍以上，但是分配比例和導向大部分進入了間接金融體系，進入了銀行儲蓄，然後又通過銀行貸款，老百姓和企業的資金進入了房地產，被銀行和房地產這兩個包吸掉太多的資金，最後大家會感覺直接金融的資

金總是來源不足。

　　所以我們常常說去槓桿，重點是降低國民經濟的宏觀槓桿率，在中國關鍵是降低非金融類工商企業的負債率，增加直接金融在金融體系中的比重，尤其是增加企業股權配資的比重。而要做到這一點，就要加快發展資本市場，深入推進資本市場基礎性制度的改革，深入推進私募基金和公募基金長期資本的來源渠道和制度建設。對於你所説的 VC 或 PE，也就是風險投資基金和股權投資基金，它們一般是投資高科技或戰略新興產業的，國家應有一個系統的鼓勵政策。首先，凡是好的風險投資基金、私募基金、國家的產業基金或者各個省的引導基金每年加起來就是幾千億元，這個資金作為引導資金放到私募或者風險資金只參與引導並鼓勵分紅，不進行管理，由私募基金 GP 團隊進行管理。其次，凡是這種基金投資，實業、產業、高科技，一般會按照 15% 的所得税或者相應的優惠政策，這個也是一種激勵。只要有這種激勵，資金就會過來。

　　我剛才是從政府管理層角度在説話。從你的角度來説只有一件事，就是把你現在還弱小的 VC 或 PE，哪怕只有 5000 萬元，做到 15% 的回報，要不了兩年，5000 萬元就可能變 5 億元，如果還是 15% 的回報，再過三年，就會變成 50 億元，因為只要你投資效益好，各種 LP 資金會源源不斷地投到你的基金中來。所以，關鍵是把你自己的項目搞好。

問題 2：

中國目前宏觀高槓桿是否潛藏着較大的金融風險？

黃奇帆教授：

中國總的槓桿率，也就是政府、居民、企業部門全部債務大約為 GDP 的 250%，這與美國大體相當。其中政府負債比重為 46% 左右，居民負債比重為 44% 左右，企業負債比重為 160% 左右，政府負債比重不到美國的二分之一，居民負債比重也比美國低很多。但企業負債率是美國的 2.3 倍左右，究其原因，最重要的是中美融資結構存在較大的差別。美國以股權融資為主，企業融資的三分之二左右來自股權等融資，三分之一左右是向銀行借款或發行債券等債務融資；而中國長期以間接融資為主，企業融資的 90% 依靠舉債，10% 為股權融資。

中國政府正在花大力氣合理控制流動性和信貸規模，推動企業去槓桿，通過兼併重組、處置殭屍企業化解不良債務，這些措施正在逐漸發揮作用。在去槓桿過程中，中國政府高度重視防控重點領域金融風險，避免猛烈去槓桿對經濟產生破壞性作用，同時更加注重深化金融改革，提高金融服務實體經濟效率、增強金融系統對實體經濟發展的支撐作用。從根本上看，降低企業槓桿的辦法，是通過資本市場、股權融資市場的改革發展，把中國資本市場做大做強，發展多層次資本市場，包括股票市場、私募股權市場等，大幅提高直接融資比重，特別是股權融資比重。隨着股權融資比重上升和股票市值增加，企業負債水平會大幅下降。如果推動中國企業負債比重從 160% 左右下降到 100% 左右，則宏觀總槓桿也將從 250% 左右下降到 200% 以內，就會達到一個較為合理的水平，宏觀債務風險將明顯降低。

問題 3：

　　我對中國政府債務特別是地方隱性債務負擔比較擔憂，請介紹相關情況。

黃奇帆教授：

　　截至 2016 年年底，中國政府債務餘額為 27.3 萬億元人民幣（其中中央政府債務餘額 12 萬億元，地方政府債務餘額 15.3 萬億元），負債率（與 GDP 的比值）為 36.7%，低於歐盟 60% 的警戒線，同時也遠低於美國聯邦政府高達 110% 左右的負債率水平（2016 年聯邦債務 19.8 萬億美元，GDP 為 18.2 萬億美元），總體債務風險可控。近幾年，中國政府的財政和審計部門通過多方努力，基本摸清楚了地方政府隱性債務的情況，與原有政府債務合併計算，政府總負債率仍然不到 50%。在全部的中國政府債務中，約 80% 主要用於生產性投資和基礎設施建設，能夠改善投資發展環境，產生稅收利潤和現金流，對債務有較好的承擔能力，這與美國將絕大部分政府債務用於公共支出，基本不產生直接收益不同。

　　另外，中國地方政府除每年獲得稅收外，還可以通過土地出讓獲得近三分之一的財力，每年約有 3 萬多億元土地出讓金收入，這部分收入可以起到平衡債務預算的作用。此外，為了有效化解地方政府債務風險，中國政府近兩年還採取了一系列有針對性的措施：一是發行較低利息的置換債券減輕地方政府利息負擔；二是由全國人大批准地方政府舉債規模，設立舉債「天花板」；三是將隱性債務收支顯性化，納入預算管理，接受各級人大審查監督；四是規範地方政府投融資平台運轉，建立政府債務風險評估機制等等。這些措施對防範化解財政風險發揮了重要作用。總之，中國的政府債務風險是完全可控和可以

化解的，不必對此過分擔心。近期美國標普公司降低中國主權債務信用評級，主要是因為把國有企業承擔的債務當成了政府債務，誇大了政府負債水平，是反應過度了。

問題 4：

中國加強了對外匯的監管，外資企業擔心在華利潤不能正常匯出，影響投資信心，對此您有甚麼看法？

黃奇帆教授：

習近平總書記在黨的十九大上向世界宣示，中國開放的大門不會關閉，只會越開越大。中國將一直堅持對外開放戰略，而且要努力構建更高水平的開放型經濟新體制，進一步減少外資准入限制性措施，實行准入前國民待遇和負面清單管理，不斷改善外商投資營商環境，切實保護好外資企業在華的合法權益。2015 年前後，中國外匯儲備從最高 4 萬億美元左右減少了約 1 萬億美元，主要有三方面原因：一是公眾和企業預期美元升值，從增值和避險的角度較多地換取和持有外匯；二是部分企業通過不規範運作，利用期限錯配和加槓桿，把大量借到的國內短期資金投放到國外進行非理性投資投機；三是一些個人把出國旅遊用不完的換匯額度倒賣給外匯投機商用於套利。針對那些投機性資本和違法行為，中國政府加強了以外匯流出真實性審核為主的管理措施，主要是為了改進外匯管理方式，是推進國家治理體系和治理能力現代化的舉措，這也是國際通行做法，並不針對外商投資企業，外資企業正常的貿易項下的資金流出流入不會受到影響，完全沒有必要擔心。

供給側結構性改革的理論與實務

上課日期：2018 年 12 月 17 日

課程摘要：當下要推動中國經濟進一步發展，除了一般的宏觀調控、需求側的一些調控以外，很重要的是要在供給側上下功夫。供給側結構性改革是基礎性制度的改革、體制性機制性的改革，它會產生生產力發展的紅利，形成長週期經濟發展的動力。供給側結構性改革與西方供給學派有根本區別，體現在「三個不同」，即宏觀經濟背景、經濟學學理支撐、宏觀政策要領不同。供給側結構性改革是 40 年來中國經濟改革開放的魂，是貫穿改革開放的主線和紅線。「三去一降一補」是當前落實供給側結構性改革的切入點和關鍵點，從長遠來看，要着力從生產端入手改善供給結構，圍繞具有重大潛在紅利的供給側問題，推動一批聚財型、生財型、資源優化配置型的改革事項。

　　供給側結構性改革由習近平總書記在 2015 年 11 月中央財經領導小組第十一次會議上首次提出。如今，「供給側結構性改革」已從一個重大決策，發展成為有別於西方供給學派、具有鮮明中國特色和較強實踐指導意義的改革理論。如果我們系統審視改革開放歷程，可以發現，供給側結構性改革是改革開放的魂，既貫穿了改革開放的全過程，又是以習近平同志為核心的黨中央在推進改革開放的事業進入新時代的理論昇華。作為習近平中國特色社會主義經濟理論的重要組成部分，供給側結構性改革是我們在新形勢下推進改革開放再出發的重要指南。

　　我們對供給側結構性改革一定要完整地理解。可以用「供給側＋結構性＋改革」這樣一個公式來理解，即要從供給側問題的研究出發，圍繞具有重大潛在紅利但又被制度壓抑的供給側問題，對症下藥，用改革的辦法解決問題，推進結構調整，實現資源優化配置，矯正要素配置扭曲，擴大有效供給，提高供給結構對需求變化的適應性和靈活性，提高全要素生產率，更好滿足廣大人民群眾對美好生活的需要，促進經濟社會持續健康發展。

　　2016 年 5 月，習近平總書記在中央財經領導小組第十三次會議上指出，供給側結構性改革的根本目的是提高供給質量滿足需要，使供給能力更好滿足人民日益增長的物質文化需要；主攻方向是減少無效供給，擴大有效供給，提高供給結構對需求結構的適應性，當前重點是推進「三去一降一補」五大任務；本質屬性是深化改革，推進國有企業改革，加快政府職能轉變，深化價格、財稅、金融、社保等領域基礎性改革。可見，供給側結構性改革是一個複雜的系統工程，涉及方方面面。今天，我重點談五個方面。

一、全面把握供給側結構性改革的科學內涵

（一）供給側結構性改革是體制機制的改革

與宏觀調控中的總量調控不同，供給側結構性改革是經濟運行體制機制的改革，解決的是結構性問題。打個比方，如果把經濟運行比作發動機在工作，總量調控相當於在調節發動機的油門，油門大小影響發動機運行速度；而供給側結構性改革則是對發動機內在構造進行調整，是對氣缸、變速器、給油迴路進行改造，是結構性、體制性的改革，改變的是經濟運行內在機制。

在切入點上，強調從供給側着手，提高供給體系的質量和效率。經濟活動總是在動態中實現均衡，供給結構與需求結構之間的匹配也是在動態中進行。但是，面對需求的瞬息變化，供給的能力和水平並不總是能夠跟得上，時間久了，總會形成一些體制機制性的障礙，制約了供給結構適應需求變化的靈活性，產生了一些結構性失衡。這就需要通過激活市場主體（企業組織供給）、優化要素配置（要素供給）、降低營商成本（成本供給）、提高市場效率（制度供給）、增強創新動能（創新供給）等措施，來提高供給體系質量和效率，增強供給結構對需求變化的適應性和靈活性，推動經濟運行從舊的平衡躍遷到新的平衡。

在着眼點上，供給側結構性改革致力於提高全要素生產率，推動經濟高質量發展。全要素生產率是衡量將投入轉化為產出的效率的關鍵指標，也是經濟發展質量高低的重要體現。提高全要素生產率，需要實現三大變革（即質量變革、效率變革和動力變革），這三大變革都在供給側。比如質量變革，就是要將提高供給體系質量作為主攻方向，提升產業體系的國際競爭力，顯著增強我國經濟質量優勢。比如

效率變革，就是要通過生產要素的合理流動和優化組合、企業兼併重組、產業轉型升級，全面提高經濟的投入產出效率。比如動力變革，就是要通過改革增強勞動力、各類人才、企事業單位等微觀主體的創新動能和市場活力，加快動力結構的轉換。這些都是供給側結構性改革的重要組成部分。

在落腳點上，供給側結構性改革是為了更好地滿足人民日益增長的美好生活需要。供給側改革本身不是目的，而是為了更好地適應和滿足需求側的變化。人民對美好生活的嚮往在不同的發展階段體現的內容和形式是不一樣的。從解決溫飽問題到全面建成小康社會，社會主要矛盾的具體體現有所變化，但解決社會主要矛盾的抓手是不變的，即供給側結構性改革。換言之，儘管不同歷史階段的供給側結構性改革所體現出來的內容和重點也有所不同，但落腳點都是一個：為了更好地滿足人民日益增長的美好生活需要。

(二) 供給側結構性改革不同於西方供給學派

習近平指出：「我們講的供給側結構性改革，同西方經濟學的供給學派不是一回事，不能把供給側結構性改革看成是西方供給學派的翻版。」中國的供給側結構性改革與西方經濟學的供給學派至少有三點不同。

一是與西方供給學派只從供給側施策不同，我們的供給側結構性改革重點從供給側發力的同時，還配合精準有效的需求側管理。20 世紀 70 年代美國經濟陷入了「滯脹」的困境，傳統凱恩斯主義的藥方似乎不靈了。與凱恩斯主義強調需求管理不同，供給學派認為過高的稅收會扭曲人們從事勞動和投資的激勵 (即所謂的「拉弗曲線」)，應大幅減稅來鼓勵生產和就業，增加總供給，進而實現宏觀層面抑制通貨膨

脹、降低財政赤字的效果。與供給學派不同，我們的供給側結構性改革在發力供給側的同時，還配合以精準有效的需求管理。如通過加強基本公共服務和民生保障、精準脫貧、完善消費環境等舉措，充分發揮消費對經濟發展的基礎性作用；深化投融資體制改革，發揮投資對穩增長、調結構的關鍵性作用，確保財政支出對重點領域和項目的支持力度，促進有效投資特別是民間投資合理增長；大力優化出口結構，提高出口商品和服務質量，推動出口市場多元化，在擴大進口的同時努力保持國際收支基本平衡[①]。事實證明，這是平衡總供給和總需求、推動經濟持續健康穩定增長的有效辦法。有學者研究指出，聲稱大搞「供給革命」的列根政府經濟政策並不是真正的供給側政策，而是綜合了供給和需求兩方面的政策組合；而且，之所以能順利解決通貨膨脹問題，主要得益於時任美聯儲主席沃克爾採用強硬的貨幣緊縮政策，而這又來自貨幣主義對需求管理的主張[②]。

　　二是與供給學派只強調市場機制不同，我們的供給側結構性改革強調政府與市場「兩隻手」要共同發力。在供給學派眼裡，政府管制、社會福利支出過大是造成滯脹的重要原因，因此在減稅的同時還主張放鬆政府管制、削減社會福利開支。列根總統在就職演講中就宣稱，「政府不是解決問題的辦法，政府恰恰就是問題的所在」。供給學派依據薩伊定理，認為微觀效率改進會增加供給，而供給增加會帶來收入增加，最終會傳遞到消費需求。這種將微觀行為簡單加總後推理出宏觀效果、總量效果的邏輯實際上是行不通的。列根總統的實驗表明，

---

① 參見林兆木，《堅持以供給側結構性改革為主線》，《人民日報》2019 年 2 月 14 日 09 版。

② 參見徐朝陽，《美國「供給經濟學革命」的中國啟示》，財新網 2016 年 1 月 19 日。

在總需求不足的經濟衰退期，即使政府做出了必要的改革，微觀效率的改進也不見得會實際發生，在總體過剩的環境下企業也不大可能有動力去增加產品供給，薩伊定理的邏輯鏈條根本就無法傳導下去，供給學派所依據的「拉弗曲線」的故事也並未實現。我們的供給側結構性改革則強調將市場「無形的手」和政府「有形的手」結合起來，既要發揮市場在資源配置中的決定性作用，又要更好發揮政府作用。一方面，以市場化、法治化的手段推動產能過剩行業市場加快出清，建立公平開放透明的市場規則和法治化營商環境，促進正向激勵和優勝劣汰；另一方面，更好發揮政府作用，提出制定宏觀政策要穩、產業政策要準、微觀政策要活、改革政策要實、社會政策要托底的總要求。

三是與供給學派只強調私有化不同，我們的供給側結構性改革強調堅持兩個「毫不動搖」。供給學派基於其根深蒂固的自由主義經濟學傳統和資本主義經濟制度，對國有經濟和國有企業的效率持懷疑甚至否定態度，在政策上體現為私有化，力圖通過對國有企業的私有化來激活市場主體活力，進而達到宏觀上刺激增長的效果。這突出表現在英國戴卓爾夫人擔任首相時推動的私有化改革。與供給學派不同，我們的供給側結構性改革是在中國特色社會主義的前提下，基於社會主義基本經濟制度，對經濟運行機制所進行的系統性調節。換言之，我們不是要搞私有化，而是堅持兩個「毫不動搖」：一方面毫不動搖發展非公有制經濟，強調通過深化改革降低全社會各類營商成本，增強微觀主體活力，發揮企業和企業家主觀能動性；另一方面毫不動搖壯大發展公有制經濟，強調建立健全國有資本形態轉換機制，以國有資本投資、運營公司為平台推動國有經濟佈局調整，做強做優做大國有資本。這兩個「毫不動搖」實際上讓我們的供給側結構性改革有了與西方供給學派相比更多的政策工具和更有

效的政策措施，有利於更好地解決經濟運行中出現的結構性問題，有利於破除阻礙供給結構與需求結構對接匹配的體制性障礙，進而提高供給體系的效率和質量。

二、供給側結構性改革是貫穿改革開放歷程的主線

改革開放以來，中國的經濟社會發展取得了舉世矚目的成就。與蘇聯等計劃經濟國家不同，中國的改革開放之所以取得成功，恰恰是因為因勢利導、與時俱進地開展了供給側結構性改革。可以説，供給側結構性改革是中國改革開放的魂。這裡暫舉幾個具有典型意義的例子。

（一）培育新市場主體，增加企業組織供給

眾所周知，計劃經濟之所以缺乏活力，一個重要原因就是真正面向需求開展市場化經營的經濟組織存在嚴重不足。為此，中國自 20 世紀 80 年代起的改革就注重從根源上解決這一問題。一是將人民公社的集體勞動改為家庭聯產承包責任制，釋放了億萬農民的積極性，迅速擴大了農業產出規模。二是非公經濟取得了合法地位，民營經濟的發展空間逐步打開，個體戶、私人企業蓬勃發展起來。這幾十年來形成了 7000 多萬個體戶，3000 多萬個私營企業。三是國有企業經歷了放權讓利、深化改革，逐步建立起現代企業制度，成為自主經營、自負盈虧的市場主體。四是出現了一波又一波的、按照現代企業制度運作、代表新興生產力的上市公司。目前，我國境內上市公司有 3500 多家，營業收入佔到 GDP 的一半，年度分紅將近 1 萬億元。五是引進外資。如今引進的外資按註冊資本計算將近 2.8 萬億美元，形成了 50 多萬億

元人民幣的總資產 [1]，相當於整個中國工商資產的 30% 左右。正是在這些經濟組織的參與下，中國經濟的供給側很快擺脫了計劃經濟體制的束縛，生產出了越來越多適銷對路的產品，也衍生出越來越多樣化的需求，中國經濟自此走上了高速增長的快車道。

(二) 減輕企業負擔，降低綜合經營成本

改革初期，我國企業的主體以國有為主。這些企業普遍存在冗員過多、企業辦社會、大量呆壞賬、資本金不足等問題。如何讓這些企業輕裝上陣、公平參與競爭，也是一個供給側問題。這方面，當時的黨中央國務院主要採取了以下幾方面措施。一是對部分企業員工實行下崗再就業。當時為了給企業減負，有近 4000 萬冗員被剝離進再就業中心、實行下崗再就業。此舉幫企業減少了 4000 萬員工，按照當時人均 1 萬元的收入標準計算，4000 萬人的直接成本就是 4000 多億元。企業一下子減少了這 4000 多億元的直接成本。事實上，那時候的 GDP 也就 4 萬億元，4000 億元相當於 GDP 的 10%，也就是說 GDP 的 10% 的成本被減掉了。二是解決企業辦社會問題。那時候稍微大一點的企業，從醫院到學校，甚至火葬場，應有盡有，生老病死的社會事業都在企業裡。通過剝離社會事業，至少幫企業卸掉了幾千億元的成本，這也是降成本的典型案例。三是核銷壞賬和債轉股。1997 — 1998 年總共核銷了將近 5000 億元的壞賬，相當於當時 GDP 的 4%。20 世紀 90 年代末，為化解金融風險，實施了將近 1.3 萬億元的債轉股，相當於當

---

[1] 2.8 萬億美元外資註冊資本金算上跟外資合資的中資的補充資本金 1.8 萬億美元，總計差不多 30 萬億元人民幣。這 30 萬億元人民幣的資本金，再加上銀行貸款，總計有 50 萬億元人民幣左右。

時中國全部貸款餘額的 8% 左右。總的來說，上述這些措施的重要作用就是大幅減輕了企業的政策性負擔，為企業公平參與市場競爭創造了重要前提。

（三）實施價格「雙軌制」改革，培育市場機制

　　20 世紀 80 年代，受長期計劃體制影響，工業品生產資料的價格嚴重偏低，價格既不反映價值，也不反映供求，一方面形成了「短缺」，另一方面積存了「隱性通貨膨脹」。若一下子放開價格，則必然會引發顯性通貨膨脹。當時的決策者採取了計劃內國家定價、計劃外市場調節的「雙軌制」價格改革的思路。在操作過程中，儘管出現了價格水平不斷上漲、部分產品倒買倒賣現象嚴重等問題[1]，總的來說，雙軌制對當時的宏觀經濟產生了多重刺激效果。一是刺激了工業生產，有利於搞活企業。一些地方企業所需要的工業品生產資料，原來在國家計劃內是拿不到的，但雙軌制使得這些企業有可能用高價買到急需的能源和原材料，在當時有利於促進生產，增加商品的有效供給。二是隨着供需逐步平衡，一些計劃外的高價逐步穩定下降，與計劃內產品的國家定價趨近，雙軌最終併為一軌。三是為工業品生產資料市場的發育成長和價格機制發揮作用創造了條件。後來，國家針對一些生產資料探索建立期貨交易市場，先後推出了大宗農產品、有色金屬、能源等品種的期貨合約，這些大宗商品逐步形成了全國統一價格，市場趨於透明化，過去長期困擾我們的流通混亂問題和價格混亂問題迎刃而

---

[1] 起初是規定計劃外自銷的產品定價不高於或低於國家定價 20% 的幅度內。後來在實際執行中，由於許多商品供不應求，計劃價和市場價差額較大，催生出了很多「倒爺」，就取消了 20% 的限制。

解[1]。這也是供給側結構性改革的經典案例。

(四)推進城鎮住房制度改革，釋放增長動能

　　1978 年開啟的中國住房制度改革做了兩個方面的事情：一是福利住房產權化，就是將福利住房產權由單位轉移給職工家庭；另一個是住房商品化，允許私人建房或者私建公助，鼓勵外商和房地產企業開發商品住房。然而，直到 20 世紀 90 年代中後期，儘管城鎮人均居住面積達到 8.8 平方米（1997 年），是 1978 年的 2 倍多，但住房分配體制始終沒有發生根本性變革，福利分房仍處於主導地位。1997 年的亞洲金融危機爆發後，為防止經濟下滑、穩定經濟增長，國務院於 1998 年 7 月 3 日下發了《關於進一步深化城鎮住房制度改革加快住房建設的通知》（國發〔1998〕23 號文），決定從 1998 年下半年開始停止住房實物分配，從而為市場化的商業機構取代政府成為城鎮居民住房的主體供給者掃清了最後障礙，自此中國進入了全新的住房市場化時代。1998 年房地產投資佔 GDP 比重約 4%，而到了 2004 年該比重飆升至 8%，甚至成為支柱產業。在房地產業的帶動下，上游原本已經過剩的鋼鐵、建材等重化工業迅速由過剩變為短缺，價格暴漲；下游的家裝、家電和物業管理等產業也走上了風口。可以說，城鎮住房的市場化改革幾乎以一己之力將中國 GDP 重新推回 10% 以上的超高速增長[2]。這應該是以供給側結構性改革解決宏觀經濟增長問題的典型案例。

---

[1] 參見常清，《價格改革與建立期貨市場》，《價格理論與實踐》2018 年第 11 期。

[2] 參見徐朝陽，《供給側改革：里根的教訓與朱鎔基的經驗》，財新網 2015 年 12 月 14 日。

（五）優化營商環境，降低制度性交易成本

　　在由計劃經濟向市場經濟轉型中，如何有效降低制度性交易成本是影響改革成敗的重要因素之一。至少有三件事體現了這方面的努力：一是各地湧現的保稅區等海關特殊監管區。這類區域以自由便利、零關稅的制度環境，為企業發展外向型經濟提供了十分重要的平台，直接帶動就業崗位 200 多萬個，真正實現了「小區域、大產出」，在擴外貿、引外資、促升級、穩就業等方面發揮了巨大作用[1]。二是自 1984 年設立首批開發區以來，我國從沿海到內地設立了幾十個國家級開發區、幾百個省市級的開發區，各地市州、區縣的開發區更是不計其數，成為推動我國工業化、城鎮化快速發展和對外開放的重要平台。這些開發區在促進體制改革、改善投資環境、引導產業集聚、發展開放型經濟方面發揮了重要作用。特別是一些國家級省市級高新技術產業開發區的稅收優惠力度很大，實行 15% 的企業所得稅率，遠低於 20 世紀 80 年代初 55% 的企業所得稅率。三是 2001 年中國成功加入 WTO。作為對外開放的里程碑，這不僅直接推動了我國對外貿易體制的改革，還倒逼我們根據世貿組織的有關規則來優化營商環境，降低制度性交易成本，提高參與國際競爭的能力。這些也是供給側結構性改革的具體案例。

　　以上列舉的五條，是當時的決策者們根據工作實際提出並實施的

---

[1] 截至 2018 年底，我國已批准設立 140 個海關特殊監管區域。這些區域以佔二萬分之一的國土面積，實現了六分之一的外貿總量；其進出口值佔我國外貿的比重也從 2000 年的 6.47% 增長到 2018 年的 16.8%；每平方千米平均進出口值超過 100 億元。參見《海關總署研究中心負責人談促進綜保區高水平開放高質量發展》，http://www.gov.cn/zhengce/2019-01/28/content_5361653.htm。

一系列從供給側着手、致力於解決經濟運行中的結構性問題的重大
舉措。類似這樣的案例還有很多，加起來構成了中國改革開放的精
彩畫卷，是推動中國經濟克服種種困難、實現體制轉型、保持長期
高速增長的內在動力。可以說，供給側結構性改革是中國改革開放
的魂。

三、十八大以來的供給側結構性改革是新時代改革開放偉大實踐的新探索

　　任何經濟改革都是在給定的邊界條件下針對特定歷史時期的主要
矛盾展開的。邊界條件變了，主要矛盾變了，改革的具體措施也會有
新的變化。十八大以後，中國的經濟社會出現了一些新特點、新問題
和新矛盾，突出表現在以下五個方面。一是我國經濟進入「三期疊加」
的新階段，經濟發展步入新常態。二是社會主要矛盾發生轉化，人民
日益增長的美好生活需要和不平衡不充分的發展之間的矛盾越發凸
顯。三是體制環境發生根本性變化，體制轉型任務基本完成，與過去
相比，那種「一部分人受益而其他人不受損」的帕累托改進式的改革機
會越來越少。四是國際環境發生深刻變化，隨着中國經濟規模於 2010
年超過日本成為世界第二大經濟體，中國日益走進世界舞台的中央，
正由過去的「因變量」演變為既是「因變量」也是「自變量」。五是出
現了新一輪產業和科技革命，以新一代信息技術、生物技術、能源技
術、材料技術等創新和應用為代表的新一輪科技和產業革命正日益塑
造着新的全球經濟競爭格局。針對這些新特點新問題和新矛盾，以習
近平同志為核心的黨中央提出的供給側結構性改革的新思路，既是對
過去改革開放實踐經驗的理論昇華，又是對新形勢下推進經濟社會高

質量發展的創新探索，具有新的時代特徵。

（一）以「三去一降一補」為先手

2015 年前後，我國經濟運行呈現出不同以往的態勢和特點。受國際金融危機深層次影響，國際市場持續低迷，國內需求增速趨緩。特別是隨着前期刺激政策逐步退出，我國部分產業供過於求的矛盾日益凸顯，傳統製造業產能普遍過剩，特別是鋼鐵、水泥、電解鋁等高消耗、高排放行業尤為突出。同時，由於市場機制不健全，大量殭屍企業吞噬着經濟中寶貴的資源卻無法創造價值。房地產價格飆漲的同時，庫存持續擴大，2015 年底待售面積達 71853 萬平方米，庫存達到歷史高位。總體經濟的債務增速過快，槓桿率過高，部分企業資產負債率達到甚至超過了 70%，系統性金融風險持續累積。企業稅費負擔較重，制度性交易成本居高不下。涉及民生社會事業的短板較為突出，大量有效需求有待進一步釋放。

對此，中央提出了以「三去一降一補」為主要內容的供給側結構性改革新舉措，經過幾年努力，經濟運行中的短期結構性矛盾得到了有效緩解，取得了積極成效。去產能方面，2016 — 2018 年，我國累計壓減粗鋼產能 1.5 億噸以上，退出煤炭落後產能 8.1 億噸，淘汰關停落後煤電機組 2000 萬千瓦以上，均提前兩年完成「十三五」去產能目標任務，大量殭屍企業被淘汰，改善了市場競爭秩序和優質企業發展環境。去庫存方面，到 2018 年底，我國商品房待售面積為 52414 萬平方米，比 2015 年減少了 27%。去槓桿穩步推進，按照市場化、法治化原則啟動了新一輪「債轉股」。截至 2019 年 4 月末，市場化法治化債轉股簽約金額已經達到 2.3 萬億元，投放落地 9095 億元，已有 106 家企業、367 個項目實施債轉股；實施債轉股的行業和區域覆蓋面不斷擴

大，涉及鋼鐵、有色、煤炭、電力、交通運輸等 26 個行業[①]。降成本持續發力，通過營改增、放管服等連續多年致力於減稅降費，其中 2016 年實現 5736 億元、2017 年實現超過 1 萬億元、2018 已年為 1.3 萬億元，加起來接近 3 萬億元。補短板成效明顯，創新驅動、基礎設施、脫貧攻堅、城鄉統籌發展、民生建設、生態環保等領域投入力度持續加大。這些具體改革措施，與 20 世紀 90 年代的很多改革有異曲同工之妙，一下子使重點行業供求關係發生明顯變化，供給彈性大幅提升，經濟效益持續改善，系統性風險趨於下降。

(二) 以「鞏固、增強、提升、暢通」八字方針為要旨

在「三去一降一補」取得階段性成效的基礎上，2018 年 12 月的中央經濟工作會議提出了「鞏固、增強、提升、暢通」八字方針，即鞏固「三去一降一補」成果，增強微觀主體活力，提升產業鏈水平和暢通國民經濟循環。如果說「三去一降一補」治的是急症、解的是表，那麼這個「八字」方針則注重在「解表」的基礎上，通過細緻入微的「慢調理」來「活血」(增強微觀經濟主體活力)、「扶正」(提升產業鏈水平)、「化瘀」(暢通國民經濟循環)，治的是長期以來經濟運行中積累的「病根」——深層次的制度性障礙和結構性矛盾。

比如在鞏固「三去一降一補」方面，推進市場主體退出制度改革，更加注重通過市場化、法治化的手段來淘汰「殭屍企業」；深化增值稅改革，將製造業等行業現行 16% 的稅率降至 13%，將交通運輸業、建築業等行業現行 10% 的稅率降至 9%，2019 年全年實現減稅降費超過

---

① 參見新華社 2019 年 6 月 5 日，《市場化法治化債轉股簽約金額已達 2.3 萬億元》，http://www.gov.cn/zhengce/2019-06/05/content_5397764.htm。

2 萬億元。在增強微觀主體活力方面，突出強調「兩個毫不動搖」，強化產權保護、激發企業家精神；深化國資國企改革，推出了第四批 100 家以上新的混改試點等等。在提升產業鏈水平方面，研究謀劃新一輪全面創新改革試驗，抓緊佈局國家實驗室，在關鍵領域佈局建設若干國家製造業創新中心，啟動實施一批製造業技術改造和轉型升級重大工程[①]。在暢通國民經濟循環方面，全面實施市場准入負面清單制度，打通國內市場和生產主體的循環；破除妨礙勞動力人才社會性流動的體制性障礙，打通經濟增長和就業擴大的循環；提升金融體系服務實體經濟的能力，打通金融和實體經濟的循環[②]。

　　總的來說，這八字方針仍然是瞄準「企業」「要素」「營商成本」「制度效率」「創新動能」等供給側，但在操作上更加切入到經濟運行的內在機理之中，着力從體制機制的層面解決結構性問題。如果說，「三去一降一補」是供給側結構性改革的 1.0 版本，那麼八字方針就是 2.0 版本，體現了以習近平同志為核心的黨中央駕馭中國這樣一個超大經濟體的高超藝術和領導水平。

（三）以新發展理念為依歸

　　如果我們把「三去一降一補」理解為短期平衡問題，那麼十八屆五中全會提出的「創新、協調、綠色、開放、共享」的新發展理念則致力於解決長遠發展導向問題。可以說，新發展理念是新時代供給側結構

---

① 參見寧吉喆，《貫徹「鞏固、增強、提升、暢通」八字方針，持續深化供給側結構性改革》，《宏觀經濟管理》2019 年第 4 期。

② 參見新華社 2019 年 3 月 6 日，《連維良：發改委將圍繞「鞏固、增強、提升、暢通」八字方針推進改革》，http://www.xinhuanet.com/politics/2019lh/2019-03/06/c_1124199800.htm。

性改革的根本依歸。事實上，近年來，除了貫徹落實「三去一降一補」和八字方針外，圍繞新發展理念，一些重大改革舉措也是實打實的供給側結構性改革。

比如，圍繞創新發展，持續推進大眾創業、萬眾創新，催生激活了億萬新市場主體。2018 年，日均新設企業超過 1.8 萬戶，市場主體總量超過 1 億戶；擴大科研機構和高校科研自主權，改進科研項目和經費管理，深化科技成果權益管理改革，充分釋放創新潛能。圍繞協調發展，將京津冀協同發展、粵港澳大灣區建設、長江經濟帶發展、長三角一體化和黃河流域生態保護和高質量發展等上升為國家戰略，加快培育一批城市群都市圈，形成推動高質量發展和高水平開放的區域增長極。圍繞開放發展，加快推進 FTA 談判和自貿試驗區改革創新，RECP 即將達成，積極參與 WTO 改革，有力維護和加強了多邊貿易體制；形成了 18 個自貿試驗區 1 個自由貿易港的對外開放高地；「一帶一路」建設和國際產能合作成效顯著，兩次舉辦「一帶一路」國際合作高峰論壇；成功舉辦首屆中國（上海）進口博覽會等。圍繞綠色發展，確定長江經濟帶「共抓大保護，不搞大開發」的總體思路；探索建立國家公園體制；連續開展多輪環保督察，糾正了長期以來重增長輕環保、先污染後治理的錯誤做法；「藍天」「碧水」「增綠」「留白」「降耗」等城市環境整治見效顯著。圍繞共享發展，全面打響脫貧攻堅戰，即將於 2020 年完成脫貧攻堅任務；大力實施了「健康中國」戰略，通過深化醫藥衛生體制改革，推動醫療衛生資源下沉等等。

同樣，這些改革舉措有的致力於激發市場主體活力、增強經濟創新動能，有的着眼於打造城市群都市圈、培育新動力源，有的通過規則等制度型開放引入更多優質外資供給，有的則着眼於通過建設綠水青山為人們供給更好的生態產品，還有的致力於彌補公共服務短板、

促進共享發展。這些改革有一個共同特徵，都是在供給側通過深化結構性改革，來滿足人民日益增長的美好生活需要，進而推動改革開放向着更高水平、更深層次和更寬領域大步邁進。

四、着力從生產端入手改善供給結構

習近平總書記明確指出，推進供給側結構性改革，要「從生產領域加強優質供給，減少無效供給，擴大有效供給，提高供給結構適應性和靈活性，提高全要素生產率，使供給體系更好適應需求結構變化」。具體工作中，需着重抓好以下幾個方面。

（一）發展壯大支柱產業和戰略性新興製造業

當前，我國工業發展產能過剩與產能不足並存：一方面，鋼鐵等行業產能大量過剩，拉低了中國工業發展的速度和效益；另一方面，新材料等領域又有大量產能不足，制約了中國工業發展的勢頭。這是因為，這些產能不足的產品，往往有高技術、大市場、大資本等特徵，不是誰想幹就幹得了的。為此，要圍繞工業支柱產業和戰略性新興產業，瞄準市場需求的新變化和新特徵，加強中高端產品供給，促進高水平的供需平衡。為此，要把握五大環節。

一是面向時代主打產品的大市場。每個時代都有進入千家萬戶的主打產品，誰能成為這些產品的生產基地，這個城市就會成為經濟發展的領跑者。比如 20 世紀六七十年代，進入中國家庭的主打消費品是自行車、手錶、縫紉機、收音機「老四件」；到了八九十年代，空調、冰箱、洗衣機、彩電等又成為新一個時代的主打產品；21 世紀以來，汽車、電腦、手機、平板電視等產品則逐漸走進平常百姓家庭。這些

年，重慶順應全球家庭消費潮流，瞄準這些主打產品，走在了全國前列：汽車，去年產量達 316 萬輛，是全國最大的生產基地；電腦，每年生產 6000 多萬台，其中筆記本電腦佔據全球三分之一的份額；手機，去年產量近 3 億部，佔全國的 14%，僅次於廣東；液晶面板，有京東方、惠科兩大項目，2018 年上半年產量增長 2.3 倍，成為全國產量最大的地區之一。得益於這四大家庭消費品獨佔鰲頭，重慶工業增速連續多年保持全國前列，推動 GDP 連續多年領跑全國。今後十年，從世界範圍看，包括 VR、AR 在內的穿戴式智能終端、物聯網智能終端、機器人、3D 打印機等可能成為主導產品，這應該成為我們產業發展的方向。

二是推動產業鏈集群化發展。這不僅可以使產業鏈的上中下游企業之間的資源要素實現有機整合，避免行業內的供需錯配，使供給更加精準有效，還能通過產業鏈條上生產技術和工藝的良性競爭，推動企業不斷創新，促進優勝劣汰，延長產業的壽命週期，實現產業能級的快速躍升。以重慶為例，通過抓好上中下游產業共生，推動同類企業同類產品集聚，形成了由五大品牌商、六大代工廠和 900 多家配套企業構成的電子信息產業集群，以及以長安汽車為龍頭，集聚十大國內外汽車品牌商、1000 家零部件廠的汽車產業集群，兩大產業產值均超過 5000 億元，貢獻了全市 50% 以上的工業利潤。

三是促使生產性服務業一體化推進。下功夫抓好研發設計、物流運輸、金融結算等生產性服務業，有助於顯著增強產業核心競爭力。比如重慶，通過打通「渝新歐」國際物流大通道，將筆記本電腦等產品運往歐洲銷售，每箱千米運費從最初的 1 元降到 0.55 元，已與海運成本相當，但節約了 30 多天時間，就有了競爭力。重慶還把加工貿易最核心的結算吸引過去，每年形成近 1000 億美元的離岸金融結算量，帶

來一定量的銀行結算收益和政府稅收。這成為重慶電子產業利潤連續幾年增長 35% 以上的重要原因。

　　四是瞄準高技術企業招商。「中國製造 2025」提出的幾十個產品為甚麼一直是中國的短缺？很重要的原因，就是科技含量高，技術門檻也比較高，一般的企業幹不了。能夠掌握這些技術的企業，全世界屈指可數，一般也就八個、十個。因此，招商引資首先就要瞄準這些領域的龍頭企業，再延展各產業鏈條。比如重慶市的集成電路產業，圍繞原材料、單晶硅切片、芯片製造、芯片設計、封裝測試等，引進了韓國 SK 海力士、美國 AOS、英國 ARM、奧地利 AT&S、中電科技、中航微電子、西南集成等高科技龍頭企業，形成了較為完整的產業生態鏈。與 20 世紀八九十年代拼優惠政策的招商引資不同，現在招商引資需要從供給側角度進行頂層設計，整體策略確定後再謀動。需求側是大水漫灌，不需要頂層設計的，困難企業因為大水漫灌也會活過來，而優質企業往往感覺不到有多大的改善。從供給側發力的時候，往往是好的會更好，差的被收購兼併破產關閉，過剩產能被消除，這種狀態才是良性的。

　　五是投融資模式創新。戰略性新興產業領域的項目往往投資額都很大，比如液晶面板，一個項目少則 300 億元，多則 400 億 — 500 億元，而且不是十年逐步投下去，往往要求就在一兩年要到位。這樣大的資本需求，即使是實力很強的企業，只靠自己的資本積累也是難以進行持續投入的。發展戰略性新興產業，當前並不缺技術，也不缺市場，關鍵是解決好投融資問題。以前，大家會用低成本招商，砍胳膊砍腿，這不行。面對戰略性新興產業的招商，不僅要通過產業鏈招商、資源和市場配置招商等，還要運用好資本手段招商，比如重慶京東方 8.5 代液晶面板項目，投資額需 330 多億元，作為上市公司的京東

方自有資金也無法支撐，後來通過資本市場定向增發的融資模式，由重慶企業認購 100 億入股入資 210 億元，京東方再通過銀行融資 118 億元，滿足了項目建設資金需要。通過這一資本運作，一方面使京東方項目僅用時 16 個月就投產，現在產品供不應求；另一方面重慶不僅多了一個高科技公司，每年新增 200 多億元產值，而且持有的京東方股票收益超過 200 億元。現在，重慶又利用賺來的錢與京東方合資投入 480 億元搞了一個柔性液晶面板項目。這一案例中，既有資本市場的資金供給，又有高科技企業的技術供給，還有產品供不應求的市場供給。習近平總書記視察後，讚譽它是「供給側結構性改革的成功案例」。

(二) 加快發展戰略性新興服務業

當前，個性化、多樣化消費漸成主流，新技術、新產品、新業態、新商業模式不斷湧現，高水平引進來、大規模走出去同步發生。知識密集型的戰略性新興服務業，正在成為經濟新常態下非常重要的發展變量。在保持批發零售、交通運輸、物流會展、住宿餐飲等六大傳統服務業平穩增長的同時，要加快推動一批戰略性新興服務業發展，促進服務產品供求的更高層次平衡。主要在五個領域。

一是新興金融服務。在確保守住金融風險底線的前提下，深化金融創新改革，積極推動離岸金融結算、金融租賃、消費金融、金融保理、互聯網信用服務等新興金融業務發展，推動各類金融牌照更好發揮功能。

二是跨境貿易服務。在 FTA 背景下，這些年全國的服務貿易保持了年均 20% 左右的快速增長。包括跨境電商、保稅貿易、總部貿易和轉口貿易、服務外包等。比如，重慶作為國家跨境電商全業務試點城市，跨境 B2B、B2C、C2C 等發展都比較活躍。

　　三是互聯網雲計算大數據服務。我國已進入 IT、DT 並行的時代，現代互聯網和雲計算大數據服務供求兩旺。整體看，雲計算大數據產業的上游基礎設施、中游服務器建設發展快，下游需突破一批關鍵技術，大力發展數據通信、存儲、處理、應用及軟件開發等業務，提升互聯網和雲計算大數據服務能力。

　　四是研發設計等專業服務。研發設計、專利技術、工程諮詢等，資本技術高度密集。要推動專業服務市場化，促進傳統研發設計中心向成本控制中心、利潤中心轉變，打造一批專業化研發設計市場主體，滿足多元化、高端化的市場需求。

　　五是新興消費服務。隨着居民消費需求的檔次提升，供給也亟須作出相應調整。要順應需求結構變化，積極發展大健康、旅遊休閒、影視文化創意、城市配送及冷鏈等服務業，滿足居民多層次的服務消費需求。

（三）切實強化創新驅動

　　從本質上講，創新就是通過創造新供給來催生新需求，一旦資本、資源、人力資本開始向新供給集中，老產業的生存空間就會受到擠壓，產能過剩才能根本消除，而整個經濟不但恢復平衡，而且能級還會有一個大躍升。國務院反覆倡導大眾創業、萬眾創新，現在各城市、各大學、各開發區都在推進各類孵化器和小微企業發展，在此過程中要把準脈絡。如果關鍵環節把握不住，幹到後面一堆亂糟糟，事倍而功半。做好創新驅動，關鍵是抓住三大環節。

　　一是要分類推動創新三階段。創新可分為三個階段：第一階段「0 — 1」，技術創新無中生有。這是少數高層次專業人才在科研院所的實驗室、在大專院校的工程中心、在企業研發中心搞出來的，不可

能是老百姓、大學生，千軍萬馬都跟着「創新」，需要的是國家科研經費、企業科研經費以及種子基金、天使基金的投入。第二階段「1 — 100」，創新成果變成一定的生產力。包括小試、中試，也包括技術成果轉化為產品開發，形成功能性樣機，確立生產工藝等，這方面就要調動各類智商高、有知識、肯下功夫鑽研的人千軍萬馬、萬眾創新，建立各類小微企業，在各種科創中心、孵化基地、加速器幹活，目的是形成讓人看得見摸得着的產品生產過程。第三階段「100 — 100 萬」，變成大規模生產能力。比如一個手機雛形，怎麼變成幾百萬部、幾千萬部最後賣到全世界去呢？要生產基地，這是各種開發區、大型企業投資的結果。因為創新有階段性，所以不能「鬍子眉毛一把抓」。

二是科研成果收益分配要實施「3 個三分之一」。有效的激勵政策和收益分配，能夠激發科技人員和機構的巨大創造活力。比如，史丹福大學、麻省理工學院周圍，吸附了數千個專事成果轉化的創新型中小企業，形成了近萬億美元產值，很重要的原因是科研成果收益分配的「3 個三分之一」。美國《拜杜法案》規定，凡是使用政府科技或企業資本投入產生的成果，其獲得的收益「一分為三」：三分之一歸學校或公司，三分之一歸研發團隊，三分之一歸負責轉化成果的中小創新企業。這個跟中國的不同在哪？以前計劃經濟的時候，一切專利歸國家和集體所有；黨的十五大後，成果發明人可以獲得 25% — 50% 的專利權；最近兩年，進一步放開，成果發明人享有的股權可以達到 50% 甚至 75%。政策的着力點主要是針對研發人員。僅僅這樣，還是不夠的。要知道，能搞出「0 — 1」的不一定搞得出「1 — 100」，設計發明人與科普轉化者、生產工藝轉化者、生產製造組織者是兩個完全不同的體系。這也是為甚麼中國給了發明人 50%、75% 的股權，最後好像沒

看到太多的千百萬富翁、億萬富翁出來，因為他們所有的成果沒有變成現實生產力，還是 0。這方面，我們應該好好學習《拜杜法案》，把科研機構、研發人員、科技企業三方積極性都調動起來，加速科研成果轉化和產業化。

　　三是創新平台要集合六大功能。一些地方搞孵化器，一棟樓不分青紅皂白，免幾年房租，用低租金成本吸引幾百家企業，「拉進籃子都是菜」的搞法，除了熱鬧，效果不會好。美國矽谷之所以孵化能力強，很關鍵的是，這些孵化器集合了六大功能。一是項目甄別。聚焦專業領域，把好准入環節，不能散而雜。比如生物醫藥孵化器，不能弄一堆機器人孵化企業。二是培訓指導。創新創業者經過培訓，成功率一般可從 10% 提高到 30%。三是共享服務。公共實驗室、專用設備或專業設施，由孵化器提供。四是股權投資。有種子基金、天使基金、風投基金、引導基金等多層次投入體系，覆蓋企業生命週期的不同階段。五是收購轉化。通過上市、集團收購、合資合作、成果轉讓等措施將成果轉化為生產力。六是資源集聚。孵化器應成為行業信息傳遞、知識交流、人才匯集的窗口。一個城市，創新平台不在於大批量、排浪式地去搞幾十個、幾百個平台，關鍵是要集合應有功能。一個符合要求的平台可以帶出上百家企業，如果貪大求多，最終可能很多是空頭平台，變成了形象工程。

五、圍繞具有重大潛在紅利的供給側問題，推動一批聚財型、生財型、資源優化配置型的改革事項

　　供給側結構性改革就是圍繞制度問題、企業動力問題、技術創新及創新驅動問題、資源要素供給問題和勞動力、人才供給問題五個方

面的核心要素、經濟要素進行制度化的結構性改革。一旦改革推動到位，一定會產生改革的紅利，生產關係調整之後帶動生產力的發展。當下，至少有十個方面可以推動的、具有重大潛在紅利的改革，而這十個方面其實都是黨中央、國務院近年來已經在安排和着力推動的重大改革事項，需要我們各級幹部具體貫徹落實，並執行到位。

第一，投融資 PPP 模式改革。最近，全國人大財經委、財政部等都在分析 PPP 的一些問題，但在公平公正、風險共擔、利益共享的前提下讓社會資本參與政府公共服務項目，這個方向是對的。關鍵是要做到「五種平衡」：第一，凡市場化收費可以平衡投資的，比如高速公路項目，就完全放開，由市場主體來做；第二，凡當期收費較低、暫時平衡不了的，像供排水、停車場等項目，就可以通過逐步調價的措施，使項目最終形成投入與產出的大體平衡；第三，凡是由政府提供的公共服務、不能收費的投資項目，要通過政府採購、分期付款的方式，把一次性投資變成長週期的公益服務採購，以時間換空間，形成長週期的投入產出平衡；第四，凡是特別大的投資項目，比如地鐵項目，沒有條件以採購方式推進運作的，政府就應以地鐵車站加蓋物業等措施，配置相應土地資源，使其平衡；第五，對土地開發整治等收益很高的公共服務項目，政府要限定投資者的收益幅度，不能損害公共利益，否則就是搞利益輸送。在推進中，要注意嚴防「五種問題」：一是防範「形股實債」的 PPP，讓政府背上高息債務；二是防範投資方在實際經營中亂收費，加重老百姓的負擔；三是在一個地區要統一相關實施標準，防止同類項目不同標準；四是防範灰色交易，PPP 項目往往集土地轉讓、項目招投標、資產收購兼併於一身，必須按規範程序操作，確保交易公開、行為規範、程序合法；五是防範項目遇自然災害等不可抗力因素，如果影響到項目正常運轉時，政府應及時施以

援手，決不能出了問題撒手不管。有了這些規矩，PPP 項目就能夠有效推進，既不讓投資者吃虧，政府也不吃虧，群眾也不加重負擔。

第二，改革財政資金分配方式。過去，我們主要採取審批制的撥款方式，對產業發展進行補貼，並通過相關部門分配給一個個項目。每年國家財政撥款有幾千億元，重慶也有上百億元。這種體制機制，往往造成三種後果：一是資金閒置，結轉結餘資金沉澱多；二是資金使用效果怎麼樣，不好評估；三是審批權力過於集中，企業「跑部錢進」，一不當心會出現很多灰色交易。這種問題，如果不在源頭上縮小審批權，從體制機制源頭上消除腐敗的土壤，僅僅靠你監督我、我監督你，或者靠各委辦局工作人員兩袖清風自我約束，解決不了根本問題，一旦出問題，往往「一抓抓一窩」。如果把這些資金用來設立產業引導股權投資基金，一是會產生 1：3 或 1：4 甚至更高的槓桿比，撬動社會資本跟進；二是交由專業基金團隊管理，政府工作人員不再直接參與具體管理運作，減少政府審批；三是發揮基金市場化運作機制，推動資源配置按市場規則、市場價格、市場競爭實現效益最大化和效率最優化；四是市場資金要追求效益，也會提高財政資金投資收益。三年前，重慶把財政投入產業發展的三分之一左右資金拿出來做產業引導股權投資基金，現在已發起設立專項基金 24 隻，總規模達到 240 億元。在推進中，要用負面清單防範風險：一是不能政府派官員操控 GP 團隊，否則就等於政府自己搞了幾個公司；二是不能政府基金到位了，引入的市場資金拉不過來，變成政府資金單打一地幹；三是不能把不符合私募投資基金管理要求的機構和資金拉進來，資金來源必須「乾乾淨淨」，不能搞眾籌，不能搞亂集資，不能搞股轉債、債轉股，不能搞信託融資、銀行資金等所謂的「通道業務」；四是投向上不能參與市場投機，主要搞企業投資、股權投資，不炒房，不炒外匯，不炒

股票，更不能變成融資貸款公司放高利貸。

第三，對外資金融機構開放。經過 40 年改革開放，我國引進的外資幾乎等於全部工商業資產的 30%，這也是中國進出口 50% 的推動力量。但是，我們在金融領域的基礎性制度開放不夠，目前外資金融機構只佔整個中國金融資產的百分之一點幾。我們在三個方面的開放度有限。首先，外資不能辦某些類別的金融企業，或者不能展開某些新業務，這是市場准入的門檻問題。其次，即使准入了，還有股權比例的限制。第三，即使工商註冊登記了，還有營業範圍的限制。由於各類限制過多，一些外資銀行跟一個辦事處也沒有多大區別。中央高度重視這件事。從去年 4 月份到現在，中央有關方面的四個部委，國務院金融穩定發展委員會、中國人民銀行、銀保監會和證監會，相繼出台了 64 條很具體的開放性規則，其中有 24 條是關於市場准入的，有 11 條是關於股權比的，有 29 條是關於經營範圍的。准入類方面強調在准入前給予外資同等國民待遇，股權方面可能會逐步讓外資控股甚至獨資設立境內金融機構，營業範圍方面則放開各種各樣業務的許可。這 64 條到位的話，相信今後幾年會有一波非常熱鬧的外資金融機構進入中國的潮流，有可能一年帶進來幾十億、幾百億美元，10 年時間就有幾千億美元資本金，會帶來上萬億美元的運行資金，如果轉化為人民幣的話，那就會產生 7 萬億、8 萬億元人民幣資產，增加了金融供給側的力量。到 2030 年以後，外資金融機構佔中國全部金融資產的比例，從現在的百分之一點幾增長到 10% 以上是完全可能的。

第四，開拓服務貿易領域。我國進出口貨物貿易從 1979 年的 200 多億美元增加到去年的 4.3 萬億美元，並有 4000 億美元順差，成就斐然。但是我們在服務貿易領域尚未充分發揮潛力，目前一年一般是 7500 億美元左右的規模，逆差 3000 億美元。服務貿易每 100 億美元營

業額，有 70% 左右能形成增加值；貨物貿易 100 億美元營業額，只有 25% 左右是增加值。我們服務貿易加貨物貿易一共是 5 萬億美元，順差只有 1000 億美元；用增加值來算的話，我們還是虧的。全世界 100 多個國家的服務貿易逆差加起來一共 7000 億美元，我們就佔了 3000 億美元，約 40%，逆差過大。其次，我們現在做的 2000 多億美元的服務貿易出口，大部分是勞動密集型的，我們缺少資本密集、技術密集和高附加值的品種。再次，中國的貨物貿易運行過程中必然伴隨的服務貿易業務，比如保險、清算結算、物流，大部分被境外企業做了。我們因為缺少自由貿易的制度安排，使得這一塊做不大。黨中央、國務院在黨的十八大以來推出自由貿易試驗區，就聚焦貿易自由、投資自由、資金流動自由、物流倉儲自由、人員就業流動自由、數碼貿易自由六個方面。服務貿易業務可以有幾十個大類，2000 多個小品種，這些都跟這六個自由有關。自貿試驗區的探索為中國解決服務貿易的瓶頸、短板創造了條件，將給中國的服務貿易帶來發展的春天。10 年、15 年以後，相信中國的服務貿易可能從現在的 7500 億美元翻一番，達到 1.5 萬億美元，甚至翻一番半達到 2 萬多億美元，如果那時候逆差不是擴大一倍而是縮小一半，也許就一兩千億，這將給中國經濟帶來幾個百分點的紅利。中國在進出口貿易上，今後 10 年真正的動力、紅利，高質量、高效益的業務，體現在服務貿易上。

第五，降低個人所得稅。按國際慣例，個人所得稅率一般低於企業所得稅率，我國的個人所得稅採取超額累進稅率與比例稅率相結合的方式徵收，工資薪金類為超額累進稅率 5% — 45%。最高邊際稅率 45%，是在 1950 年定的，當時我國企業所得稅率是 55%，個人所得稅率定在 45% 有它的理由。現在企業所得稅率已經降到 25%，個人所得稅率還保持在 45%，明顯高於前者，也高於大多數國家 25% 左右的水

平。從實際運行看，一是使一些收入來源多元的高收入群體以「錢在企業、不拿工資」或「工作在內地、工資在海外」，還有以發票抵賬、多次少量領工資等各種各樣的方式規避納稅；二是對吸引高端人才非常不利，許多跨國公司在亞太區的收入一半以上來自中國內地，但其亞太總部大部分設在中國香港、新加坡，主要原因之一就是中國個人所得稅的稅率過高；三是工薪階層尤其是專業技術人才成為個人所得稅收入的主力軍，這一佔比目前已升至 60% 以上，與發達國家形成鮮明對比，抑制了消費需求，也不利於中等收入群體壯大；四是中國背負着個人所得稅高稅率之名，卻沒有帶來相應的高稅收，2017 年中國個人所得稅實際徵收的總額只佔總稅收的 7.7%，遠低於發達國家 30%、發展中國家 15% 左右的水平。如果參照發展中國家水平以及中國企業所得稅水平，將最高 45% 的個人所得稅稅率下調至 25%，不僅不會減少稅收，反而有助於擴大稅源，完全可能將個稅佔比由 7.7% 提高到 15%，增加上萬億元的涵養潛力。

第六，農民工落戶城市。20 世紀 80 年代農村承包制改革釋放了勞動力到城裡，產生了轟轟烈烈的城市化過程，這是巨大的勞動力釋放。但是在農民工問題上，有一件事目前各地區還沒有做到位。這件事就是黨中央國務院十八大以來大力倡導的，中央提出的到「十三五」末要實現 2 億農民工就地落戶城區，其中有 1 億在沿海城市落戶，1 億在內陸城市落戶。這有非常重大的戰略意義。中國目前還有近 3 億農民工，不能落戶城區使得這 3 億農民工的勞動壽命減少一半。我國城市職工一般 60 歲退休，農民工一般幹到 45 歲左右，年齡再大，沿海城市的企業一般就不招聘他了。他本來可以幹到 60 歲，現在只幹到 45 歲，少幹 15 年，就等於就業工齡少三分之一。農民工在正常上班的時候，一年 12 個月總有兩個月回家探親，這兩個月回家相當於一年的

六分之一。三分之一 + 六分之一 = 二分之一，理論上農民工的工作壽命，因為是農民工狀態而不是戶籍狀態，大體減少一半。所以戶籍制度改革不僅是改善農民工待遇的問題、對農民關愛的問題，同樣也是生產力的問題，是人口紅利的問題。作為供給側結構性改革的一個重要號召，黨中央已經提出這件事，我們要着力落實，誰把農民工的城市化戶籍制度做好，誰就是為未來贏得 10 年、15 年主動發力的城市。哪怕你這個城市現在有 1500 萬人，裡邊有 900 萬農民工，如果不做好這件事，農民工今後 10 年不能落戶，可能 10 年以後就有 500 萬人被別的地區吸收了。1500 萬人口的超級大城市可能就變成八九百萬，變成第二等級的城市。這是供給側結構性改革有重大紅利的措施，地方應該把它當作重大措施狠狠抓一下。

　　第七，延長女性退休年齡。婦女從 20 世紀 50 年代起，退休比男士早 10 年，50 歲一過就退休了。她要比男士提早 10 年拿養老金，一個月 1000 多元，一年就是 1 萬多元，10 年就是 10 多萬元。她又少交了 10 年養老金，每個人在崗就要交養老金，差不多一個月 1 千多元，一年 1 萬多元。一進一出一年兩萬多元，10 年 20 多萬元。以 6 億城市人群來說，有 3 億婦女，3 億乘上 20 多萬元就是 60 多萬億元。分攤到 40 年，每年相當於增加 1 萬億元養老金，必將緩和許多省份養老保險資金鏈緊張的情況。實際上婦女壽命平均比男士高 5 歲，你如果問她自己願不願意上班，大多數願意上班。在法律意義上，應該形成 60 歲同工同酬同年齡退休。如果以後想要延長退休年齡，男性和女性共同從 60 歲延到 65 歲，把這件事改好了，不僅一年產生一兩萬億元紅利進社保，而且還能多了幾億婦女 10 年的工作，產生勞動力紅利。

　　第八，降低運輸成本。中國所有的貨物運輸量佔 GDP 的比重是 15%，美國、歐洲都在 7%，日本只有百分之五點幾。我們佔 15% 就

比其他國家額外多了幾萬億元的運輸成本。中國交通運輸的物流成本高，除了基礎設施很大一部分是新建投資、折舊成本較高以外，相當大的部分是管理體制造成的。由於中國的管理、軟件、系統協調性、無縫對接等方面存在很多問題，造成了各種物流成本抬高。在這個問題上，各個地方，各個系統，各個行業都把這方面問題重視一下、協調一下，人家 7%，我們哪怕降不到 7% 的 GDP 佔比，能夠降 3%—4% 的佔比，就省了 3 萬億—4 萬億元。舉一個例子，中國有十幾萬千米的鐵路，這些鐵路花掉近 10 萬億元的資金，卻只運輸了中國全部貨物的 6%。其餘的 94%，汽車大體上運了 84%—85%，飛機、輪船、管道運輸也運一些。因為把貨物轉到火車上很麻煩，大家就把東西裝上汽車，上千千米開出去，汽車燒的是油，火車燒的是煤，汽車運輸成本是火車的 3 倍。我們幾十年開發區修的公共設施叫「七通一平」，但「七通」裡沒有鐵路通。以前有一個規矩，只要一個企業有幾十億元產值，火車就要開到廠裡去。現在幾百億元的企業貨物運輸，全靠卡車拉，這都是不對的。美國的鐵路是 100 多年前造的，美國現在的貨物運輸量有 20% 是鐵路運的，這就是節約。在這個意義上，我們有很多浪費。

第九，改革住房公積金制度。公積金是社會公共福利系統的階段性產物，其產生有他特定的歷史環境和國家環境。該制度是當年上海向新加坡學來的。20 世紀 90 年代初，我國房地產還沒有市場化，當時上海人均住房面積只有 7 平方米，全部靠政府和企業來造房子不可行。於是就學習新加坡住房公積金經驗，相當於是職工們搞了一個互助金。這個互助金，個人繳費 6%，單位繳費 6%，資金集在一起，為企業造公房提供低息貸款。這在當時還沒有商品房、沒有銀行按揭的時候有其積極意義。但自 1995 年起，商業銀行開始提供房地產按揭

貸款。人們首付付完，剩下的百分之七八十是商業銀行按揭貸款，商品房市場循環已經形成的時候，公積金最初的使命已經基本完成。到 2018 年底，中國個人住房貸款餘額 25.75 萬億元，而公積金個人住房貸款餘額為 4.98 萬億元，在整個貸款餘額中不到 20%，其為人們購房提供低息貸款的功能完全可以交由商業銀行按揭貸款來解決。

我國企事業單位現行五險一金綜合費率達 55%，已是世界之最。其中公積金為 12%（養老保險率為 28%，醫療保險為 12%，工傷保險、生育保險等各種小險種加起來約 3%），一年 1 萬多億元，目前已經累計達到 14.6 萬億元的規模。目前的公積金體系運行至少存在以下幾方面的問題。一是覆蓋面不廣，缺乏公平性。公積金政策從 20 世紀 90 年代開始試水，到現在 20 多年過去了，也才只覆蓋了三分之一的城鎮職工。二是保值增值不到位，收益很低，再加上公積金中心的運行成本，實際上是一筆負利息資產。三是十多萬億元資本長期閒置，喪失了長期資本資源優化配置功能。

與公積金功能相對應的是世界各國普遍實行的年金制度。兩者之間有三個相同：一是資金來源相同，都是按職工工資基數的一定比例，由企業和職工繳納；二是公積金和年金只設個人賬戶，沒有養老、醫療基金的統籌賬戶，全部歸集資金都進個人賬戶；三是到了退休那一天個人賬戶積累的資金，都可以全額提取。基於此，公積金和年金完全可以合二為一。一方面，年金有國際通行、國家規定的理財方式，使職工的基金收入在十幾年、二十幾年中至少增收一倍以上。另一方面，年金作為資本市場的長期資本能使中國股市更加健康發展。

建議改革公積金制度，建立新的年金體系。一是將現有已累積起來的 14.6 萬億元公積金直接轉化成企業年金，並拓寬企業年金投資資本市場的機制和通道，確保公民已繳存公積金的收益只增不減。二是

對已經發生的公積金貸款，可以按照老人老辦法，存量公積金貸款保持不變，直到按多期還清貸款為止。三是將企業原本幫職工繳納的 6% 公積金轉變為企業給職工繳納的 6% 企業年金，職工也按同比例繼續繳納。四是加大稅收優惠力度，將政府對公積金繳交予以的稅收制度平行移植到年金制度中，鼓勵企業為職工建立企業年金制度，提高普惠性，從而為健全我國養老保障體系提供有力支撐。總之，經過這樣的平滑轉移，可以實現資源優化配置，把百姓、企業所創造的財富最大限度地加以利用，並讓它為國家、企業、個人都創造更大的價值。

第十，有效配置城鄉土地資源。由於城市用地具有集約性，一個農民在農村的宅基地等建設性用地平均為 250 平方米，在城裡的建設性用地平均為 100 平方米。全世界城市化過程中，不管發達國家還是發展中國家，由於城鄉的變遷，人口集聚到城裡，農村裡的宅基地等建設性用地會大幅度減少，使得農村耕地數量相對增加，所以沒有出現耕地短缺的問題。但中國的農民是兩頭佔地，他到城裡來算一波人，但是在農村裡，宅基地還是留着的，耕地因此就短缺了。宏觀上城鄉資源沒有流動，沒有配置，這就造成耕地短缺，住宅用地少，土地供應成本高，整個城市的房價也會高。

這裡有一個城鄉建設性用地指標增減掛鈎總體平衡的問題。如果一畝宅基地指標 20 萬元，1 億戶家庭大概 7000 多萬畝宅基地，如果有一半實現了城鄉之間增減掛鈎的轉換，就是 3500 萬畝。一畝地 20 萬元的話，就是 7 萬億元，就是農民的一筆原始資本。在這個過程中，只要守住了國家法律規定的三個紅線：第一，不能把集體所有權變成私有權；第二，守住耕地紅線，把宅基地變成耕地，把耕地變成城市建設用地，增減掛鈎，形成平衡；第三，維護農民的利益；這個過程就能使農民因宅基地的這個指標轉換增加十幾萬元、二十萬元。形成

有效周轉。這也是供給側結構性改革。

　　以上十條，每一條都是制度性、機制性的改革，每一條都體現在黨中央、國務院的各種文件當中，早就提出來了，只要落實到位、執行到位，都會具有上萬億元價值的改革紅利。把這些供給側結構性改革幹好，國家一年就會新增幾萬億元紅利，GDP 增長不是保 5% 的問題，達到 6% 理所當然。當下，除了要推動一些需求側的調控以外，很重要的是要在供給側上下功夫。因為供給側的改革是結構性的改革，是長週期經濟發展的動力。供給側結構性改革一定是基礎性制度的改革，一定是體制、機制的改革，會產生生產力發展的紅利。

　　總之，推進供給側結構性改革是中央審時度勢作出的前瞻性謀劃、戰略性調整、綜合性改革，事關經濟全局，事關長遠利益，事關未來發展，將繼往開來引領新常態，推動改革開放偉業繼續前進、再創輝煌。

互聯網金融發展中的經驗教訓、原則、特徵、路徑和風險防範

上課日期：2019 年 5 月 24 日

課程摘要：近年來我國互聯網金融發展出現了一些問題，P2P 公司打着金融科技的旗號，實際上是中國傳統的農村裡高息攬儲的「老鼠會」、鄉里鄉親間的高利貸等在互聯網上的變種，儼然成為龐氏騙局。互聯網貸款公司必須遵循資本信用、信用規範、信用槓桿、放貸徵信、大數據處理五大原則。「大智移雲」基礎平台具有顛覆傳統的「五全基因」，即「全時空、全流程、全場景、全解析和全價值」信息，這將成為極具價值的數據資源。展望未來互聯網金融發展模式，將以大數據、雲計算、人工智能的數據存儲能力、計算能力、通信能力為基礎，與產業鏈、供應鏈相結合，形成數據平台、金融企業、產業鏈上下游各方資源優化配置、運行成本下降、運行效率提升的良好格局。

　　中國金融業最近這些年一直在着力解決三個問題：金融如何更好地為實體經濟服務，避免脫實向虛的問題；金融如何解決好中小企業、民營企業融資難、融資貴的問題；金融如何防範各種類型的風險，特別是不要出系統性大面積的風險的問題。這三件事一直是金融主管當局或整個金融系統都在着力思考和解決的問題。中央提出金融供給側結構性改革主要也是要解決這三方面問題。

　　今天報告的主題不是要講宏觀上的金融供給、金融體系中的問題如何解決，在金融供給上，除了宏觀一面以外，還有微觀的金融企業的行為方式、運作制度、方法和原理。在這個意義上，今天的主題是討論為實體經濟服務的互聯網金融，是互聯網平台與產業鏈、供應鏈結合的互聯網金融，重點圍繞互聯網金融發展的特徵、原則、路徑以及負面清單等問題，討論在數位金融平台上展開的互聯網金融，如何解決為實體經濟服務的問題，如何解決中小企業融資難、融資貴的問題，以及如何避免金融風險的問題。

一、P2P 金融與互聯網金融

　　最近五年，中國互聯網金融平台一件比較悲壯的事情就是 P2P 的氾濫。P2P 在 20 世紀 90 年代從英國興起，21 世紀初在美國開始推進，但英國和美國到今天為止 P2P 企業不超過幾十個，為甚麼呢？這是因為英美對 P2P 監管十分明確，P2P 平台一不能籌資吸儲，二不能放貸運行，所謂 P2P，是網民和網民互相約定借貸，P2P 平台只是一個中介。這種借貸方式在金融體系發達的英美當然沒有太大發展意義。但是 P2P 在中國從 2006 年開始發展，到 2013 年和 2014 年開始大規模氾濫，從 2013 年、2014 年到現在的五年時間裡，註冊了上萬家 P2P

公司。現在，絕大部分癱瘓，形成近萬億元壞賬，大量網民傾家蕩產，場面異常悲壯。

一說到 P2P，就有一些似是而非的觀點：P2P 是金融科技；金融科技本身是好的，只是沒有管好，一些壞人利用 P2P 做了壞事。有這些看法的人，往往是前些年 P2P 的狂熱吹捧者甚至是推動者，這會兒不思考這種模式本身的錯誤，還在做一些蒼白的辯護性說辭，十分幼稚可笑。P2P 問題的要害在哪裡？不能把它跟數位金融、互聯網金融相提並論，否定 P2P 並不是否定互聯網金融，這是兩碼事。P2P 金融實際上是中國傳統的農村裡高息攬儲的「老鼠會」、鄉里鄉親間的高利貸，在互聯網基礎上的死灰復燃，而「老鼠會」這類東西本來是熟人經濟、鄉村經濟中的一個陋習，即便要闖禍，也就是幾十萬元、幾百萬元，了不得到幾億元，輻射面積不會太大，而 P2P 通過互聯網，不僅可以覆蓋一個城市，覆蓋幾十個城市，甚至可以覆蓋全國，最後造成了網民們彼此之間連面都沒見過，就形成幾十億元、上百億元金額的壞賬的局面。

P2P 問題的要害是甚麼？那就是在現代金融裡絕不許可、絕不容忍的如下五個機制，在互聯網平台竟然被稀裡糊塗地放行了。

1. 這種 P2P 公司的資本金是所謂眾籌而來。這個眾籌是網絡眾籌，即通過互聯網向網民剛性承諾高回報投資拉來的資本金。

2. P2P 的融資槓桿從網民來。假設有 3 億元資本金，如果要想放 30 億元貸款，資本金和貸款之間有一個槓桿，這個槓桿性資金從哪裡來？銀行資金通過吸收老百姓儲蓄，資本充足率 10 倍，10 億元資本金一般可以吸收 100 億元儲蓄，這個資金是老百姓儲蓄來的，是有規範機制的，這種儲蓄轉化為貸款來源、槓桿來源，有資本充足率、存款準備金、存貸比、壞賬撥備等一套制度監管組合在一起的信用系統。

然而，P2P 沒有這些系統，P2P 單單通過對網民的高息攬儲，也就是給予儲戶高利息回報承諾，進而將網民的錢集資過來。

3. 放貸對象通過互聯網面向所有的不相干網民。P2P 企業從網民那裡高息攬儲，高槓桿籌集了放貸資金後，往往無場景地通過網絡亂放高利貸。本來互聯網最大的特點就是它的產業鏈會雁過留痕，是有場景的，但是 P2P 的服務對象是互聯網上雜七雜八的對象，並沒有具體的產業鏈，也沒有甚麼場景，導致互聯網的信息起不了信用的補充作用。但是互聯網穿透輻射能力強，貸款投放出去的速度又異常快，只要有人想借高利貸，不論是學生校園貸、買房首付貸還是炒股資金貸，抓進籃裡都是菜，錢就會被立刻借出去，造成了 P2P 平台給網民亂放高利貸的混亂現象。

4. 借貸資金短長不一，由此導致靠借新還舊形成龐氏騙局式的資金池，而這個資金池不由其他任何方面監管，僅由 P2P 公司平台負責。

5. 一旦出事，P2P 企業要麼捲款而走，要麼癱瘓無法運轉。究其原因，根子在於既沒有在總體層面上對 P2P 運行中明顯存在的嚴重問題有清醒認識，對有可能出現的嚴重後果缺少預判，也沒有在監管層面上形成「資金要第三方存管，放貸要有抵押物，投資項目與投資者要一一對應」等負面清單，導致 P2P 網貸脫離了純粹的「P to P」的原意，異化為互聯網的民間集資和高息攬儲。

針對 P2P 金融，只要稍有金融常識，就應該判斷出這是新瓶裝舊酒──新瓶指的是互聯網，舊酒指的是封建餘孽式的「老鼠會」、高息攬儲式的高利貸。無論是 P2P 也好，互聯網金融也好，不管打着甚麼旗號，只要向網民高息攬儲亂集資，只要跟網民搞眾籌資本金，只要在網上亂放高利貸，最後這個企業必將借新還舊形成惡性循環，儼然成為龐氏騙局。所以基於互聯網的輻射性、穿透性，P2P 就應禁止，

因為這個過程是無法有序控制的。

二、網貸公司應遵循五個運行原則

不搞 P2P 並不等於不可以搞網絡貸款公司。合理的網貸公司是金融科技、科技金融發展的重要內容，是幫助金融脫虛就實、為實體經濟服務、為中小企業服務的重要途徑，是普惠金融得以實現的技術基礎。這類網絡貸款公司規範運行的關鍵在於遵循五大基本原則。

一是資本信用原則，有較大的自有資本金。不同於傳統的小貸公司，互聯網金融有很強的輻射性、很快的發放貸款能力，業務範圍往往覆蓋全國，應當具有較高的資本金門檻。

二是信用規範原則。貸款資金的主要來源是銀行貸款、銀行間市場發的中票和證交所發行的 ABS 債券。

三是信用槓桿原則。網貸公司的資本金和貸款餘額總量的槓桿比，任何時候都應控制在 1：10 左右，決不能超過 1：20 甚至 1：30。在常規的 ABS、ABN 的發債機制中，並沒有約定一筆貸款資產的發債循環的次數，基於網貸業務的快速周轉能力，一筆底層資產一年就可能循環 5 次、10 次，幾年下來，有可能達到 30 次、40 次，形成巨大的泡沫風險。鑑於網絡貸款公司往往以資本金 1：2 — 1：2.5 向銀行融資，網絡貸款形成的底層資產在 ABS、ABN 中的循環次數不宜超過 5 — 6 次，只有這樣，網絡貸款公司的總債務槓桿比才能控制在 10 倍左右。

四是放貸徵信原則。有互聯網產業的產業鏈信用、全場景信用，不能無約束、無場景地放貸，甚至到校園裡搞校園貸、為買房者搞首付貸。一旦壞賬，搞暴力催收、採用堵校門和朋友圈亂發信息等惡劣

手段，就會造成社會不穩定。

五是大數據處理原則。平台擁有強大的技術基礎，能形成大數據、雲計算、人工智能的處理技術，這樣就可以把控風險，形成較低的不良貸款率，並由此有條件為客戶提供相對低的貸款利率，形成網絡貸款良好的普惠金融能力。

總之，在發展網絡貸款公司的過程中，只要合乎以上五條原則，一般都能實現小貸業務快速發展，中小企業融資難、融資貴的情況得以緩解且不良貸款率低的效果。比如阿里小貸（花唄、借唄），與 P2P 有本質上的不同。阿里小貸資本金是阿里巴巴公司的自有資金，槓桿貸款資金是合規的，從銀行貸款和 ABS 融資而來，合乎監管層對小貸公司監督的原則要求，貸款客戶則是淘寶網絡平台上的電子商務公司或者是使用支付寶的手機用戶，有確切的產業鏈、供應鏈上的信用徵信，有確切的信用場景。總的來看，阿里小貸本質上屬於產業鏈金融範疇，蘇寧、小米、神州數碼、馬上消費金融等全國知名的網絡公司設立的網絡小貸公司也大體如此。

三、網絡數據的本質在於它具有顛覆傳統的五全基因

第一、二部分講了 P2P 是互聯網金融發展中的另類，沒有任何前途，但是網絡貸款公司只要按照五大原則發展，前景燦爛，能為小微企業、實體經濟作出很大貢獻。第三部分要說的是互聯網金融融資並不僅僅限於網絡貸款公司。互聯網金融的大格局、大空間在於互聯網平台自身並不搞金融貸款，而是以網絡數碼平台（以大數據、雲計算、人工智能的數據存儲能力、計算能力、通信能力為基礎）與產業鏈金融相結合，形成基於數據平台的產業鏈金融，形成數據平台、金融企

業、產業鏈上下游各方資源優化配置，運行成本下降、運行效率提升的良好格局。為了實現這個目標，首先要深刻地了解網絡數據本質的五全特徵，這是它顛覆傳統的基因所在。

顛覆已經成為互聯網見怪不怪的經濟現象，大數據、雲計算、人工智能、區塊鏈以及包括移動互聯網、物聯網等移動通信在內的網絡平台——五大現代信息科技構成的「大智移雲」基礎平台，正在極其深刻地影響着傳統經濟領域。可以説，任何一個傳統產業鏈與這五大信息科技結合，就會立即形成新的經濟組織方式，從而對傳統產業構成顛覆性的衝擊。

為甚麼「大智移雲」基礎平台會有如此強大的顛覆性？研究表明，「大智移雲」基礎平台實際存在「五全特徵」：全時空、全流程、全場景、全解析和全價值。所謂「全時空」是指打破時間和空間障礙，從天到地、從地上到水下、從國內到國際可以瞬間連成一體，信息每天 24 小時不停地流動；所謂「全流程」是指關係到人類所有生產、生活流程的每一個點；所謂「全場景」是指跨越行業界別，把人類所有行為場景全部打通；所謂「全解析」是指通過收集和分析人類所有行為信息，產生異於傳統的全新認知、全新行為和全新價值；所謂「全價值」是指打破單個價值體系的封閉性，穿透所有價值體系，並整合與創建出前所未有的、巨大的價值鏈。

正是因為上述「五全特徵」，「大智移雲」基礎平台的基礎技術和應用技術產生強大的互動，正反饋循環，極致性地提升了互聯網「對社會公眾的聚合與整合」能力，極大地提升了社會公眾個性化需求的識別能力，極大地提升了互聯網功能業務線的派生能力，極大地提升了互聯網商業價值和資本價值的增值能力。用一個不很準確的描述：五大現代信息科技可以把經濟肌體上數以億計價值極低的單體細胞群轉變為

在某個領域具有極高價值的、差異化的功能幹細胞；進一步，它可以把所有功能幹細胞集合一體幻化為全能幹細胞——具有超級價值的全息價值體系，從而成就了經濟肌體的基因突變，大大增強了企業的經濟預見性，大大增強了企業的經濟質量、效率、效益。

正因「大智移雲」基礎平台的上述特點，目前世界各國在此領域的競爭異常激烈，基礎技術和應用場景日新月異，資本價值不斷攀升。依據《中國互聯網發展報告 2018》提供的數據，2017 年，以互聯網為核心的數碼經濟規模已經高達 27 萬億元人民幣，而截至 2018 年 6 月，中國網民數量超過 8 億，普及率 57.7%；手機網民規模達 7.88 億，佔網民總數的 98.3%。尤其是五大現代信息科技的基礎平台深度融合之後，互聯網產業進一步爆發，對傳統經濟領域構成更加深刻的影響。可以說，任何一個傳統產業鏈與這五大現代信息科技平台結合，就會立刻轉變為全新的經濟或商業的組織模式，從根本上改變傳統經濟、產業和企業的概念，並帶來新的價值。

這類事例幾乎涉及所有巨無霸式的互聯網平台。比如，2018 年 10 月，某新型保險機構和支付寶合作開發了一款名為「相互保」的互助保險產品，僅僅 42 天便聚集了 2000 萬人參保，涉及金融資金近 40 億元。為甚麼會有這樣的效果？就是因為阿里巴巴電商平台所形成的巨大客戶數據造就了支付寶龐大的客戶群，而支付寶的龐大客戶群又造就了更加細分的「相互保」市場。而把全部業務線加總所形成的相互支撐、相互依託的業務集群和效益，造就了阿里巴巴巨大的資本價值。

再比如騰訊，以社交網絡平台起家，跟隨五大現代信息科技的不斷進步而聚集了龐大的用戶數據群，而這樣的數據群除傳統廣告價值外，並不存在超乎尋常的商業價值。但騰訊以這些龐大數據為基礎進行業務分化，分化出不同功能的業務線，從而產生新的產業鏈群和價

值鏈群。各個功能業務線——產業鏈和價值鏈進一步形成彼此依託、相互促進的產業集群，不僅將為企業帶來巨大的超額利潤，同時也會帶來傳統思維方式難以企及的資本價值。最典型的例證就是：當互聯網帝國開發了網絡金融業務之後，金融打通和賦能所有業務線，使得金融業務和所有互聯網業務都產生更大的槓桿效應，並帶來傳統方式之下難以想像的巨額商業價值和資本價值。

利弊永遠相伴相生。五大現代信息科技帶給經濟更高的質量、效率、效益的同時，也給社會公眾和社會管理帶來大量超乎傳統的風險。比如，巨額資本堆積使公眾聚集速度快，規模動輒數以千萬計，與傳統產業根本就不在一個數量級上，這使得互聯網帝國一旦運轉成功就可能「大到不能倒」，而且其所形成的封閉而獨立的管理體系，很容易讓資本意志綁架公眾認知。又如，中國消費者協會最近公佈的數據顯示，中國 100 款頭部 App，有 91 款存在過度採集客戶隱私信息的問題。2018 年 9 月到 11 月，蘋果手機使用者的支付寶賬戶就被大面積偷盜；而近年來互聯網「黑客」門檻也越來越低，浙江網警 2018 年抓獲一個只有初中文化的刑滿釋放犯，他只自學五年電腦「黑客」知識，就成功侵入一家上市公司網站，竊取數據、阻斷訂單、勒索錢財，造成公司 1000 多萬元損失。儘管此犯已經落網，但它卻凸顯了我國互聯網安全環境的脆弱性。

毫無疑問，我國在信息安全方面已經出台了一些法律法規，同時也在針對國家信息安全問題投入大量人力、物力、財力，但是不是可以短期內從根本上解決問題？顯然不行。這不是誰努力不努力的問題，而是五大現代信息科技基本特點所決定的，正所謂道高一尺、魔高一丈。尤其在必須保障數據安全的金融方向，其安全隱患更是「平時看不見，偶爾露真容；一旦出風險，損失難計數」。風險防不勝防

是最為令人擔心的問題。關鍵是兩條：第一，五大現代信息科技的發展速度過快，過去十年一代，現在可能兩三年一代，而新的應用技術更是層出不窮，高速迭代；第二，互聯網企業對客戶體驗感有着天然的極致性追求，這會導致大量「尚無法研判成熟程度的技術」被無條件地應用在金融業務方面。

所以，我們不能僅僅看到「大智移雲」基礎平台帶給傳統金融業務方式的顛覆性進步，而更應看到，它對我國金融安全意識和信用意識同樣構成嚴重顛覆。截至 2018 年 6 月，我國通過互聯網購買理財產品的網民數量已經高達 1.69 億，同比增長 30.9%；使用互聯網第三方支付系統的用戶數量更是高達 5.69 億。2017 年 12 月末，網民線下使用支付寶、微信等支付手段進行消費的人數比例是 65.5%，而半年之後的 2018 年 6 月末，人數比例升至 68%。與此同時，中國民眾，尤其是青年人過度消費、超前消費現象嚴重，《2018 年第三季度支付體系運行總體情況》報告顯示，透支消費所形成的逾期 6 個月以上的不良貸款已經高達 880 億元，而 2010 年年底，這個數據僅為 76.86 億元，8 年增長 10 倍。這顯然是國民金融安全意識和信用意識日趨淡漠的結果。

四、互聯網金融的大格局在於網絡數碼平台與產業鏈金融相結合

基於上述，我認為互聯網金融的大格局、大空間不在於互聯網平台自身搞金融貸款，而在於以網絡數碼平台（大數據、雲計算、人工智能的數據存儲能力、計算能力、通訊能力）為基礎，與金融機構特別是產業鏈金融相結合，形成基於數據平台的產業鏈金融，形成數據平台、金融企業、產業鏈上下游各方企業資源優化配置、運行成本下

降、運行效率提高的良好格局。在路徑上，要尊重並依據五個方面的基本要求。

第一，現在的互聯網數碼平台下一步還會進一步變成物聯網的數碼平台，這個數碼平台的後盾是由大數據、雲計算、人工智能三個東西組成。雲計算相當於人體的脊樑，大數據是人體內的五臟六腑、皮膚以及器官，沒有雲計算，大數據是孤魂野鬼，無地藏身，但沒有大數據，雲計算就是行屍走肉、空心骷髏。有了脊樑以及五臟六腑、皮膚和器官之後，加上相當於靈魂的人工智能——人的大腦和神經末梢系統，大數據、雲計算、人工智能這三個技術就可以形成現代信息體系。現代信息化的產業鏈是通過數據存儲、數據計算、數據通信跟全世界發生各種各樣的聯繫，聯繫過程中存在一個顛覆一切的基因——就是當它們跟產業鏈結合時形成的全產業鏈的信息、全流程的信息、全空間佈局的信息、全場景的信息、全價值鏈的信息，這個基因被挖掘以後將成為十分具有價值的數據資源。

總之，大數據、雲計算、人工智能下的現代互聯網體系，具有顛覆性作用，我們常常說的顛覆性產業，主要就是指具有以上五全信息的產業，這五全的信息在與金融結合的時候，無論是金融業務展開的價值鏈還是產業鏈，把這五全信息掌握在手裡再開展金融的服務，這樣的金融安全度將比沒有五全信息的人工配置的金融服務系統安全度要高，壞賬率要低，各方面的系統性風險的平衡要更好，這是一個基本原理。這也就是我們為甚麼要非常睿智地、前瞻性地看到互聯網金融、數據金融平台對經濟前景具有重大的里程碑意義。

第二，互聯網金融、數位金融並沒有改變任何金融傳統的宗旨以及安全原則，在這個意義上無論是互聯網＋金融，還是金融＋互聯網，不但要把互聯網的好處高效地用足、用好、用夠，還要堅守現代

金融形成的宗旨、原則和理念。互聯網金融有兩個基因，一是互聯網的信息基因，二是金融基因。互聯網運行有巨大的輻射性和無限的穿透性，一旦與金融結合，既有可能提升傳統金融體系的效率、效益和安全的一面，也有可能帶來系統性、顛覆性的危機的一面。為此，互聯網金融系統絕不能違背金融的基本特徵，必須持牌經營，必須有監管單位的日常監管，必須有運營模式要求和風險處置方式，不能「無照駕駛」，不能 30%、50% 地高息攬儲、亂集資，不能無約束、無場景地放款融資、對借款人和單位錢用到哪裡都不清楚，不能搞暴力催收，等等。總之，一定不要違背這些金融常識，違背金融常識的人都認為自己很聰明，能夠守住某個空間，但最後誤了卿卿性命的就是自作聰明。P2P 的各位經理們都有一點金融知識，但現在比誰都倒霉，就是因為違反了這個基本原理。

第三，互聯網金融平台應該是網絡數據平台跟各種產業鏈金融相結合產生的。互聯網金融不僅僅是互聯網公司自身打造的網絡貸款公司，其最合理、最有前途的模式是互聯網或物聯網形成的數碼平台（大數據、雲計算、人工智能）與各類金融機構的有機結合，形成數位金融平台並與各類實體經濟的產業鏈、供應鏈、價值鏈相結合形成基於互聯網或物聯網平台的產業鏈金融。許多中小商業銀行、小貸公司、保理公司、擔保公司以及租賃公司獨立地面對全社會各種各樣的企業提供碎片化服務，這種不構成產業鏈金融的非銀行金融機構，往往服務成本高、信息短缺。合理的做法是互聯網或物聯網數碼平台公司聯絡一些專業的保理公司、小貸公司等金融機構，針對一些大的龍頭企業以及相關聯的產業鏈嫁接配置，一旦形成這樣的關係，互聯網數碼平台與產業鏈金融體系相結合，形成了基於數據平台的產業鏈金融，形成了金融科技與實體經濟相結合的產業鏈金融，數據平台可以為這

個產業鏈金融提供全產業鏈的信息、全流程的信息、全空間佈局的信息、全場景的信息、全價值鏈的信息，互聯網金融平台將所有收集到的信息提供給這些金融機構，使產業鏈金融服務效率提升，運行風險下降，壞賬率下降。

我認為，產業鏈金融、互聯網數碼平台與實體經濟各行業是可以重組的。最近十多年來，中國金融系統增加了大量的非銀行金融機構，這十多年裡至少增加了上萬家，但這些金融機構目前還沒有跟實體經濟形成產業鏈金融，處在「自拉自唱」的狀態中。當資管業務管緊以後，上萬家小貸、保理等各種各樣的金融機構面臨困難，其實出路就是把現有的金融資源跟實體經濟點對點、條對條、鏈對鏈地結合，但結合時不要忘記，互聯網金融平台、物聯網金融平台、物聯網＋金融形成的平台會在這裡起顛覆性的、全息性的、五個全方位信息（全產業鏈的信息、全流程的信息、全空間佈局的信息、全場景的信息、全價值鏈的信息）的配置作用。總之，一旦形成互聯網平台、物聯網平台＋金融，這樣的金融平台＋產業鏈，便會形成中國特色的非常實際的供應鏈金融、產業鏈金融、物流鏈金融——整個金融為實體經濟服務的微觀系統，從而形成良性的供給系統。

第四，數碼經濟、互聯網經濟具有穿透性和輻射性，具有一啟動就能跨地區地形成穿透局面的特性，效率極高，覆蓋很廣。一旦其違反了原則，產生了顛覆性的壞作用，損失將是不可估量的。在這個意義上，我們又要非常謹慎小心地規範和約束它，在不清楚前景的時候，不要由着性子大膽推進，而是要小心翼翼求證試驗，不能盲目推廣。針對互聯網金融的領域，不能説先讓它試到一定程度再來總結，因為它的穿透性、覆蓋性、全局性、全球性，一旦氾濫成災，將帶來不可挽回的局面。

第五，互聯網金融在發展過程中，要有明確的各方多贏的效益原則。任何網絡數碼平台的發展，不能靠長期燒錢來擴大市場佔有率，這是對股東的不負責任；也不能讓客戶中看不中用、有成本無效果、長期賠錢，這是不可持續的自殺行為。合理的網絡數碼平台，通過大數據、雲計算、人工智能的應用，實現了產業鏈、供應鏈、價值鏈的資源優化配置，產生了優化紅利，並且由於全產業鏈、全流程、全場景的信息傳遞功能，降低了金融風險和運行成本，將這些看得見、摸得着的紅利，合理地返還於產業鏈、供應鏈的上游、下游、金融方和數據平台經營方，從而產生萬流歸宗的窪地效益和商家趨利的集聚效益。

五、互聯網金融發展的負面清單

從理論上說，五大現代信息科技在安全問題上存在「三元悖論」，即安全、廉價、便捷三者不可能同時存在。鑑於「三元悖論」無解但客觀存在，也鑑於五大信息科技帶給互聯網金融超高的集合力和傳染力，更鑑於金融行業特殊的安全訴求和發達國家的成熟經驗，我們建議：國家儘快採取以下措施以確保中國金融的安全和健康發展。

第一，互聯網金融公司必須「獨立建構」。即實施有效的物理設備獨立、數據信息獨立、註冊資本獨立、法人資質獨立、運營團隊獨立，絕不能繼續容忍互聯網金融公司與電商、娛樂等非金融平台混為一體、跨行業經營，更不能容忍跨行業經營所帶來的數據交互使用。

金融業務必須獨立的根本原因在於：金融業務對數據安全性的要求與電商平台、娛樂平台完全不可同日而語，傳統金融機構為了確保客戶數據安全，100% 採用內網、外網絕對隔離制度，憑甚麼允許互聯

網金融公司低成本依託一般性、開放度很高的互聯網平台開展金融業務？這既是金融安全問題，也是金融市場競爭公平性問題。另外，跨行業經營的模式下，非金融業務風險極易轉化為金融風險，比如，因打假導致電商平台上大量販假商戶破產，而這些商戶擁有一定數量的貸款，也許規模不大，但因其對市場心理構成影響，結果導致較大金融風險和金融風險的快速傳染。

從國際經驗看，一般性互聯網平台公司絕不敢隨意染指金融業務，美國的 Facebook、亞馬遜、雅虎等平台公司都很大，股價市值可以達到數千億、上萬億美元，但它們再大都不敢輕易染指金融業務。這至少與四個因素有關：其一，成熟的商人懂得術業專攻，懂得長期堅守自己，不斷創新自己才能使自己爐火純青，獲得足夠的行業地位，才有可能獲得超額利潤；其二，一般性的互聯網商品銷售平台，其底層技術的安全等級無法滿足金融要求，要滿足金融業務要求，必須投入巨額成本，這往往得不償失；其三，美國對金融公司有非常嚴格的監管要求，一般性互聯網公司從事金融業務，一旦發生風險，公司根本承擔不起動輒數十億美元的巨額罰款；其四，鑑於所有業務點的風險都可能迅速轉化為金融風險，而金融風險反過來又會拖垮所有非金融業務，所以成熟商人絕不願去冒這麼大的風險。

第二，必須建立商業機構數據分級管理制度，確保數據信息從低級到高級單向流動。比如，一般性個人數據信息可以流入互聯網金融公司，互聯網金融公司數據可以流入政府金融監管機構、國家安全機構、稅務審查機構、特許徵信機構等。但絕不允許反向流動和交叉流動。另外，要儘快建立有效的「國民綜合數據總庫」，並以此為公共服務平台，針對特定對象（比如金融和徵信企業）提供有序、有償、有限、有效的數據服務，一來可以幫助互聯網金融公司大幅降低企業或

個人的徵信成本，更好地發展普惠金融；二來可以幫助中小微企業增強融資能力，降低融資成本；三來這是數據化時代政府管理適應發展的必然要求。

客觀上說，數據存在等級高低之分。有兩個層面。一是數量層面，客戶群體數量越大，數據級別和價值越高；二是品質層面，對單一客戶數據掌握得越全面，數據級別和價值越高。現代互聯網業務發展已經呈現出一個明顯特點：以巨大的資本實力，通過對社會公眾個體給予小利，而急速將十幾萬、幾十萬甚至百萬、千萬人群匯聚在一起；同時，通過橫向交易、交叉互助，迅速將支離破碎的低價值數據，拼接為更加全面的高級別、高價值數據。正因如此，政府的社會管理職能必須適應數據時代的要求，構建確保數據有序而安全流動的制度體系。否則，任由數據隨意交易，隨意交互，勢必導致資本實力雄厚的機構掌握最多、最全面、最有價值的數據，從而形成最強大的社會影響力、最精準的資本利益索取，以及最大化地為資本利益服務的公共平台。

第三，鑑於互聯網商業平台公司的商業模式已經遠遠超出傳統商業規模所能達成的社會影響力，所以，互聯網商業平台公司與其說是在從事商業經營，不如說是在從事網絡社會的經營和管理。正因如此，國家有必要通過立法，構建一種由網絡安全、金融安全、社會安全、財政安全等相關部門參加的「互聯網技術研發信息日常跟蹤制度」。也就是說，政府在人民代表大會的法律授權之下，有權以恰當的技術和物理手段，跟蹤觀摩所有大型互聯網商業平台公司技術研發的進展狀況，而所有大型互聯網商業平台公司也有義務接受政府的技術詢問。

在數據時代，政府要管好網絡社會的公共事務，擺脫資本綁架

社會公眾所帶來的管理被動，必須時時刻刻在技術上與商業機構保持同水準、同進度的研究狀態。否則，在技術高速推進的前提下，監管將永遠處於落後而被動狀態。更重要的是，網絡技術只要有微小的級差，就會導致人群效應和傳播速度呈現幾何級數的變化。所以，政府管理技術稍有滯後，就很可能導致極其嚴重的社會風險。所以，政府及時掌握互聯網商業技術進步的信息，提前發現風險控制點和研發控制手段，並及時提示互聯網商業公司必須注意的風險問題，這對政府監管和互聯網商業公司都是大好事。這是因為，公司可以據此強化新技術項目的完善，避免巨額成本投入之後突然被叫停的風險。

當然，這樣的做法或許會使互聯網應用技術的進步速度略有減緩，但這是必要的，互聯網應用技術本來門檻就不高，它們往往比拼的是資本實力，比拼的是瞬間壟斷市場的能力。所以，這樣的放緩反而有利於市場公平，有利於把社會風險降到最低，至少降低到可控的程度。

第四，既然互聯網商業平台公司的運營帶有強大的社會性特徵，出現錯誤就會穿透一切屏障急速傳播，帶來巨大的社會影響，甚至動盪，所以這類公司的商業行為必須充分擔負起必要的社會責任。如果因為降低商業成本而疏於管理，導致數據信息倒買倒賣，或出現類似「滴滴司機強姦殺人」的事件，政府必須予以此類公司超乎尋常的重罰，甚至判罰出局，這樣才能向全社會宣示互聯網商業公司的社會責任及其價值。這也是發達國家對互聯網平台公司的失誤導致公眾受損的行為予以嚴厲處罰的原因。據了解，美國對互聯網企業的發展有着明確的法律約束，儘管各州有所差異，但涉及反壟斷和信息安全方面的法律多達 52 部。

第五，網上安全認證技術。比如二維碼、虹膜、指紋、刷臉、聲

音等辨別認證技術必須「特許經營」，凡此類技術公司設立必須「先證後照」，必須有較高的進入門檻。認證識別系統屬於重大國家安全範疇，但在未經長時間的安全檢驗的情況下就在互聯網金融業務上大量運用，這明顯違背了金融行業安全必須無限趨近於 100% 的要求。所以，目前互聯網金融公司的支付、資金劃轉必須堅持小額原則，同時各類互聯網認證識別技術，只能允許線下使用，而經過長時間的技術積累和試錯之後，才能在國家技術管理部門授權之下，上線試點，逐步成熟，逐步推開。

現在，互聯網金融業務經常受到黑客攻擊，這些攻擊實際都是突破了網絡認證系統。所以，如果網上傳遞識別信息，而沒有較高的技術門檻做保障，任由誰都可以開發，而且以廉價和便捷為出發點，忽視安全水準，那偽造就不可避免，網絡黑客也將大行其道。所以，所有互聯網識別技術必須接受公安部門的技術監控。

網絡社會是虛擬社會還是真實社會？界限已經變得非常模糊了。但毋庸置疑，正因中國有近 14 億的人口，而且主要發達地區人口密度很高，所以在數據時代，中國天然具有數據經濟的比較優勢，而且以極快的速度躋身互聯網大國、網上消費大國，同時也是一個數據大國，比如，互聯網電商在人口密度較小的國家就會發展艱難，因為物流成本過高，但在人口密度很高的中國則是另一番景象。所以，從數據的規模和品質考量，中國優勢明顯，而且一定是未來中國經濟、社會發展的一個重要比較優勢，但與此同時，這一優勢同樣也是各國數據經營者、網絡黑客和敵對勢力都迫切希望掌控的巨額價值。所以，中國絲毫沒有懈怠的理由，政府必須儘快認真、切實、有效地介入互聯網數據信息管理，刻不容緩地主動作為，這才有可能使政府擺脫對網絡虛擬社會管理的被動性，並防患於未然，確保國家信息安全。

　　以上就是我今天要講的全部內容，共五個部分，包括對 P2P 教訓的吸取總結，網絡貸款規範發展的五個前提性原則，網絡數據具有的顛覆傳統的「五全」特徵基因，互聯網金融發展路徑選擇的五個要求，以及對互聯網商業平台公司，特別是超級互聯網金融公司基於負面清單防風險的五個思考，供大家參考。

答學生問

問題 1：

　　黃教授您好，非常感謝您的精彩講座，我有兩個問題請教一下。第一個問題，這幾年來，P2P 出了這麼多的問題，從 E 租寶到現在，這個問題一個比一個厲害。但我感覺政府在這麼一個非牌照的金融行業，從來沒有進行過主動管理。您剛剛講了負面清單，但是政府層面到現在為止沒有出台過任何的比如說審定、規範等相關的文件，好像有點任由這個問題爆發，這是甚麼原因？我不太理解。第二個問題，這麼一個非牌照的金融行業，我國政府一直允許它們到美國去上市，而且美國也接受它們上市，這是甚麼道理？

黃奇帆教授：

　　這個問題問得很深入，應該這麼說，P2P 經過了三個階段。第一個階段是 2006 年到 2012 年。那個階段，大家不熟悉，中間又遇上了全球金融危機，所以大家也沒想過和特別注意這個事。大概這五六年裡面，全國也就是從第一家發展到 100 來家。這個量不大，因為以中國之大，一百多家，感覺都沒有。第二個階段是從 2012 年、2013 年開始，狂風驟雨、排浪式地展開，經過三年一下子跳到 1 萬多家，各種各樣的後果也在這一階段冒出來。第三個階段是 2016 年以後，大規模整頓治理到現在，應該說大部分的 P2P 公司，現在是沒有活動的，基本上就癱在那裡。

　　這三個階段中，政府的認識是有一個過程的。開始把它當作是新

生事物，那個時候不管哪張報，包括金融類報紙，或者是一般的社會上的報紙，或者是網上，比較多的消息都是這個貸款公司成立那個貸款公司成立，地方官員，甚至金融部門的人都去站台，講話都是正面的鼓勵。這就是認識不到位的問題。後來到了 2015 年以後，就是你剛剛説的 E 租寶出事了，一出事就是 700 億元，影響非常大。這個事發生以後，連着幾個出事，這下子大家警惕起來，政府就在那以後，應該説開始有了全面整頓、清理的措施。你可能不知道，實際上政府從 2015 年以後，全國性的電視電話會議開過三次，同時發佈紅頭文件。我印象中 2015 年第一季度的時候，關於 P2P 整頓清理、治理、善後的文件，專門連續發了三個。其中有一個文件，有關部門起草完以後，國務院領導還專門給了我，讓我對這個文件中嚴格監管和善後的內容，寫幾個建議、提幾個措施放進去。

　　總的意思是，這一段時間政府進行了嚴格整頓。整頓以後，現在 P2P 的上萬個單子，有幾千個處在停業壞賬中，有幾千個處在停業不運轉、他們自己想辦法找錢還賬當中，等等。現在是處在這個階段。銀保監會和地方金融部門及公安部門，是全面負責的。總的意思，現在是處在大整頓當中，非常嚴格的暴風驟雨式的整頓，很負責任地在善後，這個善後是對老百姓負責。

　　第二個問題，某些 P2P 公司還到美國上市，這個倒不用我們擔心。美國是不來管你這個東西好壞的。你騙它也好，不騙它也好，它註冊制，你就上吧。上市以後，三個月半個月後它發現你騙它，你就得傾家蕩產，而且比國內把你抓起來的損失還大，所以我斷定這幾個 P2P 公司在美國上市，要不了多久就會鎩羽而歸。不信的話，你看看他們現在的股價，已經比上市那一天價格跌了 90%，你説它再跌下去是甚麼結果？就是滾蛋。滾蛋之後還有可能跟着起訴它是騙子，美國

監管措施一旦追上來的時候，這些上市公司絕無可能僥倖逃生的。

問題 2：

　　黃教授您最後講到了互聯網金融、「大智移雲」的監管問題，您講到一個觀點，就是說政府對業界，實際上有一個治理的邊界的問題。就是說企業裡面懂的，政府基本上也要懂。那麼也就是說這裡面涉及公共監管和平台監管的問題。但我們對照一下市場來看的話，如果說這個人，他能力特別高的話，政府所付的工資沒有業界高，那你怎麼能夠從業界裡面把這個最好的人吸引過來？歷史上美國倒有，比如說黑客黑了之後被抓進來了，從良了。但我們一般不大可能。另外一個問題，如果說政府只是監管一個滴滴、一個美團、一個阿里，那是 OK 的。但是在大數據時代，每個公司最後都會成為一個數據公司，如果讓政府時刻去監管它，那麼政府的大數據平台，會非常龐大而且成本也非常高。您怎麼看待這個問題？

黃奇帆教授：

　　我講課報告中的政府對平台公司的技術跟蹤的概念，不是去監管各種大數據平台裡的內容、數據，如果是各個公司的隱私，政府不該知道的，也不用知道。我是在說，各種大數據公司，得以運行支撐的那種技術，這種技術不論是挖掘技術還是深度學習技術，或者是人工智能的計算能力的技術，或者是雲計算、區塊鏈的分佈式儲存技術，或者是各種各樣的互聯網當中的 4G、5G 之類的能力，這種能力的結構、能力的指標、能力的狀況，政府應該知道，否則這個政府就變糊塗政府了，如果到底是甚麼生產力結構都不知道，政府就喪失了管控治理的能力。我的意思就是政府要掌握這個，把握社會和重要企業這

方面的技術發展趨勢和結構特徵。

　　一般情況下，如果不是互聯網的公共平台，各種企業自己家裡面搞的技術革新，某一種尖端技術，政府知道不知道，都沒關係，但你是互聯網平台，你的平台是幾千萬人、幾億人在使用、活動的一種體系，具有公共性，而這種公共性它是基於怎麼一種技能狀態呢？政府應該知道。發明這種技能的人，在公司裡面，拿幾十萬、幾百萬元年薪，很正常。但是我並不是要獲得你的專利，我只是了解你的發明的運行特點、運行趨勢，有甚麼缺陷，或者這種運行會產生甚麼樣巨大的威力，或者有甚麼樣的穿透式的後果。這種概念，政府的專家，政府部門裡的專業部門應該懂。如果這個不懂，時間長了，就甚麼都不知道了。並不是說每個大公司裡的數據政府都要去監管，那就變成監聽者了，這個用不着，但是它的技術性能應該要知道。

基礎貨幣

貨幣的「錨」及發行制度分析

上課日期：2019 年 9 月 16 日

課程摘要：不同的貨幣制度實質對應不同的貨幣錨。從貨幣發展史來看，主要有三種貨幣制度：「金本位制」「主權信用貨幣制」「聯繫匯率制」。而在不同的國家，貨幣錨根據經濟的需求也在轉變。人民幣發行制度從新中國成立之後三十餘年的「物資本位制」逐漸轉變到改革開放後的「匯兌本位制」；美、日、英等發達國家在布雷頓森林體系解體之後一直堅持「主權信用貨幣制度」，雖然最初三十多年貨幣供應基本穩定，但近十幾年來由於美國貨幣當局受到 MMT 的影響，在經濟危機中大幅增加貨幣供應，貨幣出現了嚴重超發；世界上其他小國則通過錨定美元、歐元等強勢貨幣增強本國貨幣信用。綜合來看，以「其他貨幣」為名義錨的貨幣制度主要是小國及附庸國的選擇，較為被動，無法對貨幣供應量自主有效地調節；「主權信用貨幣制度」自主性較強，但對遵守貨幣紀律要求較高，一旦突破了紀律約束，容易造成貨幣超發。展望未來，隨着美國債務不斷擴張，美元信用受損，我國要調整外匯佔款發放貨幣的貨幣制度，為貨幣重新選擇合適的錨，使人民幣與我國經濟實力相匹配。

　　貨幣的錨定物及發行方式，是國家金融體系中最重要的基礎組成部分。原始社會沒有貨幣，通過皮毛、貝殼等稀缺的物資來進行交換，但交換的媒介始終無法統一，制約了生產力的發展。農業社會開始以黃金、白銀或銅等貴金屬為錨，在一段時期內有效地促進了市場交易。工業社會後，商品價值量越來越大，黃金等貴金屬作為貨幣難以承載巨大的交易規模，以政府信用擔保的紙幣隨之出現。時至今日，以比特幣、Libra、央行數碼貨幣為代表的數碼貨幣開始出現，所代表的錨定物又有了新的內涵。

　　貨幣發行制度以錨作為支撐，但一國的貨幣發行方式由於經濟發展的需要往往會發生變化。我國的貨幣發行制度經歷了從新中國成立後的「物資本位制」，到改革開放後逐漸向「匯兌本位制」的轉變，過去二十多年貨幣主要根據外匯佔款進行投放；美國在布雷頓森林體系解體之後開始實施「主權信用貨幣制」，主要通過財政部發行國債，美聯儲及其他交易方買賣的方式投放貨幣；世界其他國家有大致兩種貨幣發行方式，即錨定某種強勢貨幣或錨定國家信用。以史為鑑，有必要梳理歷史上的貨幣理論及世界上主流的貨幣制度，分析各自的優缺點，唯有如此才能找到適合我國國情，保證中國經濟這艘大船行穩致遠的最佳貨幣制度。

一、貨幣的「錨定物」

　　主流的貨幣理論認為，貨幣的基本職能和主要用途是協助市場的交易與投資，減少交易費用，其他皆為次要。貨幣制度則是有關貨幣發行與流通等安排的總稱。簡單來說，不同的貨幣制度之間的根本區別就在於其選擇的「貨幣錨」不同。選擇的錨不同，則後續的所有貨幣

制度安排都會產生差異，由此就演化出不同的貨幣制度。而「貨幣錨」是指貨幣發行的基礎或儲備，具有支持和約束貨幣發行規模的功能。

(一)「金本位制」

　　人類歷史上最悠久的貨幣制度是「金屬本位」制，即「金本位」「銀本位」「銅本位」制度。在這種制度下，由於黃金、白銀等的天然屬性，它們本身即是貨幣，貨幣量的增加取決於黃金、白銀的開採量的自然增長，而非人為能操控（儘管歷史上也不乏政府通過操控貨幣中金銀的含量導致貨幣崩潰的例子），因此能很好地保證幣值的穩定。但「金本位」或「銀本位」也存在天然的缺陷，主要包括兩點：一是在「金本位」或「銀本位」下，貨幣本身也是一種商品，因此它的價格如果大幅波動會導致其他商品的價格隨之出現波動；二是由於黃金和白銀的儲量有限且開採不易，或者某種情況下出現大量外流，會導致經濟運行中的貨幣量不足，從而使經濟出現通縮。也正因為如此，「金本位」和「銀本位」制度在 20 世紀 70 年代最終被淘汰。

(二)「主權信用貨幣制」

　　值得説明的是，「二戰」後建立的「布雷頓森林體系」，即「美元與黃金掛鈎，其他國家貨幣與美元掛鈎」的「雙掛鈎」制度，其實質也是一種「金本位」制度，而 1971 年美國總統尼克遜宣佈美元與黃金脱鈎也正式標誌着美元放棄了以黃金為本位的貨幣制度，隨之採取的是「主權信用貨幣制」。

　　以美國為例，美元發行沒有以任何實物作為儲備，由國家法律規定由中央銀行發行而具備了貨幣的功能，因此也被稱為「法幣」制度。這種貨幣制度通常以 M3、經濟增長率、通脹率、失業率等作為「間接

錨」，並不是完全的無錨制貨幣。從 1970 年開始，歐美、日本等大部分世界發達國家逐步採用了「主權信用貨幣制」，在實踐中總體表現較好，貨幣的發行量與經濟增量相匹配，保持了經濟的健康增長和物價的穩定。但部分西方國家如美國在面臨經濟危機時，隨意調整貨幣「間接錨」，為了刺激經濟，推進財政赤字貨幣化，由美聯儲直接發行貨幣購買財政赤字超發的國債，貨幣超發就難以避免。近十餘年來，美國為了擺脫金融危機，政府債務總量從 2007 年的 9 萬億美元上升到 2019 年的 22 萬億美元，已經超過美國 GDP。如果美國債務持續攀升，每年到期債務和利息就將消耗完全部的財政收入，美國沒有信用再發國債，融資能力將會減弱，美元未來大概率會面臨大幅貶值，並觸發新的全球金融危機。

（三）「聯繫匯率制」

香港採用的貨幣制度很獨特，被稱為「聯繫匯率」制度，又被稱為「鈔票局」制度，據說是 19 世紀一位英國爵士的發明。其基本內容是香港以某一種國際貨幣為錨（20 世紀 70 年代以前以英鎊為本位，80 年代後改以美元為本位），即以該貨幣為儲備發行港幣，通過中央銀行吞吐儲備貨幣來達到穩定本幣匯率的目標。在這種貨幣制度下，不僅需要儲備相當規模的錨貨幣，其還有一個重大缺陷是必須放棄獨立的貨幣政策，即本位貨幣加降息時，其也必須跟隨。因此，這種貨幣制度只適用於小國或者小型經濟體，對大國或大型經濟體則不適用。

綜上所述，發行貨幣必須有錨，錨固則幣值穩定，從而大大減少交易費用，促進經濟穩定發展。從這個角度來說，「金本位制」應當算是最好的貨幣制度，但由於前述的固有缺陷，它已不再能滿足人類社會的發展要求。因此，在可以預見的未來想要重新恢復「金本位制」是

不切實際的想法。當然，人類歷史發展到今天，貨幣錨似乎已經不是貨幣發行之必須，如主權信用貨幣就是沒有實物儲備的貨幣，但自主權信用貨幣誕生以來的近半個世紀的經驗似乎證明，不給貨幣下一個各方有共識的、比較剛性的「錨」，肯定會出現問題。

二、世界主要國家貨幣發行制度的比較

從全世界來看，根據經濟社會發展不同階段的需要，一國的貨幣錨在不同的時期往往也會進行適時的調整。

（一）中國的貨幣發行制度

從新中國成立到如今，人民幣發行制度經歷了從「物資本位制」到「匯兌本位制」兩個階段，這兩種不同時期實施的貨幣制度在當時都有效地促進了國民經濟的發展。

1. 從「物資本位制」到「匯兌本位制」

新中國成立以後我國實行的貨幣制度是「物資本位制」。「物資本位制」是指現金的發行以國家掌握的物質為基礎。這可以算作是我國央行的獨創，並在根據地時期和新中國成立初期對穩定人民幣幣值和促進經濟發展發揮了奇效。

1995 年以後，面對新的形勢，中國人民銀行探索通過改革實行了新的貨幣制度——「匯兌本位制」，即通過發行人民幣對流入的外匯強制結匯，人民幣匯率採取盯住美元的策略，從而保持人民幣的匯率基本穩定。當時實行這一重大改革的背景簡單說就是，從國內看，我國經濟發展經歷了 20 世紀 80 年代以來的改革開放，經濟結構和動力發

生了深刻的轉變。沿海經濟技術開發區、經濟特區的發展，促進了營商環境的開放和改善。大量的民營企業、外資企業蓬勃發展，農村土地承包制度又使得龐大的農村人口向工業和城市轉移，具有比較優勢的出口外向型戰略成為我國經濟發展最重要的戰略；從國際看，當時發達國家正在向廣大發展中國家實施產業轉移，美元又是主要的國際貨幣、全球第一「強幣」，美國也是中國最重要的出口目的地國，採取盯住美元的策略能夠保證人民幣幣值的穩定，從而保障我國出口外向型戰略的順利實施。

在「匯兌本位制」下，我國主要有兩種渠道完成人民幣的發行。第一種，當外資到我國投資時，需要將其持有的外幣兌換成人民幣，這就是被結匯。結匯以後，在中國人民銀行資產負債表上，一邊增加了外匯資產，另一邊增加了存款準備金的資產，這實際上就是基礎貨幣發出的過程。中央銀行的資產負債表中關於金融資產分為兩部分，一部分是外幣資產，另一部分是基礎貨幣。基礎貨幣包括 M0 和存款準備金，而這部分的準備金就是因為外匯佔款而出現的。

第二種則是貿易順差。中國企業由於進出口業務產生貿易順差，實際上是外匯結餘。企業將多餘的外匯賣給商業銀行，再由央行通過發行基礎貨幣來購買商業銀行收到的外匯。商業銀行收到央行用於購買外匯的基礎貨幣，就會通過 M0 流入社會。長此以往，就會增加通貨膨脹的風險。央行為規避通貨膨脹的風險，就會通過提高準備金率將多出的基礎貨幣回收。

在「匯兌本位制」下，外匯儲備可以視作人民幣發行的基礎或儲備，且由於實行強制結匯，外匯佔款逐漸成為我國基礎貨幣發行的主要途徑，到 2013 年末達到 83% 的峰值，此後略有下降，截至 2019 年 7 月末，外匯佔款佔中國人民銀行資產總規模達到 59.35%，說明有近

六成人民幣仍然通過外匯佔款的方式發行。

2.「匯兑本位制」的實質：錨定美元

在「匯兑本位制」下，人民幣的發行和我國的匯率制度息息相關。

隨着我國對美國貿易順差規模逐漸擴大，以及美國自身經濟出現結構性問題，美國從 2003 年開始逼迫人民幣升值。為了減輕美國方面的政治壓力，2005 年 7 月 21 日中國人民銀行宣佈人民幣與美元脫鈎，改為實行「參考一籃子貨幣進行調節、有管理的浮動匯率制度」，並一次性升值 2.1%。籃子內貨幣的比重以中國對各國的外貿比重為依據。但一次性升值的幅度並未完全釋放匯率調整的壓力，卻帶來了人民幣將繼續升值的預期，因此引來境外資金的大量流入和國際炒家的炒作。結果此後一直到 2013 年，人民幣基本進入了一段「單邊升值」的週期。需要指出的是，此時的貨幣制度依然屬於「匯兑本位制」，只不過人民幣鈎住的錨從美元變成了「一籃子貨幣」而已。但實際上大部分時間還是採取「盯住」美元的策略，因為在「一籃子貨幣」裡美元佔的比重最大。

2015 年 8 月 11 日，為創造條件促使國際貨幣基金組織將人民幣納入 SDR 國際儲備貨幣籃子，同時也為解除匯管做準備，中國人民銀行宣佈「完善人民幣兑美元匯率中間價報價，以增強其市場化程度和基準性」，並將人民幣兑美元匯率中間價一次性貶值 1.86%，這被稱為中國人民銀行的第二次「匯改」。中國人民銀行啟動第二次「匯改」的主要目標是將人民幣納入 SDR 國際儲備貨幣籃子，從而為人民幣國際化鋪平道路，同時也是想調整長期以來「盯住」美元的策略，增強人民幣匯率的市場化程度，從而減輕國際上特別是美國要求人民幣升值的壓力。2017 年以來，「收盤匯率＋一籃子貨幣匯率變化＋逆週期因子」的

人民幣兌美元匯率中間價形成機制開始運行，人民幣兌美元雙邊匯率彈性增強，雙向浮動範圍不斷擴大。從這幾年的發展情況來看，應該說二次「匯改」實施效果良好。

　　總而言之，我國的人民幣匯率制度基於兩個環節。第一，人民幣的匯率是人民幣和外幣之間的交換比率，是人民幣與一籃子貨幣形成的一個比價。我國在同其他國家進行投資、貿易時，人民幣按照匯率進行兌換。由於美元是目前世界上最主要的貨幣，所以雖然人民幣與一籃子貨幣形成相對均衡的比價，但由於美元在一籃子貨幣中佔有較大的比重，人民幣最重要的比價貨幣是美元。第二，我國實行結匯制，即我國的商業銀行、企業，基本上不能保存外匯，必須將收到的外匯賣給央行。因此，由於我國的貨幣發行的基礎是外匯，而美元在我國的外匯佔款、一籃子貨幣中佔比較高，因此可以說人民幣是間接錨定美元發行的。

3.「匯兌本位制」下貨幣供給方式新的變化

　　近年來，由於貿易順差持續縮小，我國通過外匯佔款發行的貨幣呈現出負增長態勢。截至 2018 年 12 月底，中國人民銀行資產總規模為 37.25 萬億元，其中外匯佔款達 21.25 萬億元。外匯佔款在貨幣發行中的份額已經從 2013 年的 83% 降低至 2018 年初的 57% 左右。與此同時，央行對其他存款性公司債權迅速擴張，從 2014 年到 2016 年底擴張了 2.4 倍，佔總資產份額從 7.4% 升至 24.7%。這說明了隨着外匯佔款成為基礎貨幣回籠而非投放的主渠道，央行主要通過公開市場操作和各類再貸款便利操作購買國內資產來投放貨幣，不失為在外匯佔款不足的情況下供給貨幣的明智選擇。同時，央行連續降低法定存款準備金率，提高了貨幣乘數，一定程度上也緩解了國內流動性不足的問題。

　　雖然外匯佔款在新增貨幣發行中的比例大幅降低，但我國貨幣發行的本質並沒有改變，外匯佔款在貨幣發行存量中的比重仍然接近60%，只是通過一些貨幣政策工具緩解了原來「匯兌本位制」的問題。一旦日後出現大量貿易順差導致外匯儲備增加，貨幣發行制度就會又回到老路上。

（二）美國的貨幣發行制度

　　美國的貨幣發行制度與我國有較大的區別，大致經歷了兩個發展階段：「金本位制」階段和「主權信用貨幣」階段。

1. 從「金本位制」到「主權信用貨幣制」

　　第二次世界大戰前，金本位體系已經瀕臨崩潰，但受制於戰爭期間，國際貿易仍然靠黃金進行結算。大戰結束後，各國面臨着戰後重建和恢復經濟的艱巨任務，國際上急需一個新的貨幣體系來穩定幣值，便於各國之間進行貿易結算。最終在 1944 年，44 個國家達成協議，建立了一個以美元為中心的國際貨幣體系 —— 布雷頓森林體系。布雷頓森林體系是指將美元同黃金掛鈎，任何國家可以用持有的 35 美元去向美國政府要求兌換一盎司黃金；各國規定各自貨幣的含金量，貨幣同美元掛鈎，通過含金量的比例確定同美國的中心匯率。在布雷頓森林體系下，各國貨幣無須與黃金掛鈎，而僅僅需要與美元掛鈎，而美國需要保證各國可以用美元自由兌換黃金。因此，這一體系需要美國強大的經濟實力和黃金儲備作為保證，方能使得各國匯率處於一個平穩變化的態勢中。布雷頓森林體系的確立，為美元的國際貨幣地位創造了極為有利的條件。

　　布雷頓森林體系運作 20 餘年後，歐洲主要國家普遍在低通脹的情

況下實現了經濟的快速恢復。但是在歐洲經濟快速發展的時期，美國由於越南戰爭導致的大額軍費開支和國內的經濟增速放緩，政府的財政赤字不斷增加。與此同時，美國在國際貿易中的逆差不斷增大，西方國家出現美元過剩，紛紛將手中的美元兌換成黃金。黃金價格在 20 世紀 60 年代早期已經超過了官方定價 35 美元 / 盎司，金價的上漲造成美元大幅貶值，美元危機第一次暴露出來。為了維持黃金官價水平及美元對外價值，美國不得不拋售黃金以平抑金價、穩定美元匯率。但美元與黃金固定兌換比例已經積重難返。

1971 年，美國總統尼克遜正式宣佈美元與黃金脫鉤。與此同時，各國為了維持同美元的中心匯率，不得不投放大量的本國貨幣。巨大的通脹壓力下，部分國家開始實行自由浮動匯率。至此，布雷頓森林體系徹底解體。但在布雷頓森林體系徹底解體之後不久，美國與沙特阿拉伯簽署了一項協議──沙特將美元作為石油交易的唯一定價貨幣。同時，沙特阿拉伯把賣高價石油所得的大部分收益，都通過紐約的聯邦儲備銀行購買美國財政部的國債，用來彌補美國政府的財政赤字。其他國家為了得到足夠數量的美元來購買石油，通過使自身貨幣貶值，形成貿易逆差以儲備美元。於是，美元從布雷頓森林體系中的黃金─美元，成功的轉型成為石油─美元，重塑了其世界貨幣的霸主地位。

從 1970 年到 2008 年，美國政府在應用主權信用貨幣制度的過程中基本遵守貨幣發行紀律，貨幣的增長與 GDP 增長、政府債務始終保持適度的比例。1970 年，美國基礎貨幣約為 700 億美元，2007 年底約為 8200 億美元，大約增長了 12 倍。與此同時，美國 GDP 從 1970 年的 1.1 萬億美元增長到 2007 年的 14.5 萬億美元，大概增長了 13 倍。美聯儲貨幣政策的最終目標在這一段時期主要體現為保持物價穩定和

適度經濟增長，總體上對國民經濟的干預程度較低，因此貨幣的發行量始終處於嚴格控制的狀態。因此，在這一階段，實行「主權信用貨幣制」的美元保持了良好的信用，美元在全世界外匯儲備中的佔比穩定在65% 以上。

2. 失控的「錨」導致貨幣嚴重超發

2008 年經濟危機後，美國為了拯救經濟，受到 MMT 貨幣理論的影響，開始放鬆貨幣錨約束。金融危機導致美國房地產和銀行等行業受創嚴重，股市大跌，美聯儲為了挽救崩潰的市場，貨幣政策最終目標也隨之由「保持低通貨膨脹率和適度的經濟增長」轉變為「穩定市值和充分就業」。在這一政策目標的驅動下，美聯儲和財政部開始直接下場救市。美聯儲將聯邦基金利率大幅降低至 0% — 0.25%，同時向財政部大規模購買美國國債、抵押貸款支持證券等非常規貨幣工具。從 2008 年年底至 2014 年 10 月，美聯儲先後出台三輪量化寬鬆政策，總共購買資產約 3.9 萬億美元。美聯儲持有的資產規模佔國內生產總值的比例從 2007 年年底的 6.1% 大幅升至 2014 年年底的 25.3%，資產負債表擴張到前所未有的水平。

美國基礎貨幣供應量因此大幅度攀升，從 2008 年到 2019 年，美國基礎貨幣供應量從 8200 億美元飆升到 4 萬億美元，整體約增長了 5 倍，與此同時，美國 GDP 僅增長了 1.5 倍，基礎貨幣的發行增速幾乎是同期 GDP 增速的 3 倍以上。在這種貨幣政策的驅動下，美國股市開啟了十年長牛之路，股市從 6000 點漲到 28000 點。各類資產價格開始重新走上上漲之路，美國經濟沉浸在一片欣欣向榮之中。

大規模超發貨幣，使得財政赤字貨幣化，還有以下明顯好處：第一，濫發美元可以減輕美國國債的壓力，因為這樣美國可以用更便宜

或打折的方式償還美國國債；第二，濫發美元有助於緩解美國政府的財政壓力，以實現選民所要求實行的社會項目，從而避免不利於政治選舉的選項，如提高稅收等；第三，濫發美元容易與經濟增長相混淆，而經濟增長又容易與經濟健康增長相混淆。濫發美元在經濟下行時期緩衝了危機，同時掩蓋了未來的通貨膨脹；第四，濫發美元導致名義資產價格上漲，從而給公民製造了創造財富的假象，哪怕是他們手中資產的實際購買力已經下降。

3. 美元的發行和循環機制保證了美元幣值穩定

美國近年來大規模超發貨幣，但國內並沒有出現通貨膨脹，美元指數仍然極為強硬，所依賴的正是美元的發行和循環機制。

1913 年美國《聯邦儲備法案》規定，美元的發行權歸美聯儲所有。美國政府沒有發行貨幣的權力，只有發行國債的權力。但實際上，美國政府可以通過發行國債間接發行貨幣。美國國會批准國債發行規模，財政部將設計好的不同種類的國債債券拿到市場上進行拍賣，最後拍賣交易中沒有賣出去的由美聯儲照單全收，並將相應的美元現金交給財政部。這個過程中，財政部把國債賣給美聯儲取得現金，美聯儲通過買進國債獲得利息，兩全其美，皆大歡喜。

上述貨幣發行的機制實際上是由美國政府未來稅收作為抵押的，只要美國政府不破產，就可以不斷發行國債來發行美元。但大量氾濫的美元極容易引發通貨膨脹，為此，美元需要一套合理的循環機制。

布雷頓森林體系下的美元循環模式是依靠對外投資流出美國，以國際收支經常項目順差形式回流。戰後世界各國資源緊缺、產能低下，通過進口大量美國的商品和服務來維繫百姓的正常生活。同時，美國利用貿易順差流回的美元對國外進行直接投資，包括證券、信貸

等多種渠道，享受各國戰後重建的發展紅利，成為資本淨輸出國。

　　美元實行「主權信用貨幣制」後，貨幣循環體系發生了新的變革。由於對外貿易順差不可持續，美國開始依靠巨額的貿易逆差和不斷膨脹的政府債務維持美元循環的順利運行。具體過程如下：美國政府發行國債向市場上投入流動性，美國國債一部分被美聯儲購買，滿足國內貿易和社會流通的需求，另外一部分被外國中央銀行、海外投資者所購買。投放在國內的美元通過貿易逆差成為各國的美元儲備，又通過投資美債、美國股市進行回流，從而形成了美元的大循環。在這個過程中，美國發行的美元大部分在海外循環，實際上將通貨膨脹的壓力轉移到了全世界。一方面美國以長期低廉的融資成本支持國內的基建項目、消費刺激與金融救助。另一方面，通過美元的循環體系，美國極大促進了自身虛擬經濟的發展，房地產、股票、國債、期貨等都成為全世界投資的資產，這些產業又貢獻了大量的稅收、國民收入和 GDP 的主要部分。

4. 美元霸權地位形成的五方面因素

　　從「二戰」後取代英鎊成為世界貨幣，80 餘年來，美元在世界經濟中的地位始終不可動搖。美元之所以能保持現代的霸權地位，主要有五方面原因。

　　第一，充分的物資貿易承載。20 世紀 40 年代，美元正式取代英鎊成為世界貨幣，在這個時候，美國 GDP 佔全球 50% 以上，美國的製造業產值也佔了世界的一半以上，黃金儲備佔了全世界的 80%，「二戰」後美國的經濟實力已經可以支撐美元作為世界貨幣。時至今日，美國保持着世界超級大國的地位，擁有最大的境內消費市場、成熟複雜的金融體系、發達的科技體系，以上都吸引着海外投資者將資金配置

在美債、美國股市、企業債等資產上，美元的硬通貨地位短時間內仍然難以動搖。

第二，良好的信用基礎。在布雷頓森林體系之下，美元與黃金掛鈎，而黃金幾千年來一直都是硬通貨，美元通過與黃金的綁定，獲得了其他國家的信任。布雷頓森林體系解體之後，雖然美元與黃金脫鈎，但是石油——美元體系的建立，讓美元在國際大宗商品結算中的地位不可動搖。透過美元循環體系，美國和其他儲備美元的國家都獲得了一定的益處，體現在美國通過發行美元獲得鑄幣稅收入，而其他國家在與美國的貿易中獲利，經濟實力逐漸上升。這個階段美國以國家信用為擔保發行美債，美債餘額始終控制在 GDP 的 70% 比例之內，國家信用良好。美債作為全世界交易規模最大的政府債券，長久以來保持穩定的收益，成為黃金以外另一種可靠的無風險資產。在 2008 年之前，美國的貨幣供給總體上與世界經濟的需求也保持着適當的比例，進一步加強了美元的信用。

第三，世界結算體系。目前，全世界貿易結算和支付超過 80% 的交易是通過美元全球結算系統 SWIFT（全球同業銀行電訊協會）實現的。目前該系統已基本覆蓋全球所有國家，擁有 7500 家直接與間接會員，每日結算額達到 5 萬億至 6 萬億美元，全年結算額約 2000 萬億美元。美國在 SWIFT 底層架構上建立了 CHIPS 美元支付系統，CHIPS 目前佔到全世界銀行同業外匯交易清算份額的 90% 以上。通過建立全球通行的清結算系統，迫使各國在跨國貿易時必須使用美元作為中間結算貨幣。一旦離開了這個系統，其他國家都很難將資金在全球進行流轉，就會成為金融孤島。所以，美國只要控制着這個系統，美元的霸權地位就很穩固。

第四，軍事武力保障。要作為世界貨幣，沒有軍事實力來保障貨

幣使用的穩定是不行的。美國擁有的航母數量超過其他國家的總和，陸、海、空、核武器無論是數量還是質量都遠在其他國家之上；美國在海外擁有着大量的軍事基地，而且軍費一直在增加，目前軍費也超過其他所有國家之和；美國動輒制裁他國，也是建立在強大的軍事實力之上的。依靠軍事武力保障，美國可以從容扮演世界秩序的維護者，讓其他國家無法挑戰美元霸主地位。

第五，長期在位優勢。一種貨幣要想真正成為世界貨幣，是非常不容易的，通常需要漫長的過程。美國在「二戰」後終於取代英國成為世界霸主，美元也在戰後成為世界貨幣，至今已經歷了 70 餘年。這段時期內，美國 GDP 佔全球 GDP 的比重已經從 50% 下降到 24%，但美元仍然是主要的國際交易結算貨幣。儘管近年來美元在國際儲備貨幣中的佔比逐漸從 70% 左右滑落到 62%，但美元的地位短時間內仍然看不到動搖的跡象。要突破在位優勢，一般需求比較長的時間。英國儘管在「一戰」時經濟實力已經被美國超過，但直到「二戰」結束，美元才真正取代英鎊的地位。因此，美元的在位優勢讓美元依靠慣性保持世界貨幣中心地位的角色。

（三）其他國家或地區的貨幣發行制度

不同國家或經濟體基於其經濟體量、歷史原因，貨幣發行制度也不盡相同。

1. 歐盟

歐元區貨幣發行由歐洲央行統一管理，以共同條約的形式規定了貨幣投放的方法和標準。這個共同條約包含了三個指標：通貨膨脹率、就業率和經濟增長率。如果這三個指標都在預先設定的範圍內，就可

以向市場投放貨幣，以提供流動性。如果通脹率高於預先設定範圍，就實行緊縮政策；如果經濟增長率低於預先設定範圍，就實行擴張政策，增加貨幣投放量。在這三個指標中，通貨膨脹率是歐洲央行最關注的，其貨幣政策戰略是「中期通貨膨脹率低於但接近 2%」，這就是歐元基礎貨幣的投放機制。

2. 英國

脫離金本位後，英國同樣以政府信用發行貨幣，在主權信用貨幣體系下，英國貨幣錨經歷了三次重大調整。1973 年英國開始以廣義貨幣供應量（英鎊 M3）作為貨幣政策錨。但通過 M3 控制貨幣發行量不可避免地要實行信貸管制。隨着英國經濟在 20 世紀 80 年代陷入急劇衰退，失業率迅速上升，價格和工資的增長明顯放緩。M3 在經濟衰退背景下持續增長，並超出其增長範圍。貨幣錨已經初步失效。在這樣的背景下，英國加入了歐洲匯率機制（ERM），決定對德國馬克實行固定匯率，從而穩定貨幣政策。最初該體制運行得很好，但是很快出現了問題，因為 1990 年後德國的貨幣政策越來越不適應英國的情況，最終英國於 1992 年 10 月退出了歐洲匯率機制（ERM）。1992 年 10 月，英國財政大臣宣佈採用通脹目標法，貨幣當局不再設立匯率目標或貨幣目標。通脹目標法的基本含義是：貨幣當局確定在未來某段或幾段時期內取得並保持較低的、穩定的通貨膨脹率，明確宣佈實現通貨膨脹目標是貨幣政策唯一的、壓倒一切的目標。其實質是反通貨膨脹的貨幣政策框架，仍然以物價穩定為最終目標。2003 年 12 月，英國財政部大臣宣佈將通脹目標由 2.5% 調整至 2.0%。該政策框架一直沿用至今。

3. 日本

在 1971 年布雷頓森林體系瓦解後，日元便與美元匯率脫鈎，實現了浮動匯率，成為獨立的主權貨幣。日本央行發行貨幣的錨是綜合多元化的，按法律規定為金銀、外匯、3 個月內到期的商業票據、銀行承兌票據，以及 3 個月內到期的以票據、國債、其他有價證券為擔保的放款等。日元設有最高發行限度，該限度須經過政府內閣會議討論後由大藏省大臣（編按：即 2001 年中央省廳再編後的財務大臣）決定。貨幣錨總體上是一籃子的國內外資產。2014 年之後，為了應對美國量化寬鬆，抑制日元持續升值對日本出口的打擊，日本政府也採取了相應的量化寬鬆貨幣政策。2013 年 2 月，日本央行決定引入 2% 的「物價穩定目標」，為儘早實現上述目標，日本央行表示將持續推進強有力的貨幣寬鬆措施。作為實現手段，日本央行自 2014 年初起，「不設期限」每月購入一定額度的金融資產。

4. 其他國家或地區

除了歐美等經濟體之外，從 2005 年起，105 個擁有自己貨幣的國家或地區中，因為自身政府信用不足，他們都選擇用外匯儲備作抵押來發行自己的貨幣，只是在匯率盯住的國家上面，三分之二的國家選擇了美元，而三分之一的國家選擇了歐元。總而言之，從全世界來看，錨定強勢貨幣仍然是大部分小經濟體的選擇。

（四）貨幣發行制度的總體評述

在布雷頓森林體系形成之前，世界貨幣錨定「金本位」，各國貨幣與黃金大致維持一定的兌換比例，而黃金的不可大幅開採引導着世界貨幣保持一定的規模，實現了世界經濟長期穩定的增長和低通脹。整

體上全世界貨幣發行都處於良好有序的狀態中。

布雷頓森林體系形成之後，美元成為全世界的「錨」，全世界的貨幣跟住美元，形成了與「聯繫匯率制」大致類似的貨幣發行制度安排。這個時期，由於美元被黃金儲量約束，貨幣發行也處於有紀律的狀態之中。

布雷頓森林體系解體後，各國以美元為貨幣「名義錨」的強制性隨之弱化，但在自由選擇條件下，絕大多數發展中國家仍然選擇美元為「名義錨」，實行了錨定美元，允許一定浮動的貨幣調控制度。另有一些發展中國家選擇錨定原來的宗主國，以德國馬克、法國法郎和英鎊等貨幣為「名義錨」。而主要的發達國家在貨幣尋錨的過程中，經歷了一些波折之後，大多選擇以「利率、貨幣發行量、通貨膨脹率」等指標作為貨幣發行中間目標，實際上錨定的是國內資產。總之，從當前來看，世界的貨幣大致形成了兩類發行制度：以「其他貨幣」為名義錨的貨幣發行體制和以「本國資產」為名義錨的貨幣發行體系，也稱為主權信用貨幣制度。

1. 以「其他貨幣」為名義錨的貨幣制度

這種貨幣發行制度，主要存在於弱小的發展中國家。經濟實力較弱的小國，要想保持貨幣的穩定，只有保持經常項目平衡，且與大國貨幣匯率保持穩定，才能避免損失，因此必然會成為其他強國的附庸。因此，這些國家選擇錨定信用度較強的貨幣。這個過程中，附庸國就會喪失貨幣政策的主導權，只能被動地根據外匯儲備、國際收支的變化調整貨幣發行量。部分國家嘗試在錨定其他國家貨幣的同時，通過一些貨幣工具，對國內的貨幣發行量進行微調，以適應經濟發展的需要。但本質上看，貨幣發行制度仍然缺乏自主權。

2. 主權信用貨幣制度

以國家信用為錨是布雷頓森林體系解體後大部分歐美國家貨幣政策的共同選擇。金本位顯然已經無法滿足現代社會的需要，由於美元與黃金的脫鈎，再錨定美元實際上已經失去了意義。因此，大部分經濟實力較高的國家選擇國家信用作為貨幣錨。

主權信用貨幣制度是貨幣發行制度的新的進化，但在應用過程中對貨幣紀律和「間接錨」的調控要求較高。由於國民經濟存在不同的發展階段（繁榮、衰退、蕭條、復甦），為了實現政策目標，大部分國家的貨幣錨都經歷了調整。以美國為例，20世紀70年代末期，美國經濟開始出現滯脹，美聯儲拋棄凱恩斯主義，開始採用貨幣主義作為貨幣政策的理論依據，將貨幣目標由「穩定物價和促進經濟增長」轉變為「完全就業、物價穩定和中長期利率穩定」，貨幣錨為聯邦基金利率。20世紀90年代，美國徹底擺脫滯脹，此時需要大力發展國民經濟，所以美國貨幣政策的最終目標由「完全就業、物價穩定和中長期利率穩定」轉變為「保持低通貨膨脹率和適度的經濟增長」。此時貨幣錨變成了以控制聯邦基金利率為核心，綜合參考貨幣供給量、消費價格指數、匯率和國際收支差額等變量。這一貨幣錨延續至今。在這一「間接錨」的管控下，美國貨幣供給與GDP保持大致相同的增速，主權信用貨幣制度體現了良好的流通、價值尺度、財富儲藏等功能。

2008年金融危機後，美國經濟陷入衰退，美國的貨幣政策目標再次轉變，變成了「穩定幣值和充分就業」，隨後美聯儲推出了大規模的組合救市舉措和量化寬鬆政策，貨幣錨的總體約束性隨着美聯儲的大規模直升機式撒幣而名存實亡。美國貨幣錨的失控，對全世界的貨幣政策都產生了嚴重負面影響。錨定美元的貨幣陷入了兩難境地。一方面，由於經濟危機影響，各行業需求萎縮，失業率大幅攀升，需要提

高貨幣供應、降低利率緩衝危機影響。另一方面，由於大部分錨定美元的國家均為發展中國家或自身實力相對較弱，在危機中外資出於資產保值考慮，紛紛選擇美國國債或黃金作為避險資產，導致外資大幅外流。外資的流出疊加國內的量化寬鬆政策，往往導致本國貨幣大幅度貶值，雪上加霜。

總體上看，「主權信用貨幣制度」在嚴格的貨幣發行紀律約束下，能夠很好地保障貨幣供給的適度。但近年來，為了擺脫經濟低迷的困境，眾多國家逐漸轉向 MMT 理論，在 MMT 的影響下，主權信用貨幣制度放鬆了貨幣間接錨，不斷發行新的國債刺激經濟，財政赤字大幅增加，甚至出現了「財政赤字貨幣化」的趨勢。為了保證「主權信用貨幣」的信用，有必要重新調整貨幣的錨定物，讓貨幣的發行與經濟的增長同比適度增長，而不是反其道而行之，用大規模的貨幣灌水，用貨幣政策來解決國民經濟的結構性問題。

總結一下，本次課程我主要分析了歷史上幾種不同的貨幣錨以及世界上貨幣發行制度的變遷史。下一次課程，我將闡述甚麼是「主權信用貨幣制度」，以及「主權信用貨幣制度」的利弊與實施的條件。更進一步地站在未來新的歷史起點上，貨幣制度不僅僅要滿足新時代經濟社會發展的要求，也要能體現出大國擔當，體現全社會人類命運共同體的利益，因此，還需要進一步改革人民幣發行之「錨」，探索更適合我國的貨幣發行制度。我將在下一次課程上詳細分析。

答學生問

問題 1：

　　黃教授，我請教一個問題，貨幣是要有錨的，主權信用貨幣間接錨定的是通貨膨脹率、就業率等，從客觀上來說，這個有沒有底線，有沒有矯正機制？

黃奇帆教授：

　　即使錨定通貨膨脹率、就業率等軟約束指標，貨幣發行的總量也需要進行控制，也要與 GDP 增長率相對應，不能濫發貨幣。因為美國的基礎貨幣主要由國債發行產生，那麼就要對國債的發行進行約束。比如說美國國會，國債餘額有良性的上限，有危機上限，有崩盤的上限，分別是 70%、100%、150%，大致是這樣一個比例。按照經濟學原理，應該說這三個限度的設定，是政府更好地履行政府職責、服務社會、遵守紀律的體現，而不是隨心所欲的貨幣放水。美聯儲的獨立性應該建立在市場規則之上，而不是因為總統的意志、部分民眾的意志而有所動搖。從這個角度上來說，主權信用貨幣肯定是有底線的，它的底線就是政府總的稅收收入，因為政府要拿這個收入去償還國債。目前部分西方國家主權信用貨幣已經走偏了，短時間看挽救了經濟，長期就是飲鴆止渴，因此，必須要對主權信用貨幣制定一個清晰、穩定、堅固的錨。

問題 2：

目前我國貨幣供給的結構中，通過外匯儲備發行的佔比已經有所下降，請問黃教授，您怎麼看待這個問題？未來如果要進一步降低外匯佔款在基礎貨幣的佔比，該通過何種方式進行？

黃奇帆教授：

上文中我也提到了，隨着近年來我國貿易順差的縮小，通過外匯佔款發行的基礎貨幣規模有所縮小，但貨幣發行的機制實際上沒有變化，一旦未來進出口貿易恢復過來，通過外匯佔款發行的貨幣規模又增加了，形變而實未變，又回到了老路上。我國央行近年來為了彌補市場流動性的不足，也先後通過降準、各種貨幣工具為市場提供資金，但這種方式不能解決根本性問題，貨幣的自主性靈活性仍然較弱，而且無法反映經濟增量上的鑄幣稅盈餘。所以，我認為未來我們也要轉向主權信用貨幣制度，但轉向政府信用貨幣制度不意味着貨幣可以隨意發放，也要有一個錨來約束。發行的增速大致等於 GDP 增速加上通貨膨脹率加平減指數。隨着主權信用貨幣制度的實施，當國債的規模增加之後，外匯的佔比自然就減少了，甚至可以將外匯佔款納入財政部發放國債的整個體系裡，對外匯佔款部分採用財政發放特別國債的方法進行置換。這樣 5 — 10 年左右，外匯佔款在基礎貨幣的佔比就將降低到一個合理的比例。

面向未來的人民幣發行制度

上課日期：2019 年 10 月 16 日

課程摘要：「主權信用貨幣制度」是以政府的稅收、GDP 等綜合實力為基礎發行貨幣的一種方式，有助於央行實施獨立自主的貨幣政策，加強逆週期調節。但主權信用貨幣制度的錨不夠清晰，一旦受到 MMT 理論的影響時，容易出現財政赤字貨幣化的現象。因此，未來我國調整「匯兌本位制」而轉向「主權信用貨幣制度」的時候，需要為其確定一個可靠的錨。在貨幣發行增速不超過 GDP 增長率加通貨膨脹率、國債餘額與 GDP 比值不超過 70%，貨幣發行絕不能為財政赤字買單，不搞財政赤字貨幣化、絕不能實施零利率甚至負利率這四條剛性原則下，我國可以分別確定「宏觀錨」「微觀錨」及「數碼錨」，建立一套完善的貨幣錨制度，幫助人民幣發行制度打破各種貨幣制度的局限性，真正成為國際性貨幣。

　　上一節課我闡述了不同的貨幣制度實際上對應不同的錨，以及三種貨幣錨產生的背景及局限條件。在此基礎上，我分析了全球主要國家的貨幣發行制度的轉變，並指出當前主流的兩種貨幣制度的利弊。而關於這個問題，財政部及央行的專家也撰文闡明了自己的看法和主張。

　　當前，美國濫發貨幣的趨勢還未根本改變，世界需要一種穩定可靠的貨幣，取代美元成為跨境清結算、財富保值升值的工具。隨着未來我國經濟實力不斷提高，國際地位進一步上升，金融業開放局面不斷擴大，作為負責任的大國，為人民幣確定新的錨定物，使人民幣成為新的世界貨幣是題中應有之義。因此，面向未來，我們要進一步重塑人民幣發行之「錨」，找到既適合我國國情又滿足人類命運共同體利益訴求的最佳貨幣制度。

一、「主權信用貨幣制度」的利弊分析

　　2019 年 1 月，財政部國庫司郭方明在「2019 年債券市場投資論壇」表示，要拓展政府債券功能，準備研究將國債與央行貨幣政策操作銜接起來，同時擴大國債在貨幣政策操作中的運用，使國債達到準貨幣的效果。此後，針對能否將國債作為人民幣的貨幣發行基礎再次引發各界討論。

（一）「主權信用貨幣制度」的益處

　　財政部專家的文章中闡釋了「買國債發行貨幣」的三方面好處。其一，「擴大國債在貨幣政策操作中的運用，推動實施國債作為公開市場操作主要工具的貨幣政策機制」。換言之，這實際上是要用國債來替代

央行票據。其二,「健全國債收益率曲線的利率傳導機制」。換言之,
這是希望將國債收益率作為整個經濟和金融市場的基準利率,從而為
其他市場主體和投資交易提供利率基準。其三,「強化國債作為基準金
融資產的作用,使國債達到準貨幣的效果」。換言之,有了國債來作為
央行公開市場政策操作的主要工具,就可以通過買賣國債來吞吐基礎
貨幣,國債就具有了準貨幣的功能。

我基本贊同財政部專家的三條意見,但我認為,這幾條意見,只
是以國債作為貨幣發行之錨在操作路徑上的具體表述,缺少以國債為
錨的主權信用貨幣的宏觀意義解釋。從我國當前宏觀經濟情況來看,
以主權信用發行貨幣,主要有以下三方面益處。

1. 央行可以實施完全獨立的貨幣政策

過去的 20 多年間,儘管我國根據實際經濟情況來控制貨幣總量,
但事實上貨幣主要是通過外匯佔款發行的,缺乏獨立的貨幣政策。當
貿易順差擴大時,基礎貨幣發行量大增,市場流動性氾濫帶來房地產
價格及各類物價飆升。貿易順差縮小時,又容易導致基礎貨幣投放不
足,造成市場流動性短缺、利率上升,引發「錢荒」現象。但將人民幣
的發行基礎過渡到國債後,我國就可以根據實際的 GDP 增長、通貨膨
脹等情況,自主決定貨幣的發行數量。尤其是在經濟下行週期下,獨
立的貨幣政策有助於加強逆週期調節,更好地支持實體經濟復甦。

2. 防止美元信用崩盤帶來的不利影響

近年來美元債務持續攀升,政府債務總量從 2007 年的 9 萬億美元
上升到 2019 年的 22 萬億美元,已經超過美國 GDP 的 110%。如果美
國債務持續攀升,到期債務和利息消耗完全部的財政收入,美元的信

用就會變成泡沫。一旦美元泡沫化，不僅巨額的美元外匯儲備會受到重大損失，而且錨定美元的各種貨幣的信用也會崩潰。未雨綢繆，人民幣要想保持幣值的穩定，未來貨幣發行不能再以美元為錨，以外匯佔款發行貨幣。最合理的貨幣發行方式是錨定國家信用、依託本國稅收的主權信用貨幣制度。

3. 降低工商企業融資成本

由於過去主要通過外匯佔款的方式發行貨幣，造成我國基礎貨幣、M0、M2 之間存在巨大的差異。目前，我國基礎貨幣總量約為 31 萬億元，但 M0 僅 7 萬多億元，M2 超過 190 萬億元。基礎貨幣中，大部分是由外匯佔款發行的，為了遏制過多的貨幣衝擊市場，大部分基礎貨幣又以存款準備金的形式存放在央行，抬高了央行和商業銀行的成本，一定程度上也提高了實體經濟融資成本。通過主權信用發行貨幣後，我國可以自主控制 M0 和基礎貨幣的投放。通過逐步降低存款準備金率，調控基礎貨幣規模，商業銀行整體資金運行就相對寬鬆，融資難、融資貴的問題就得到了緩解。

（二）央行專家對「主權信用貨幣制度」的不同意見

對於「主權信用貨幣制度」，也有專家提出了不同的意見。2019 年 8 月，中國人民銀行貨幣政策司孫國峰發表了一篇《對「現代貨幣理論」的批判》的文章，提出「現代貨幣理論存在明顯的邏輯缺陷，在實踐中應用是十分危險的」，並繼而從現代貨幣理論實踐運用的歷史教訓中得出結論：「切斷央行向財政透支的制度安排是現代銀行信用貨幣體系的基石。」

此後，中國人民銀行在其官網刊登出一篇題為《央行票據是適合

中國國情的貨幣政策工具》的文章，也對「主權信用貨幣制度」提出了三點反對意見。

1. 中美兩國國情不同

「美聯儲是典型的以國債作為主要流動性管理工具的央行。主要原因在於，美聯儲負責發行現鈔，現鈔作為信用貨幣，其償付能力須由主權信用背書，而美聯儲並不具有主權信用，因此必須通過購買美國國債為現鈔發行提供主權信用擔保，故其國債持有量與現鈔發行量基本相等。美聯儲資產負債表的結構決定了其適合通過買賣國債吞吐流動性。」而我國的情況則不同，「中國人民銀行從成立之日起就是中國共產黨領導下的中央銀行，現金發行以國家掌握的物資為基礎，無須通過購買國債擔保現鈔的信用」。

2. 中美兩國的金融體系不同

「與美國以金融市場為主導的金融體系不同，中國的金融體系是銀行主導的。所以中國人民銀行資產負債表主要反映了和銀行之間的關係，資產端以國家掌握的國際物資（外匯儲備）和對銀行的債權為主，負債端則以對銀行的債務（包括央票、法定準備金和超額準備金等）和現金為主。在外匯快速流入的時期，中國人民銀行資產負債表資產方的外匯儲備和負債方的超額準備金快速增加。如果效仿發達國家央行賣出國債回籠流動性需要央行持有充足的國債，考慮到中國人民銀行的資產負債表中國債佔比很小，如果通過在市場購買國債開展操作，則一買一賣對市場流動性實際影響為零。」

3. 不符合我國現行法律的規定

「央行直接向財政部購買國債再向市場賣出也可達到回籠流動性的效果，但這種方法有央行對財政透支之嫌，違反了《中華人民共和國中國人民銀行法》的規定，政策成本過高，效果不如央行票據。」

二、實施「主權信用貨幣制度」是大國崛起的必然選擇

從前文分析來看，世界貨幣發行制度大致可以分為兩種類型：以「其他貨幣」為名義錨的貨幣制度和「主權信用貨幣制度」。而針對「主權信用貨幣制度」，央行和財政部專家觀點各不相同。那麼面向未來，人民幣該選擇甚麼樣的貨幣錨呢？

（一）「主權信用貨幣制度」是世界強國的共同選擇

選擇甚麼樣的貨幣發行制度，最根本的決定因素是一國的政治、經濟等綜合實力。「主權信用貨幣制度」是當前世界發達國家或地區如美、英、日本、歐盟的共同選擇。具體來看，這些國家主要通過買賣政府債券調控基礎貨幣發行量。之所以選擇信用貨幣制度，是因為主權信用貨幣制度下貨幣的發行不是根據某一類資產的儲備和他國的貨幣政策，央行的獨立性更強，自主靈活性更高，能夠在經濟事務中扮演更重要的角色。以「他國貨幣」為錨的貨幣政策，在經濟困難時期往往陷於被動局面，貨幣手段有限，也很難與財政部門聯手應對衰退階段的信貸需求不足等問題。

（二）「主權信用貨幣制度」不等同於「財政赤字貨幣化」

「主權信用貨幣制度」是指政府以主權信用作為擔保，以發行國債

的方式發行基礎貨幣滿足經濟發展的需要。而「財政赤字貨幣化」是指發行貨幣直接為政府赤字融資。財政赤字貨幣化通常有幾種表現形式：一是央行發行貨幣直接為政府提供開支；二是央行在一級市場直接購買國債；三是央行在資產負債表中債務減記以降低財政負擔；四是央行將持有的國債轉化為零息永續債。這兩者在實踐之中有一些相同之處，比如同時都可以通過購買政府債券的方式來增加貨幣供給，但實際上兩者有着根本性的區別。

第一，「主權信用貨幣制度」是貨幣的一種發行方式，並不等同於「財政赤字貨幣化」。從 20 世紀 70 年代開始，美、日、歐等國家或地區實施主權信用貨幣制度已經有超過 50 年的歷史，央行購買債券發行基礎貨幣的制度已經相當成熟，政府赤字並沒有因為主權信用貨幣制度而失控，且國內通脹率大部分時間都保持了良好的水平。從根本上來說，稅收是貨幣的信用，財政可以是貨幣發行的手段，而且是最高效公平的手段，央行買國債是能夠自主收放的貨幣政策手段。一旦貨幣超發後，央行只需要提高利率、提高存款準備金率回收基礎貨幣，而財政部門也可以通過增加稅收、註銷政府債券的方式來消除多餘的貨幣、避免通貨膨脹。

第二，導致「財政赤字貨幣化」的原因並不是「主權信用貨幣制度」，而是與貨幣發行喪失錨定物有關。中國歷史上，兩宋末年、解放戰爭時期，宋廷和國民政府都試圖通過無限超發貨幣來補充不斷擴大的軍費開支，但最終自食苦果。19 世紀 30 年代大蕭條之後，一些國家也試圖通過央行在一級市場直接購買國債的方式幫助政府融資，但最終由於政府過於依賴財政赤字貨幣化，無限制的財政擴張引發了惡性通脹。上述兩個例子都是「財政赤字貨幣化」的典型案例，原因並不是主權信用貨幣制度，而是與當時的政府濫發貨幣、貨幣發行無任何錨

定物有關。貨幣貨幣，有貨才有幣，貨是幣之錨。過去幾千年來，大部分貨幣一直錨定黃金或其他物資。一旦貨幣無節制超發，致使私人部門意識到自身擁有的貨幣與真實財富、黃金相比不斷縮水，那麼政府發行的貨幣將不再受到信任。最終，惡性通貨膨脹引起主權信用的崩塌和貨幣體系的迅速崩潰。追根溯源，「財政赤字貨幣化」的原因在於貨幣發行缺乏了適當的錨。

第三，「主權信用貨幣制度」的實質在於「貨幣財政化」。貨幣發行以國家信用背書，對應的是國民經濟生產總值（GDP）的增長，而國民經濟生產總值（GDP）則對應着政府財政稅收能力。因此，「主權信用貨幣制度」等同於「貨幣財政化」，而不是「財政赤字貨幣化」。新中國成立之後，我國根據國內的物資儲備發行貨幣，取得了良好的效果，也證明了這種貨幣發行方式的可行性。雖然近年來，以美國為首的西方國家為了緩解經濟危機影響，動用大劑量的貨幣供給，積累了巨額的債務規模，給世界債務償還帶來了嚴重的不確定性，在實踐當中將「主權信用貨幣制度」異化成了「財政赤字貨幣化」，但不能就此全盤否定「主權信用貨幣制度」，並將「主權信用貨幣制度」運用過程中的不負責任用「財政赤字貨幣化」一言以蔽之。總之，「主權信用貨幣制度」是貨幣制度歷史上一次偉大的發明，適應了世界經濟過去幾十年來發展的需要，但在新的經濟週期（低增長、低利率、低通脹）下，仍然面臨着新的挑戰，需要根據現實問題不斷找到更好的解決方案。

第四，「主權信用貨幣制度」必須遵守貨幣發行紀律。在「主權信用貨幣制度」下，財政發行的國債要區別兩種情況，形成兩種發行方式。一種是為了財政赤字融資，一種是為滿足國民經濟增長的需要而發行基礎貨幣。這兩種行為要嚴格進行區別，以避免出現財政赤字貨幣化的情況。具體來說，在經濟困難時候政府需要透支，財政部可

以發行國債，但凡屬於平衡財政赤字的國債的發行必須由人大審議批准，並且指定只能在二級市場發行，由企事業單位、商業銀行、社會群體購買，央行絕不發行基礎貨幣購買這類國債。這樣做，貨幣總量上是平衡的，不會出現貨幣超發的情況。而在經濟發展過程中，中國人民銀行可以根據各經濟部門合理的貨幣需求、GDP 的增長比例，確定基礎貨幣需要增發的總量，經人大批准，由財政部發行相應的國債，由央行來購買。這種方式發出的貨幣是經濟發展的成果，可以視為鑄幣稅的盈餘收入。財政部獲得這部分收入後，可以用於民生支出等領域。總之，「主權信用貨幣制度」在實踐中要對發行國債的目的、程序進行嚴格管控。

(三) 未來「主權信用貨幣制度」也需要進一步改革

　　央行專家對於「主權信用貨幣制度」的三點反對意見主要從我國體制、機制方面出發，並沒有觸及主權信用貨幣制度的內生缺陷。實際上，信用貨幣制度最大的問題在於錨的不清晰、不穩定，缺乏剛性。

　　從現實來看，無論是美元、歐元還是日元，在過去的幾十年間，都相繼調整以「通貨膨脹率」為錨，並對通貨膨脹進行了較為嚴格的控制。正是主要儲備貨幣國家對通貨膨脹的嚴格控制，限制了其對主權信用的濫用，美元作為世界最主要儲備貨幣，其貨幣發行也就有了自律性控制。佛利民認為，一國的貨幣發行量應當與人均經濟增長速度相適應，這樣，經濟增長率就等於潛在經濟增長率，既不會發生通貨膨脹也不會發生通貨緊縮。在這個規則作用下，貨幣發行量受到內在約束，主權信用作為貨幣之錨有了內部保障。1979 年美國通貨膨脹率高達 13%，美聯儲隨之推行了高利率政策，雖然導致了大蕭條以來最嚴重的經濟衰退，但通貨膨脹得到有效控制。

以主權信用為錨擺脫了布雷頓森林體系下以黃金為錨的內在窘臼，適應了經濟增長需求。並且在通貨膨脹率的約束下，無論是主要儲備貨幣國家還是其他國家，都不能濫用主權信用。可以説，這種錨體系維護了世界經濟的平穩運行，偶爾的主權信用濫用和局部貨幣危機不會動搖它的根本。

然而，隨着時間推移，這種錨機制賴以生存的環境發生了很大變化。隨着世界經濟陷入長週期下的衰退底部，引起需求大幅萎縮，主權信用貨幣政策以「通貨膨脹率」為錨，相繼大幅擴張基礎貨幣供應，最終結果很可能是全球貨幣發行量的失控。

此外，之所以主權信用為錨的貨幣在過去的量化寬鬆政策下並沒有引起物價水平的太大變化，是因為這部分超發的貨幣最終流向了投資品，如股市、房市之中，引起了價格和投資總量的升高。換言之，主權信用貨幣制度沒有問題，但主權信用僅僅以通貨膨脹率為錨出現了問題，原因是通貨膨脹率是以消費品價格衡量的，沒有包括投資品價格，當加入投資品價格以後，全球物價水平實際上已經超出通貨膨脹率很多倍。

三、面向未來的人民幣發行之錨構想

本文所説的「面向未來」，也可以視為重構人民幣發行之錨的「局限條件」。它們共同構成改革人民幣發行制度，即重構人民幣發行之錨的改革動因、現實依歸、約束條件和目標歸宿。

（一）「面向未來」的具體內涵

1.貨幣發行制度要與我國國際地位相匹配

改革開放以來，我國經濟和社會發展取得了舉世矚目的成就，主要經濟社會指標佔世界的比重持續提高，居世界的位次不斷前移，國際地位和國際影響力顯著提升。我國經濟總量已位居世界第二，佔全球 GDP 的 16%，對世界經濟的年貢獻率 28%；我國對外貿易和進出口貿易總額已經位居第一，對世界新增貿易量貢獻超過 30%；對外直接投資躍居世界第二；擁有全球門類最齊全的工業體系。

但與之形成鮮明對比的是，我國人民幣在世界貨幣中的地位仍然不高。目前人民幣發揮的貨幣儲備功能依然有限。當前人民幣在 SDR 中的佔比為 10.92%，遠低於美元和歐元佔比。人民幣儲備規模佔標明幣種構成外匯儲備總額不足 2%，而美元佔全球儲備貨幣的 60% 以上。過去十年間人民幣國際儲備貨幣地位雖然上升顯著，但存量佔比依然偏低。人民幣的國際貨幣職能及其影響力仍然較為有限，其國際使用程度與美元、歐元尚存在較大的距離，與中國是全球第二大經濟體、第一大出口國和新興對外投資國的經濟金融地位相比也不匹配。

2.中美磨擦爭端向金融領域延伸，貨幣以美元為錨風險較高

一年多來，中美貿易磨擦不斷出現反覆、波折，有證據顯示中美磨擦正在延伸到金融領域。2019 年 8 月初美國財政部將中國列為「匯率操縱國」。彭博新聞報道美國正在討論通過將中國公司從美國證券交易所摘牌、限制美國人通過政府養老基金投資中國市場、限制中國公司納入美國公司編撰的指數等方式制約美國資本流入中國。儘管美國政府隨後進行了辟謠，但卻預示着中美磨擦下一步極有可能向金融

領域延伸，這將進一步擴大中美摩擦對中美經濟乃至世界經濟的破壞性影響。不僅如此，未來美國還可能通過下調信用評級、限制直接投資等手段限制資金進入我國市場，通過 SWIFT 對部分中資金融機構進行制裁、干預我國人民幣匯率等手段來對我國實施所謂的金融制裁。一旦美國對中國開展金融制裁，在當下缺乏獨立自主的貨幣政策局面下，我國將陷入極為被動的境地。

3. 中國由出口導向型戰略向內需增長型戰略轉變的必然要求

總的來說，2008 年國際金融危機後特別是中美摩擦持續升級背景下呈現的新的世界經濟環境和貿易格局，其核心就是過去那種「中國生產—美歐消費」的世界經濟大循環難以為繼。我國通過產業鏈廉價勞動力和資源密集型商品來維持貿易持續大額順差的局面已變得不太現實。我國必須通過科技創新推動產業轉型升級，向產業鏈中高端爬升，實現高質量發展，並在此過程中憑藉我國巨大的市場實現從「出口大國」向「進口大國」的轉變。正是因為如此，黨的十八大以後我國提出了以供給側結構性改革為主線，深化改革、擴大開放、加快產業轉型升級，並輔之以促進消費、提振內需、擴大進口、加大科技自主研發、加強環保督查等配套措施。所以，我國長期堅持的以「匯兌本位制」來保障出口外向型戰略順利實施的必要性也大大降低。

（二）面向未來的人民幣之錨

在構想未來人民幣發行制度的時候，我們要進一步取長補短，既不能堅持過去以外匯佔款發行貨幣這樣一種無法適應今日發展要求的貨幣制度，也不能陷入西方國家貨幣錨失控導致的財政赤字貨幣化的困境。為此，在實施主權信用貨幣制度的同時，我們也要為其選擇一

個穩定的錨。根據過去幾十年的經驗結合未來數碼化時代的新變化、新趨勢，貨幣錨的確定原則可以形成三套錨體系，即宏觀錨、微觀錨、數碼錨。

1. 宏觀錨

未來如果要推行主權信用貨幣制度，以國債為基礎發行貨幣，必須設定四個剛性的限制條件。

一是根據信用貨幣制度長久以來的實踐經驗，貨幣發行最可靠的錨是根據 GDP 增長率加上通貨膨脹率，再加上一個平減指數，來確定基礎貨幣合理增速。央行根據這個錨發行貨幣來購買財政發行的國債。

二是凡是因為財政透支而發行的國債，必須在二級市場上發行，不能由央行發行基礎貨幣來購買這類國債。任何時候都不能把財政赤字貨幣化，把印刷貨幣作為工具來滿足政府透支的需求。

三是國債餘額與 GDP 的比值不超過 70%。在主權信用貨幣制度下，國債有兩個來源，一是政府在二級市場發行的國債，主要用於補充政府赤字；二是由於經濟增長，央行為發行基礎貨幣而購買的國債。最合理的狀態是政府赤字產生的由二級市場投資者購買的國債餘額不超過 GDP 的 40%，央行歷年累計購買的國債不超過 GDP 的 30%，兩者合計不超過 70%。要堅定一個原則，在任何經濟危機時期，國債餘額不超過 GDP 的 100%。因為國債餘額一旦超過 GDP，意味着現在債務餘額還本付息的總額將接近或超過年度稅收收入，國家開支會進入危機狀態，貨幣的信用就會丟失。

四是任何時候都不能實施零利率或負利率政策。零利率或負利率政策是在傳統貨幣寬鬆政策框架之外，進一步刺激投資與民眾消費增長的貨幣政策武器。但從歐洲部分國家、日本的實踐效果來看，試圖

通過零利率或負利率刺激民眾擴大消費、企業擴產增加投資的舉措基本失敗，經濟面臨的通縮風險與增長停滯窘境並沒有改善。零利率或負利率政策主要有以下幾方面負面影響：一是零利率或負利率損害了銀行的盈利能力，導致銀行惜貸情緒增加。二是零利率或負利率使得大量資金不願意參與短期融資市場，導致市場流動性匱乏，實體經濟更難獲得信貸支持。三是負利率使得國債收益率下降，影響國債配置熱情，不利於人民幣國際化與金融市場對外開放進程。我國經濟長期穩定向好的局面沒有改變，央行目前仍然擁有充裕的貨幣寬鬆政策工具，既可以通過降準、公開市場操作、MLF 投放等數量型貨幣工具，又可以採取繼續調降 LPR 或基準存貸款利率等價格型政策工具刺激經濟平穩增長，根本無須考慮零利率及負利率政策選項。

在上述四個剛性原則的限制下，我們還應考慮到主權信用貨幣之錨不僅僅和 GDP 增長率、通貨膨脹率有關，和國債發行方式、國債餘額大小有關，在現代社會中，還與資本市場、房地產市場有關。主權貨幣在發行的過程中，也要考慮其他三個參考因素。

第一，股票市場的總市值與 GDP 的比值。從海外資本市場發展來看，國民經濟證券化率達到 100% 是資本市場成熟的標誌。目前我國股票市場的總市值與 GDP 比值大概在 60%，還遠未達到 100% 程度，說明資本市場還有較大的發展空間。要進一步加大對資本市場的支持力度，引導資金流入股票市場，促進股權融資的發展。此外，一旦股票總市值超過 GDP 的 150%，意味着股市泡沫化，就要引導資金從股市中流出。從過去幾十年的發展來看，美國股市總市值與 GDP 比值大致在 100%—150% 之內，超過 150% 之後，美國股市往往會崩盤。

第二，非銀行企業的債務餘額與 GDP 比值。當前我國非銀行企業

債務約為 GDP 的 160%，這是非常不平衡的。企業債務太高，往往負擔較重，導致企業更注重短期財務表現而忽視了長遠戰略投入，這對於提高我國企業的綜合競爭力是不利的。比較健康的模式是非銀行企業債務最好不要超過 GDP，與 GDP 比值大體在 1：1 左右。未來需要進一步加強資本市場建設，將以間接融資為主的企業負債模式轉變成股權、債權相對均衡的直接、間接融資相結合的方式。

第三，房地產總市值與 GDP 的比值。與其他國家對比來看，目前我國房地產總市值與 GDP 的比值偏高，過去幾年最高時甚至達到 400%。2008 年金融危機前後，美國住房市值與 GDP 比例最高為 169%，日本為 216%，德國為 207%，英國為 269%，法國為 362%。20 世紀 90 年代日本房地產泡沫破滅前，住房市值與 GDP 比例一度高達 391%。過去二十年來，我國房地產總市值大幅增長，實際上是貨幣引起的資產價格上漲。綜合來看，房地產總市值與 GDP 合理的比值大體在 2：1，絕對不能超過 3：1。我國未來要堅持「房子是用來住的，不是用來炒的」的政策定位，通過貨幣調控的方式引導資金脫虛向實，降低房地產這類虛擬經濟在國民經濟中的佔比。

上述三方面的參考因素實際上是針對國民經濟的一種調控方式，即未來央行進行貨幣發行時，在堅持四個剛性原則下，不僅僅要考慮外匯佔款、經濟增長、通貨膨脹等因素，還要將上述三方面因素納入貨幣發行的考量中去，進行貨幣發行量、貨幣發行方式、貨幣利率的綜合調控。

2. 微觀錨

貨幣錨的重要目標之一是保持物價的穩定。從這個角度來看，未來我國貨幣制度的改革方向可以是以「一籃子物品的市場成交指數」作

為「貨幣錨」的貨幣發行制度。

對於為何要選擇以「一籃子物品的市場成交指數」作為人民幣發行的「錨」，其實張五常先生早就進行了研究和闡述，在此將選擇一籃子物品為錨的方法摘錄如下。

（1）選取 30 — 100 種物品，最好依照中國人民在衣、食、住、行這幾方面的大概比例進行分配，不需要精確。需要精確的是每種物品的質量以及其能隨時在市場上查詢的公允市價，因此物品要在期貨市場及批發市場選擇。

（2）確定籃子內總的物品數量及每種物品的量，選好後固定不變。有必要時也可以更換物品、調整物品的量，但必須事先明確改變的條件和程序。

（3）央行選出一個人民幣的整數，比如 5000 元，固定這 5000 元在指定的不同市場可以購買多少一籃子物品，把這 5000 元化作指數，比如 100。這個指數可以調整，比如一年內容許這籃子的物價上升 5%，就是容許上限 5250 元購買這籃子物品。指數達到 105%，就是通脹；反過來指數達到 98%，則是通縮。每年上限 5%、下限 2% 是適當的上下限選擇。

（4）不調整指數，則整個籃子的總價不變。籃子內的每種物品的量也不變，但物品與物品之間的相對價格是自由變動的，由市場決定。央行只穩守上述的一籃子物價指數。

（5）央行不需要有物品的存貨，不需要負責物品的交收。任何人需要購買這籃子物品，可以在指定的市場自行購買。

（6）人民幣對所有外幣的匯率完全自由浮動。央行只守住一籃子物品的物價指數，見有壓力下降（即人民幣有升值壓力），就發行人民幣。見該籃子的物價指數有上升壓力（即人民幣有貶值壓力），則以外

匯儲備或其他辦法把人民幣收回。是放是收，主要是調整人民幣的發行量。

3. 數碼錨

在數碼化時代，核心的生產資料不僅僅是石油、煤炭，這些能源未來可以被可持續能源——太陽能、風能、電能所取代，核心的生產資料變成了大數據、計算設備、技術人員等一系列數碼生產核心要素所組成的綜合體，以及在這個綜合體之上形成的計算能力、存儲能力、通訊能力等數碼化能力。數碼化能力強的國家，可以進一步提高社會的生產效率，提高經濟發展水平，並在與其他國家的競爭中脫穎而出。因此可以認為，未來數碼貨幣大規模發行後，可以錨定數碼化時代的核心生產要素——在數據、計算設備、技術人員等基礎上形成的計算能力、存儲能力、通訊能力等數碼化能力。可以將上述整合形成一個數碼化指數，將數碼貨幣錨定這個指數，通過對全球或國家、地區的數碼化指數進行測度，來確定數碼貨幣的發放量。數碼化生產要素，不僅是全人類當前需要且未來持續需要的，而且本身蘊含價值，可以通過區塊鏈分佈式、可追溯、不可篡改等特性進行發行，無需國家信用擔保，可以說是未來數碼化社會中最合適的貨幣錨定物。

四、貨幣制度調整過程中的制度安排與轉軌方式

因此，假如未來從「匯兌本位制」過渡到「主權信用貨幣制度」，也需要循序漸進，平滑中性地過渡，避免引起較大的經濟波動。這可以從以下四個方向進行推進。

（一）修改人民幣發行基礎法律制度

主權信用貨幣背景下，人民幣是由國債做錨的。中央銀行為了發行基礎貨幣，需要購買財政部發行的國債，但中央銀行不能購買財政部為了彌補財政虧空發行的國債。《中華人民共和國中國人民銀行法》規定，中國人民銀行不得直接認購、包銷國債和其他政府債券。這意味着中國人民銀行不能以政府的債權作為抵押發行貨幣，只能參與國債二級市場的交易而不能參與國債一級市場的發行，央行直接購買國債來發行基礎貨幣的方式就被法律禁止了。因此，建立以國債為基礎的人民幣發行制度，必須對相關法律法規進行修改。

（二）回收商業銀行的外匯佔款

未來採用「主權信用貨幣制度」後，外匯佔款在基礎貨幣中的佔比將會逐步縮小。如果要順應這一進程，可以對商業銀行現存的外匯佔款進行回收。對此，可以參考日本政府的做法進行過渡。日本政府持有的外匯儲備，由大藏省發行國債，日本央行購買國債來回收。這個過程中，基礎貨幣可以一部分由外匯佔款構成，另一部分是國債形成的基礎貨幣。大藏省發放特別國債收購的外匯，所有權劃歸大藏省。同時，大藏省將這一部分外匯委託央行來運行，就形成了大藏省跟央行共管的發行體系。

我國同樣可以採用這種方式，將外匯佔款納入財政部發放國債的整個體系裡，對外匯佔款部分採用財政發放特別國債的方法進行置換。以循序漸進的方式，通過 5 至 8 年的時間平穩地把 3 萬億美元劃歸財政部，然後將外匯的所有權歸屬於財政部，由央行繼續管理運行。這樣就形成外匯儲備由財政部所有、央行託管、雙方共同合作的發行方式。

（三）國債管理由赤字管理過渡到餘額管理

我國過去幾十年對國債的管理採用的是赤字管理辦法。國債的餘額裡包含着多年的財政透支赤字，也包含着多年的基礎貨幣發行所帶來的債務。未來供給的基礎貨幣，也將堆積在國債的餘額裡面。由財政通過國債來發行貨幣後，國債的管理辦法要從赤字管理向餘額管理轉變。

餘額制最大的特點在於一年一年地累計。凡是一年內債務結賬的周轉，都不計算在餘額裡。而且對於央行來說，將人民幣發行基礎定為國債，央行的資產負債表中的基礎貨幣結構就可能產生 70% — 80% 的主權貨幣。同時，央行可以拿基礎貨幣購買社會上企業的債券、商業銀行的債券和黃金等。

此外，餘額制可以將中央債務和地方債務一起管控，在債務計算方面也更加清晰明確。我國現在的整個的債務裡面，在人大歸屬的、審核的地方政府的債務餘額是 18 萬億元，中央政府是 15 萬億元，加在一起 30 多萬億元。而財政通過吞吐債券來形成貨幣發出或者收緊的過程中，可以對整體債務進行調控。因此，完全可以把地方政府裡面清晰透明的債務也納入整個的政府債務的餘額制裡面。一方面，讓地方政府的債務陽光、透明、規範；另外一方面，也可以增加債務的吞吐體量，提高財政政策的實施力度和強度。

（四）逐步擴大央行的管理範圍

現行的貨幣發行制度下，央行是商業銀行的央行。央行貨幣吞吐的對象是商業銀行，再由商業銀行跟企業結匯形成外匯，外匯佔款由央行發行基礎貨幣進行回購，央行又通過存款準備金率將釋放的基礎貨幣進行回收，整個貨幣的進出基本都局限在商業銀行的圈子內，央

行對資本市場的好壞基本上是不聞不問的。

所以，借由我國貨幣發行制度的改變，央行應該重新進行定位。央行不應該只是商業銀行的央行，更應該是整個金融系統的央行。一方面當通過國債系統來發行貨幣，央行去收購國債的時候，市場主體應該是整個資本市場。而活躍的資本市場才會有大量的資金去購買國債。另一方面央行出售的國債不能讓財政部來回收，而是要由企業和社會資金進行回收。而這同樣需要繁榮景氣的資本市場。貨幣發行制度一旦轉換，央行要把資本市場當作很重要的基礎性的市場，就要開始考慮資本市場的利益。當然，對商業銀行利益的考慮也要更加均衡。

此外，央行在管理基礎貨幣發行是寬鬆還是緊縮的時候，不能只考慮商業銀行的表內資產，還需要關注商業銀行的表外業務、資金池業務，要把這些系統的利息和資金量都納入貨幣政策管理中去。因此，央行的管理，要從過去服務單一式的主體商業銀行，擴大為對等服務資本市場跟商業銀行，甚至重點服務資本市場；要從只關注商業銀行的表內資產，擴大為商業銀行的表內、表外資產，甚至將互聯網金融等網絡金融支付系統也納入監管範圍。

綜上所述，在縱向和橫向比較了幾種貨幣發行制度的利弊，以及分析了當前我國貨幣制度改革面臨的新的「局限條件」之後，可以得出結論：未來我國貨幣制度的改革方向應該是當前大國普遍實施的主權信用貨幣制度。但由於主權信用貨幣制度錨的不穩定性，在實施主權信用貨幣制度時，要制定一個可靠的錨並嚴格執行。從宏觀上看，主要以 GDP 增速加通貨膨脹率為錨，嚴格避免財政赤字貨幣化，國債餘額佔 GDP 的比例不超過 70%，絕不實施零利率甚至負利率政策；在貨幣發行的過程中，可以將股票市值、非銀企業債務、房地產總市值與 GDP 比例作為參考因素。從微觀上看，可以以一籃子物品的市場成交

指數作為錨，以遏制通貨膨脹；更進一步地，進入數碼化時代，可以以數碼化生產指數為錨，以適應新時代的需求。總之，未來我國的貨幣政策要與我國的 GDP 在全世界的佔比，我國的影響力，我國的數碼化實力相匹配。

在當前「百年未有之大變局」中，只要我們重新找好人民幣發行之「錨」，並守好這個「錨」，那麼任外間風吹浪打，人民幣皆可閒庭信步。而且，只要人民幣守好了這個「錨」，一旦美元債務崩盤導致美元信用喪失，人民幣必定能迅速成為重要的國際貨幣，在國際貨幣體系中擁有與美元並駕齊驅的地位，未來與大國經濟實力相匹配的大國貨幣將真正得以實現。

答學生問

問題 1：

黃老師您好，我是經濟學院的博士生，您剛才講的貨幣供給政策改革，我理解的裡面非常重要的一點，就是說可以在之後形成我們獨立的貨幣政策。我們知道，有一個不可能三角，就是獨立貨幣政策跟浮動匯率制，還有資本自由流動，因為您講的獨立貨幣政策是講這種改革的優點、優勢。我想請問，我們如果在形成這樣一個政策之後，有沒有哪些風險或者哪些問題需要我們去避免的？比如說剛才我提到的不可能三角，我們現在應對這個問題有些辦法，您認為如果實施了這個大的改革，那麼該如何應對它？比如說我們是把我們的匯率，真正實現一個浮動呢，還是說我們現在的資本流動會受到一些限制？您怎麼看這個問題？

黃奇帆教授：

這個不可能三角，的確是貨幣市場或者全球金融系統，已經被反覆論證的一個定理，大家都認賬，是客觀存在的。那麼對中國來說，作為世界第二大經濟體、第一大進出口貿易國、第二大投資國，總而言之，在這樣的一個大國裡，獨立貨幣政策在不可能三角裡面的兩個坐標上肯定必須堅守。

如果是固定匯率，那麼資本是不可能正常流動的，所以我們現在說在獨立貨幣政策下，匯率大體固定，儘管我們也在說浮動甚麼，但總的不是自由地大起大落的，我們的資金，當然也不能大進大出。如

果在獨立的貨幣政策下，到了人民幣跟美元、跟全世界貨幣可以自由兌換的時候，我們的匯率，將會是完全由市場自己去平衡。它也同樣符合不可能三角。我們取了自由兌換和獨立貨幣政策。

我們眼下來說，獨立貨幣政策，匯率大體固定，這個固定是一種市場本身的波動，在一攬子匯率裡面，形成了一個大體平衡。這個時候，就表現出人民幣跟美元資本項下是不能自由兌換的。

現在的匯率穩定是在人民幣和美元國內國外不能自由兌換下的一個平衡。這個平衡也不是有意去調節的，因為本身不能自由兌換，本身就形成了它自己的一種市場常態的平衡。所以你不能說，我們在調控、操縱匯率。因為資本項下不能自由兌換是我們的基本制度。在這個角度，你說的這個三角就是這麼一個關係。

我自己認為，上次我做報告也講到過，我們的市場是王牌，產業鏈是王中王，我們的金融不具有進攻性，是個盾牌。現在金融的盾牌裡面，很重要的保護自己的一點是我們資本項下不能自由兌換。在這個意義來講，我認為，在今後 5 年到 10 年的時間裡，中國不可能在資本項下走向自由兌換。這是中國經濟和金融穩定的重要盾牌。我上次課堂講課時說到，美國 2015 年法案裡面規定，如果美國財政部宣佈了哪個國家是匯率操縱國，他們法案裡寫着十條對付這個操縱國的手段，其中有一條，就是要倒逼這個國家貨幣自由兌換。除此之外還有九條。一是不讓這個國家的企業到美國上市，已經在美國上市的企業退市；二是降低這個國家和企業的 3A 級的評級信用；三是再也不和這個國家做貿易，已經在做的也互相斷裂；四是美國的銀行、保險不再和這個國家發生融資貸款；五是凍結這個國家的一些資產，包括政府的、企業的、個人的資產；六是對這個國家的企業，找出理由說你違規，實施巨額罰款；七是 SWIFT 切斷，不讓你參與全球清算；八是美國會促使

這個國家裡許多個人或者企業通過比特幣市場把它的外匯、資產轉移出去，就是破壞你的生態；九是美國政府方方面面和這個國家正在推進的貿易談判、協議談判及各種合作談判都停下來。這十條內容，法案都有寫，那個法案有 200 頁，如果你們調出來看，是看得到的。

這兩天，我們國家跟美國貿易談判，很重要的一個成效，就是雙方宣佈，就匯率問題、知識產權問題、生態環保問題和勞動保護問題取得了共識。這個取得共識，就意味着 8 月 3 日，美國財政部長姆欽宣佈中國是匯率操縱國這件事取消了。現在至少美國政府不再把你當作是匯率操縱國了。意思就是 2015 年的法案裡面的措施對中國是不會實施的。

我在這裡講美國金融戰的內容，就是讓大家明白，從美國來說，就是希望你現在資本項下能夠放開自由兌換，一旦自由兌換，美國就可以「剪羊毛」，匯率一會兒上升、一會兒下降，這個過程就對你的匯率系統、資金系統，帶來抽水機一樣的重大的衝擊。從這個角度，你說的三角的概念裡面，我們恰恰是要慎重對待匯率自由兌換這件事情，至少在三五年裡，是不會往自由兌換方向走的，特別是在打貿易戰、匯率戰期間。當然人民幣最終要走向世界，成為國際貨幣。而成為國際貨幣的前提當然是自由兌換貨幣，那個時候中國獨立貨幣政策不變，資本項下實現貨幣自由兌換，這個三角形裡這兩條邊就沾上了，匯率在自由兌換過程中上還是下，也就由市場來決定了，自己不再去控制，也不再是要固定或者要管制的事情了。

問題 2：

黃老師您好，我的問題是，我國的法定存款準備金率比美國高不少，但是國際金融危機之後，美國的超額存款準備金率比我國高不

少。我國的法定加超額比美國並沒有高多少。您怎麼看這一點，以及這兩者加起來，對商業銀行成本和實體融資成本的影響？

黃奇帆教授：

　　美國正常的商業銀行法定存款準備金根據機構存款額而不同，總的來看法定存款準備金率平均 2% 左右，超額存款準備金目前已經降到 10%，總存款準備金率 12% 左右。而中國存款準備金率和美國大致相同，但結構恰恰相反，中國加權平均的法定存款準備金率是 11%，超額存款準備金率只有 1% 左右。

　　美國經過 Q1、Q2、Q3 後，美聯儲印鈔買債所釋出的資金回到美國銀行手裡之後，多數又輾轉以超額準備金的形式存在美聯儲。而我國法定存款率雖然從 20% 多降低到 11% 左右，但仍然高於大部分國家。從目前來講，過高的法定存款準備金其負面效應越來越明顯。一方面，經濟下行壓力加大，經濟對流動性的需求越來越旺盛；另外，中國對外貿易的格局已經發生重大轉變，雙順差格局不再，外匯佔款前幾年持續流出，這需要央行持續地向市場投放流動性，目前央行主要實行的是通過公開市場逆回購投放貨幣，其他還有再貸款再貼現，但這些方式有很大弊端。比如目前主要實行的 MLF 投放流動性工具，主要是投給了大中型銀行，小型銀行要通過中間環節才能得到流動性，這直接加重了中小企業融資難、融資貴的問題。這個政策還有一個問題是，隨着這幾年央行的頻繁操作，存量已經非常龐大，流動性期限都在 1 年以下，商業銀行不僅要付利息，還要準備頻繁還錢，導致流動性整體短期化，高波動性，商業銀行的流動性政策的可預見性較差，加大了市場利率和金融市場的波動。

問題 3：

黃老師您好，我想問一下，就是您剛剛提到的，央行在研究數碼貨幣，如果說央行的數碼貨幣要以稅收國家信用為基礎的話，那它和我們現在的電子貨幣相比，有甚麼改進之處嗎？以後央行如果真的發行了數碼貨幣，會對我們現在的貨幣政策傳導有甚麼樣的改進和影響？

黃奇帆教授：

第一，央行的數碼貨幣是一種法幣的概念，是 M0，一種替代紙幣的主權貨幣。現在大家在用的所謂的電子貨幣不是基礎貨幣，只是一個電子錢包，是一個工具。就像二十年前就有的信用卡。我們現在老百姓手中，有時候錢包拿出來五張十張各種各樣的借記卡，當然最終我們現在用得最多、最方便的是手機支付，所有這些電子貨幣只是在幫助大家交易，在清算支付的時候，帶來方便、安全、簡單。

第二，電子錢包是一種支付工具，你用 100 元的人民幣現金支付，還是電子錢包支付，是一種支付的概念。它不是直接替代貨幣的概念。你之所以能夠支付，是因為你的支付後面綁着一張銀行卡，有存款放在那裡，所以你的手機可以很方便地作為一個支付工具。

在支付工具範圍，有的人說，我們應該消滅紙幣，全部變成電子支付，這件事是違法的。因為老百姓用紙幣來支付，還是用手機來支付，有選擇權的問題。你不能強制地說把紙幣這個東西取消了。

第三，如果都變成了電子貨幣，萬一某一天因為地震而停電、因為電廠出問題而停電，所有的支付不能支付了，結果大家買東西、吃東西都有問題。所以從安全的角度講，這個貨幣系統，是老百姓願買願賣、自己選擇的結果。同時作為國家而言，實際上是不可以整體上變成網絡支付 100% 覆蓋的，覆蓋以後，把紙幣給滅了是不可以、不

安全的。

當央行以後研究完，發出數碼貨幣的時候，我自己認為，有個雙層框架。即第一層是中國人民銀行先把數碼貨幣兌換給銀行或其他運營機構，第二層是這些機構將數碼貨幣兌換給公眾。央行的數碼貨幣作為基礎貨幣發出來以後，它不是直接發到老百姓流通的系統，而是在央行到銀行、各種機構之間，進行大面額的數碼貨幣之間的流動，不會直接把這個數碼貨幣跟老百姓的手機系統直接連通。需要先隔一層，這個隔一層運行個三年、五年，運行得比較科學、穩當以後，數碼貨幣再直接地跟電子支付結合。一旦數碼貨幣直接出現，沒有紙幣的概念，可能要分這兩個層次、雙層構架逐漸推開。

問題 4：

黃老師您好，我不大懂金融，所以問的問題您別見笑。您的題目講金融供給側結構性改革，主要講基礎貨幣供給，我聽下來，如果説您這個想法付諸實施，中國的金融系統要有非常大的改變，會影響整個金融系統，一個是央行、一個是財政部，它們兩個的功能、職能，可能會有一些轉化。這是第一點。第二點，中國現在的金融系統，主要還是以商業銀行為主，資本市場相對來講比較小。不像美國，美國資本市場非常發達，特別是債券市場，還有股票市場。中國債券市場比較小，上海股票市場也就是好像將近 3000 點。如果説按照您這個方案進行改革的話，我看，中國的商業銀行系統會受到非常強大的衝擊。我是這麼看的，不知道對不對？

黃奇帆教授：

第一，商業銀行所謂的衝擊是指甚麼而言？比如説 2019 年年底

我國的 M2 達 200 萬億元，商業銀行有近 300 萬億元的資產，130 萬億元的貸款。但是它在過去 20 年，從 18 萬億元，就是 2000 年的時候 18 萬億元，現在變成 130 萬億元。這樣一個漲七八倍的過程，這種高增長現象，在今後的 20 年不可能再出現了。這就是我們不能只在商業銀行一棵樹上吊死、一樹獨大的一個原因。我們中國的金融系統，現在間接融資佔比超過 80%，以後可能間接融資與直接融資比重 60% 對 40%，或者 50% 對 50%，形成間接金融與直接金融相對均衡的發展。這方面，本來就是發展的方向，逐漸調整的方向。

第二，財政與中國人民銀行之間，也沒有太大變化。本來財政就是管國家稅收、國家財政支出的，也管發國債的。在以國債為錨，實施主權貨幣制度的國家財政，除了發在二級市場交易的赤字類國債之外，就是提供央行為經濟發展發行基礎貨幣時所需要購買的國債。不管是日本、英國、美國，或者歐盟，都是如此。在這個意義上講，財政管這個是實至名歸，而且它的性質也沒發生甚麼變化，本來就是做這個事的。央行本來就是對基礎貨幣印發、存款準備金、各種各樣的槓桿、利率等進行管理的機構。還是管這些，只是把過去 10 年外匯順差到了幾萬億元，最後帶出來的外匯佔款的這個系統，作為一個特殊的發展中的過程，給調整過來了。

總的來說，這如剛剛所說，是中性、平衡、平滑的過渡。當然我現在說的內容沒有任何說法已經是國家的決策了，這只是理論討論，主要是分析問題，研究改革的思路。

問題 5：

黃老師您好，您剛剛講到基礎貨幣發行一系列改革的積極影響，我比較好奇的是，如果我們去推行這個方案的話，會遇到一些甚麼樣的阻力？

黃奇帆教授：

至少有三件事，是要琢磨的。第一，改革開放以來，我們20年前通過的《中華人民共和國中國人民銀行法》是不允許中國人民銀行去幫財政買債的。那時候的基礎是甚麼？是認為，財政發債都是透支，它不是在發貨幣，而是在欠賬。財政如果透支，是社會上的企業、老百姓出錢來平衡財政，因為是老百姓和企業把錢借給財政，財政去平衡，以後財政賺了錢，再還你。如果央行印了貨幣去投資呢？那就變成赤字管理上用印貨幣去補赤字，那這件事當時的《中華人民共和國中國人民銀行法》是不允許的。但如果你的基礎改過來了，這個餘額是債務的餘額，是跟發貨幣有關。那麼就是餘額管理，央行買這個餘額、發貨幣是全世界主流國家都這麼做的，從這個角度，首先要把法改一改，要統一認識以後，把這個改了，否則就是違法做事，而改革要符合法規。這算一件事。

第二，當然這個過程中，這邊財政發債，去收購現有的外匯儲備，這個外匯儲備，有3萬億美元，即20多萬億元人民幣，在央行這邊，你把它回購過去的這個過程，是3年回購、5年回購還是1年回購，這個裡面的策略，是要很仔細地研究的，要實現平滑過渡。

第三，這件事本身，還涉及管這個事的人的機制。現在比如說，這3萬億美元是外管局管，他們一個人管了10億美元，那麼3萬億美元差不多就是3000人。以後這部分錢讓財政這邊管，財政有沒有這些人？當然國家的意志可以把外管局的人劃到財政，但這中間會出現人員上的各種各樣的問題，這也會比較難。當然，任何事情只要國家一旦決策了，都是可以操作的。我們現在是討論戰略性的問題、思路的合理性。真到操作的時候，另當別論，又要研究一些各種各樣的事。

資本市場

中國資本市場的功能意義、問題短板及其改革重點

在復旦大學「改革開放再出發 —— 第 4 屆復旦首席經濟學家論壇」上的演講

上課日期：2018 年 10 月 20 日

課程摘要：資本市場是中國改革開放 40 年的偉大成果之一，為國民經濟健康發展發揮着六種重要的功能性作用。中國資本市場再出發，就是要圍繞中國資本市場晴雨表功能、投入產出功能、資源優化配置功能「三個功能不足」的短板問題採取措施、深化改革、加以解決。總之，要通過對資本市場有關基礎性、機制性制度的改革和調整，扭轉股票市場長期資金供應不足、機構投資者供應不足的問題，加快上市公司運行中的機制性、規範性制度建設，強化證券公司資本中介功能以及建立健全註冊制和退市制度，解決市場預期導向不合理的狀況，讓股權資本回歸應有的市場地位，讓為實體經濟服務的資本市場成為金融發展的主導力量。為此，要從長期的、經濟的、法律的、制度性的措施而不是短期的、行政的措施進行深化改革，要從體制機制性的角度進行突破，從基本面特性、基礎性制度的角度進行一些縱深的研究，要從開放的角度把國際成熟市場中一些有效運行的基礎性制度引進我們的市場中。

　　大家好！今天很高興參加復旦大學舉辦的中國改革開放 40 周年再出發的論壇。我今天講的主題是深化資本市場基礎性制度改革的若干思考和建議。

　　中國改革開放 40 年，一個非常重要的偉大成果，就是產生了資本市場。1990 年建立了上海證券交易所，經過了 28 年的發展，我們國家的資本市場從無到有、從小到大，到去年年底市場規模位居世界第二。回想一下中國資本市場 1990 年起步的原始場景，就可以知道我們的資本市場發展是多麼的不容易。比如，原始起步的時候甚麼公司可以上市？最初是像發糧票一樣有額度限制的，每年上海有幾個，浙江有幾個，江蘇有幾個，地方政府往往不是讓好企業上市，而是把最困難的企業放在前面，給你一個指標去融資來解決困難。再如，老百姓怎麼買股票？最初上市發行用了認購證。大家還記得 1992 年上海當時發了 200 多萬張股票認購證，每張認購證 30 元。深圳在 1992 年 8 月份也發了這樣的證。又如，怎麼進行交易？儘管有證券交易所，交易行情也有，但是當時證券公司在各個城市還沒有分佈各種門市部，那怎麼交易？上海市政府把上海文化廣場拿出來做交易場所。文化廣場是一個萬人大會場，當時把會場中的長條椅子全部拿掉，放上 100 個電視機，形成 100 個攤，老百姓圍在那裡買股票，人山人海，像在菜市場一樣。再如，上市的股票怎麼交易呢？是採用存量不動、增量交易的方式。假如一個企業本來有 10 億股，發行 2 億股，存量的 10 億股不能交易，只有 2 億股新發行的可以交易。直到 2006 年，國家實行了股權分置改革，讓上市公司股票全流通，才解決了這個問題。總而言之，中國資本市場起步的時候，和兩百年前美國人梧桐樹下攤販式市場交易是差不多的，我們不能因為現在的高大上，忘記了原本，就忘記當初是怎麼走過來的。

　　28 年來，中國資本市場對國民經濟發展起到了非常重要的功能，表現在六個方面。一是推動了國民經濟健康發展。資本市場既是中國經濟前進的動力，也是企業騰飛的翅膀。二是健全了現代企業制度，完善法人治理結構。三是促進了資源優化配置，推動了經濟結構、產業結構高質量、有效益地發展。四是健全了以資本市場為基礎的現代金融體系，形成直接金融和間接金融相結合的金融體系。五是增加了全社會投資者的理財投資渠道，終將使改革開放、經濟發展的成果通過資本市場惠及老百姓。六是成為社會主義市場經濟的重要組成部分，為社會主義公有制探索了高質量、有效益的實現形式。

　　當然，我們都知道，中國資本市場目前還存在不少需要改進的地方，畢竟這 20 多年來我們面對一個新生的初級市場、一個新興加轉軌的市場，面對着許多客觀存在的體制性問題又無法一下子解決的困難，存在這樣那樣的問題，總體上是很正常的。

　　深入分析當下資本市場存在的各種各樣的問題，如果把它歸納一下，我認為最主要的問題表現在「三個弱化」。一是國民經濟晴雨表功能的弱化。比如，21 世紀以來的 18 年，中國 GDP 從 2000 年的十幾萬億元增長到現在的 80 多萬億元，規模翻了三番，增長了 8 倍，基本上每五六年翻一番，但是資本市場的上證指數 2000 年時是 2000 多點，現在還是 2000 多點，幾乎沒變化。如果從 2008 年的時點算起，那一年上證指數從 6000 多點跌到 2000 多點，現在差不多也是 2000 多點，而 2008 年以來的中國經濟十年差不多翻了兩番。中國資本市場晴雨表的功能弱化，顯然有機制、體制性的毛病。二是投入產出功能的弱化。分析中國的工業，最近幾年的營業額利潤率基本上在 6% 左右。利潤佔營業收入的 6%，淨資本回報率平均達到 10% 左右，這個用市盈率匡算中國工業 PE 估值是 10 倍左右。這說明我國經濟在供給

側結構性改革的推動下穩中向好，效益在不斷地提升。但是，我們的資本市場目前的總市盈率是 20 倍左右，如果去除市盈率只有五六倍的銀行等金融機構，我們的資本市場市盈率幾乎在 50 倍上下，投資回報效益非常的低，這說明資本市場的體制機制有問題。一個長期缺少投資回報的市場，一個只想圈錢、融資的市場，最後的結果是融資也融不成。想想近十年，IPO 發行閘門多次開開關關，經常為人詬病，以至於內地資本市場一年的發行量不如香港的資本市場，根本原因就在於投資價值低、回報效益差，導致發行一陣，再停發，再發行，再停發，周而復始。三是資源優化配置功能的弱化。不管是科技獨角獸企業的成長，還是創新企業的驅動，我們資本市場的成功案例並不多見，資源配置優化功能弱化了。有這三個問題長期存在對資本市場是不利的。改革開放 40 年，中國資本市場再出發，怎麼再出發？就是要圍繞問題導向、用改革開放措施來解決問題再出發。

　　從這個意義上說，中國資本市場再出發，就是要圍繞中國資本市場晴雨表功能、投入產出功能、資源優化配置功能「三個弱化」的問題採取措施、深化改革、加以解決，就是要從長期的、經濟的、法律的、制度性措施，而不是短期的、行政的措施進行深化改革，要從體制機制性的角度進行突破，從基本面特性、基礎性制度的角度進行一些縱深的研究，要從開放的角度把國際成熟市場中一些有效運行的基礎性制度引進到我們的市場中。總之，要通過對資本市場有關基礎性、機制性制度的改革和調整，扭轉股票市場長期資金供應不足、機構投資者供應不足和市場悲觀預期的狀況，讓股權資本回歸應有的市場地位，讓為實體經濟服務的資本市場成為金融發展的主導力量。為此，可以提出六方面的思考和建議。

　　第一，建立健全的退市制度。退市制度和註冊制是對立統一的

一個問題的兩個方面，是資本市場的基礎性、基幹性的制度。企業上市那是註冊制的概念，上市之後退出市場那是退市制度的要求。從成熟市場的經驗看，每年上市和退市股票大體平衡，上市公司數量總體平衡。美國紐約證券交易所在 30 年前資本市場就有 3000 多個上市公司，30 年過去了，每年新上市二三百個，現在還是 3000 多個上市公司，原因就在於市場有進有退，年年優勝劣汰、吐故納新。退市的企業一般有三種情況：一是企業效益低下，營銷收入無法滿足投資者胃口，股價低於 1 美元的最低限值而自動依規退市；二是重新私有化；三是財務造假、產品造假以及企業行為危害公共安全、觸及刑法的，由監管者勒令退市。三者比例大體是 5：3：2。可見，除對造假公司實施強行退市制度外，更重要的是建立自然而然的批量退市制度。由於我國退市制度不健全，每年上市數量遠遠高於退市數量，導致市場規模不斷擴大，垃圾上市公司也越來越多，股市投資重點分散，易跌難漲，新股發行稍有提速市場就會跌跌不休，這也是晴雨表功能喪失的根本原因。因此，加大退市制度改革勢在必行。

第二，以企業年金（補充養老保險）和個人商業保險基金作為資本市場機構投資的源頭活水和長期投資的基礎。我們經常說中國資本市場缺少長期資金，缺少企業的機構投資者，是短期資金市場、炒作市場。這個問題光說沒有用，它不是一個認識問題，而是一個如何從機制體制上拿出長期資金來，拿出投資機構的體系來的問題。實際上就是兩種資金，這兩種資金到位了，長期資金就有了，長期投資也有了。第一是企業的年金，第二是每個老百姓為自己家庭保險、商業保險投入商業公司的資金。這是中國版的「401K」社會保障計劃，大力推進必將在健全全社會養老保障體系的同時，為股市、為經濟集聚巨額的長期資本，為私募基金等機構投資者帶來巨額的 LP 資金。

美國從 20 世紀 30 年代發展至今，已經形成基本社會養老金（通過政府收入安排）、401K 補充養老計劃（企業雇主和雇員共同支付）以及個人在商業保險公司儲蓄養老賬戶（每年最高 5000 美元的免稅存款）三大養老保障制度，其中 401K 補充養老計劃是一個非常重要的支柱。2017 年，三項養老制度存續金額分別為 4.5 萬億美元、8.5 萬億美元和 4.9 萬億美元，總計 17.9 萬億美元，幾近於美國一年的 GDP，其中 401K 獨佔近半份額。這麼大的規模，主要得益於其投資靈活度遠高於社保基金，2009 年美國股市最低迷的時候，401K 投資賬戶的 41% 配置到股票基金，9% 直接配置到股票，45% 配置到股債平衡型或偏債型基金，只有 5% 配置到貨幣基金。可見，401K 養老計劃天生和股市的命運緊密相連。我國企業年金相當於是中國版「401K」補充養老金計劃，但運行十餘年效果不太理想，2016 年總規模剛達到 1.1 萬億元，尚不足 GDP 的 2%，且 90% 的企業年金來自大型企業。增加企業年金特別是增加中小企業年金，有着巨大的潛力空間。建議企業年金由企業繳納的部分稅前列支減免企業所得稅，個人繳納的部分免繳個人所得稅，以此撬動幾十倍於免稅額度的企業年金，由企業委託成熟的機構投資者，形成相當部分的長期股權資本進入股市。

另外，構建老百姓願意購買個人商業保險的良性機制，改變我國商業保險業高成本低收益現狀，推動商業保險業健康發展。2017 年，我國保險業資產規模近 14 萬億元，約為 GDP 總量的 15%。總體上看，規模不大，比重偏低，還有很大的發展潛力。我國個人商業保險發展不快、投資收益率不高，主要原因是缺乏國際上普遍採用的稅前購買一定額度的各類保險，這部分金額可免個人所得稅。由於缺少激勵措施，保險推銷成本很高，為收穫一筆保費，保險公司一般要支付業務員 20% 的費用，再加上房租、水電、業務管理成本和較高的理

賠成本，弱化了保險公司盈利能力。為提高保險吸引力，提高投資收益，建議家庭購買保險可免徵個人所得稅。現在，國家已允許企事業單位員工每年可有 2400 元的健康險稅前購買額度，但險種過窄，力度過小，口子可以再大一些。比如，可以包括投資、養老、財產等更多險種，允許高收入人群分級，收入越高，購買險種越多，免稅購買金額越高。另外，2018 年 4 月，財政部、國稅總局等 5 部委聯合發佈通知，「個人稅收遞延型商業養老保險」從 5 月起開始在上海、江蘇、福建試點，居民購買這一險種的錢可以稅前抵扣。但總體看，這個推進力度、試點範圍都太小。

第三，加強上市公司運行中的機制性規範性制度建設。上市公司運行中，有三種制度建設要支持鼓勵，也有三種行為要約束制止。

要支持鼓勵的方面如下。一是去除制度障礙，鼓勵上市公司回購並註銷本公司股票。這是發達國家上市公司激勵投資者信心最常規的手段。很多人認為，美國加息、縮表會導致股市暴跌，但這並沒發生，其原因就是上市公司大量回購並註銷股票。統計顯示，2018 年以來，僅納斯達克上市公司回購並註銷股票數額就接近 6000 億美元。當下，我國不少上市公司股價跌破淨資產，這不僅暴露了主權資本價格控制權可能旁落的風險，而且推高了我國以資產價值計算的企業債務率、槓桿率。理論上，股價破淨是最適宜上市公司回購並註銷股票的時候，它會使股票價值提升，有利於所有股東。但由於我國《公司法》限制股票註銷，股價低迷時，我國上市公司一般「有回購、無註銷」，其他投資者對上市公司回購也有低買高賣的顧慮，削弱了回購股票的激勵作用。正因如此，建議取消《公司法》關於限制股票註銷的有關規定，破除制度障礙。二是支持和鼓勵上市公司通過併購重組做優做大做強，並建立監管部門對收購兼併、資源重組的審核批准快車道，

提高審核效率。過往的政策對上市公司重組併購往往限制過多、審核過嚴，像審核 IPO 那樣在審核併購重組項目。我認為可以將註冊制的審核理念首先用於併購重組項目，只要不造假，可由監管部門備案、交易所直接審核。三是建立上市公司願意分紅、國內外機構投資者願意更多更久持有我國股票的稅收機制。我國資本市場有一個「鐵公雞」現象，就是上市公司很少分紅，有的公司甚至十多年、二十年沒分過紅。只圈錢融資、不分紅回報這種現象的長期存在，正是中國資本市場投資功能弱化的根本原因。因此，應明確上市公司每年分不同情況實行 40%、50%、60% 的分紅制度，並推出相應鼓勵措施對上市公司現金分紅這部分利潤稅前列支，以激勵上市公司現金分紅，重新恢復國內投資者對股市的信心。

　　要約束制止的方面如下。一是遏制大股東高位套現、減持股份的行為。在我國，大股東高位套現減持早已被我國股市散戶投資者深惡痛絕，但目前屢禁不止，很有必要從制度上徹底解決。實際上，現在大股東增持股份一般都會提前披露，但減持基本是在事後才披露。對此類情況，證監會或交易所應出台規定，前十大股東減持股份必須提前一周公開披露信息，廣而告之用多長時間、減持多少股份、資金用途是甚麼、未來甚麼情況下還會繼續減持，特別要警惕大股東對企業喪失信心、內心考慮放棄企業、高位套現、捲款而走的行為，如有觸犯刑律的必須予以懲處。同時對大股東減持形成的利潤，應嚴格執行 20% 利得稅的規定。這樣，就能有效約束大股東高位減持股份的操作，有利於維護股市穩定和中小投資者合法權益。

　　二是要防範大股東大比例股權質押，順週期高槓桿融資發展、逆週期股市跌破平倉線、踩踏平倉造成股市震盪的問題。如果說 2015 年股市短時期內暴跌 30% 多是因為市場中場外資金槓桿配資，一旦股

市下跌破位，形成踩踏性平倉，那麼最近三個月的股市驟然下行則是與上市公司股東大比例股權質押、破位平倉、疊加性踩踏有關。事實上，上市企業的股權資本金是上市企業借債融資的質押物、資產負債率的信用基礎。大股東將自己的股權大比例質押，質押借的錢不是用於上市公司而是用於別的地方，事實上也是一種「一女二嫁」、二次質押。這種情況從制度上就應予約束。近幾個月暴露出我國上市公司大股東居然有幾萬億元的股權質押處在平倉踩踏線上，一方面是大量的股東股權易手令人咋舌，另一方面是質押制度的漏洞之大令人深思。

三是一些上市公司長期停牌、隨意停牌，這也是不可忽視的問題。

第四，取消股票交易印花稅。印花稅是個古老的稅種，當年是因為紙質股票交易過戶需要交易所或其他代表國家信用的機構對所交易的紙質股票實施「貼花背書」，即私人交易行為佔用了公共資源，需要繳納一定的費用。但隨着交易自動化時代到來，印花稅存在的必要性受到了嚴重質疑。市場普遍認為，套差交易者購買或賣空股票後，股票價差必須完全覆蓋成本而且產生盈利才會實施反向交易，這無形中放大了股市波動，弱化了股票定價準確性。在發達國家，所有市場參與者都非常在意股票定價是否準確。他們認為，定價越準確，説明市場越有效，股市波動風險越小，越有利於投融資雙方的合理利益。正是基於這樣的邏輯，20 世紀 90 年代以來，美國、日本、歐盟先後取消了印花稅，目前全世界主要股票交易所中只有印度和中國內地還在徵收，對中國開放市場、參與全球股權投資資本競爭十分不利。建議取消印花稅，以降低交易成本，激勵資本市場增強活力、健康發展。

第五，賦予證券公司客戶保證金管理權，提高其金融地位，使之真正成為資本市場健康發展的中堅力量，同時設立國家平準基金替換現在具有平準基金功能的證金公司。證券公司是資本市場的中堅力

量，它既是企業上市的中介，也是日常運行的監督力量；既是股民投資上市公司的重要通道，又是資本市場機構投資者的重要代表。

英美混業經營的結果基本已使投資銀行和商業銀行失去界限，投資銀行佔據了金融主導地位。即使是在德日等以間接融資為主的國家，其頂級銀行同樣是野村證券、德意志銀行等擁有國際地位的投資銀行。反觀我國，這十幾年來，培育出一批在世界 500 強中名列前茅的銀行、保險公司，但卻沒能培育出一家具有國際競爭力的證券公司，很重要的原因在於早期為防止客戶保證金被證券公司營業部挪用，規定客戶保證金三方託管，不歸證券公司管理，使得證券公司只是簡單的中介，而非真正的金融機構。

事實上，這十多年來，各大證券公司早已把分散在證券營業部交易通道的資金管理權全部上收到總公司集中管理和監控，而中國證券登記結算公司也完全有能力對每天發生的所有證券交易動態進行實時監控和記錄，這樣的市場機制已經排除了發生客戶保證金被證券營業部挪用的可能，所以現在已經有條件把客戶保證金交還給證券公司，這是國際慣例，也是證券公司不斷壯大的基礎。銀行和保險機構之所以可以成為強大的金融機構，很重要一點就是因為手中掌握並管理存款或投保客戶資金。證券公司擁有客戶保證金的管理權，可以擴大證券公司吸引客戶的能力，國內重要機構投資人一般會通過證券投資基金管理公司進行證券投資，而現在證券公司由於無權管理客戶資金，對投資客戶而言基本就是交易通道的提供者，已經失去為客戶提供深度服務的能力，服務越來越同質化，大小難辨，優劣難辨，不利於培育我國自己的、具有國際競爭實力的投資銀行。特別是在金融擴大開放的背景下，我國自己的投資客戶勢必漸漸變成外國投資銀行的客戶，對中國主權資本定價將構成不利後果，也為資本市場開放帶來了

巨大的風險。

　　除證券公司之外，平準基金也是資本市場平穩運行的重要工具，是市場短時間發生大幅度下跌時防禦衝擊型危機的撒手鐧。我國已有匯金、證金兩家平準基金，總規模不足 2 萬億元，尤其是證金公司擔子很重，而且資金來源多為商業借貸，每年僅還銀行貸款利息就達約800 億元，成本很高，這使得公司平準行為扭曲，不得不從事低吸高拋的操作，這就違反了平準基金「不與民爭利」的基本運行規則。為此，建議國家設立「中國成分股指數」平準基金，替代證金公司。平準基金可以直通央行，以央行貨幣發行權支撐平準基金運營的資金來源，也可以通過財政發行特別國債，額度可根據實際需要由中央確定。這樣，一則可以大幅降低資金成本，消除低吸高拋的不合理運行；二則可對惡意力量起到最大、最有效的震懾作用。一旦股市出現危機，一是可以鼓勵上市公司特別是國有控股公司回購註銷股票，二是養老金與企業年金可以入市吸籌，三是平準基金可以托底護盤。平準基金盈利怎麼處置呢？一般來說，平準基金在股價嚴重低估時進入，估值合理時退出，國際上基本沒有平準賠本的先例。退出後，盈利既可以按年劃歸社保基金，也可以借鑑香港盈富基金的做法，打折公開發售給民眾。

　　第六，建立中國系統重要性股票監測制度並以其為成分股，重新設立「中國成分股指數」。這種股指類似標普 500，道瓊斯 30 種工業股指數，可以取代甚至取消上證綜合指數。現在，國際國內評價我國股市一般是以上證綜合指數作為依據，存在很大問題。從發達國家的股票市場看，非常活躍、一般活躍和不活躍股票基本各佔三分之一，而成分股指數只代表最活躍的部分，美國股市大漲實際指的僅僅是道瓊斯 30 種工業股指數從 6000 點漲到 24000 點，根本不是全部美國股票

加權平均之後的綜合指數。上證綜指之所以是全部股票的加權平均指數，是因為 20 世紀 90 年代初期上海證券市場全部上市公司數量只有幾十個，搞指數自然將其全部包括其中。二十多年來，上市公司數量已從幾十個增加到 4000 個左右，自然沒必要也不應該再搞全部在內的綜合指數，而應適時推出成分股指數。通過構建「中國成分股指數」，一是可以引導市場資金流向活躍的股票，確保國家主權資本定價的準確；二是成分股指數可以突出國家對經濟結構調整的意志，有利於引導有限的資本資源流向符合產業政策的上市公司，加快產業結構調整；三是股市只需適度增量資金推動就可以實現上漲，對整體股市起到帶動作用，節約資本資源；四是整體市場只有一部分股票活躍，而不活躍的那部分股票將使整體市場平均換手率大大降低，並接近國際一般水平，徹底改變國外投資者認為中國股市投機過度的印象。這件事可以一步到位，因為成分股一年調整一次，現在快速推進，未來一步一步走向成熟即可。

以上六個方面，涉及資本市場中上市公司的優勝劣汰制度、長期資本的制度性來源、上市公司的規範資本運作、股票交易印花稅問題、資本市場穩定運行的中堅力量，以及資本市場預期管理的指數形成機制，體現了新時代金融高質量發展要求，結合了金融市場有效治理原則，不是大水漫灌救市，而是四兩撥千斤；不是短期刺激，而是長效機制；不是照抄照搬，而是有益借鑑；不是市場原教旨主義，而是實事求是地發揮市場配置資源的決定性作用和更好地發揮政府作用。特別高興的是，10 月 19 日劉鶴副總理對中國股市發表了很重要的講話，「一行兩會」領導也有重要的講話，將在穩定市場、基本制度改革、長期資金來源等方面推出更多舉措。我相信，改革開放 40 年，中國經濟、中國改革開放再出發，中國股市的春天會來的。

關於我國資本市場基礎性制度改革的若干思考

上課日期：2019 年 3 月 12 日

課程摘要：資本市場對我國經濟、社會發展起到十分重要的作用。當前，我國資本市場存在九個方面的問題：（1）總量小；（2）交易所競爭力不夠；（3）市場分割；（4）發行機制不健全，註冊制不到位；（5）退市制度不健全；（6）上市公司整體質量和治理水平有待提高；（7）證券公司綜合實力、競爭力較弱；（8）投資者結構不合理；（9）法律體系和法律制度建設需要加強。要圍繞資本市場的這些短板問題，深化改革，就是要圍繞中國資本市場晴雨表功能、投入產出功能、資源優化配置功能「三個功能不足」的問題採取措施、深化改革、加以解決。總之，要通過對資本市場有關基礎性、機制性制度的改革和調整，扭轉股票市場長期資金供應不足、機構投資者供應不足的問題，加快上市公司運行中的機制性、規範性制度建設，強化證券公司資本中介功能以及建立健全註冊制和退市制度，改變市場預期導向不合理的狀況，讓股權資本回歸應有的市場地位，讓為實體經濟服務的資本市場成為金融發展的主導力量。為此，要從長期的、經濟的、法律的、制度性的措施，而不是短期的、行政的措施進行深化改革，要從體制機制性的角度進行突破，從基本面特性、基礎性制度的角度進行一些縱深的

研究，要從開放的角度把國際成熟市場中一些有效運行的基礎性制度引進到我們的市場中。因此，可以提出我國資本市場基礎性制度改革的九點建議：（1）關於科創板的建議；（2）建立健全的註冊制度和退市制度；（3）以企業年金（補充養老保險）和個人商業保險基金作為資本市場機構投資的源頭活水和長期投資的基礎；（4）關於機構投資者的建議；（5）解決證券公司資本中介功能缺失問題；（6）加強上市公司運行中的機制性規範性制度建設；（7）取消股票交易印花稅；（8）設立國家平準基金替換現在具有平準基金功能的證金公司；（9）建立中國系統重要性股票監測制度並以其為成分股，重新設立「中國成分股指數」。

今天演講的主題是「關於我國資本市場基礎性制度改革的若干思考」。

2018 年 10 月 20 日，在復旦大學「改革開放再出發 —— 第 4 屆復旦首席經濟學家論壇」，由厲以寧教授還有其他的幾位學者一起參加的論壇上，我講了這個題目。因為是論壇，只能提綱挈領地講二十幾分鐘，我就跟張軍教授商量把這個論壇中的題目展開，今天我講的內容會花兩個小時多一點，留一點時間大家討論。

一、中國資本市場回顧

黨的十一屆三中全會恢復了實事求是的思想路線，摒棄了以階級鬥爭為綱的政治路線，確定了以經濟建設為中心、堅持四項基本原則、堅持改革開放的基本路線，由人治轉為法治，由計劃經濟轉為社會主義市場經濟。經過 40 年的改革開放，中國社會和經濟發生了翻天覆地的變化。在這些變化中，一個重中之重的變化就是中國資本市場從無到有、從小到大，到今天已然成為世界第二大規模的資本市場。

中國的資本市場，20 世紀 90 年代初在改革開放總設計師鄧小平同志的倡導和推動下，於 1990 年 12 月成立上交所、1991 年 5 月成立深交所時起步。29 年來，採用了摸着石頭過河的方式，先探索試點，再規範發展（認購證、文化廣場作交易大廳）；先重點突破，再整體推進；企業流通股權實行先增量後存量，先股權分置再實施全流通；IPO 上市先搞審核制，等條件成熟後再搞註冊制；管理上先政府規章再法制化覆蓋。

29 年來，面對一個新生的初級市場，一個新興加轉軌的市場，

面對着各種客觀存在的體制性問題不可能一下子消除的局面，法律的制定和健全完善也有一個過程，不可能一蹴而就地實現。我國政府堅持實事求是的思想方針，既不搞洋教條，把西方成熟市場規則照搬照套，也不搞攤販市場式的誤打誤撞，既有問題導向，切實解決問題的政策措施，又有目標導向的頂層設計、系統配套。想想近十年 IPO 發行閘門多次開開關關，經常為人詬病，這其中包含着管理層多少兼顧改革、發展、穩定的理性判斷，以及尊重現實的無奈。當然，我們的資本市場也遇上過經驗不足的失誤，比如 2015 年因高槓桿配資管控不到位引發股市泡沫的教訓和 2016 年初熔斷機制實施帶來斷閘停擺的教訓。

中國資本市場儘管有這些坎坷，還是克服了各種困難，有了長足的發展。想想西方成熟市場已經有了 200 多年的歷史，其中有 70 多年大起大落、制度混亂、作奸犯科盛行的情況，我們 20 多年遇上的這些問題、困難，真不算甚麼大問題，都是發展中的問題，成長中的困難，都得到了穩妥的化解。現在，資本市場規模逐步壯大了，法制建設逐步到位了，信息披露逐步規範了，監管體系逐步健全了，國際化合作體系逐步成熟了。

總之，29 年的中國資本市場堅持了社會主義市場化方向、法制化需求、公開化制度、國際化導向。29 年來，在黨中央的領導下，我國資本市場在探索中前進，在改革中創新，在總結教訓中積累經驗、改進管理方法，走出了一條符合市場規律和中國國情的發展道路。每想到此，我們這些改革開放的過來人，不由得心潮起伏、倍感振奮。

二、資本市場對中國經濟和社會發展具有六方面的重要功能

中國資本市場對中國經濟發展的重要性，是不言而喻的。我們一般說資本市場對一個國家的經濟有六個方面的重要功能。

第一，極大地推動了國民經濟健康發展。到 2017 年，中國資本市場總市值接近 50 萬億元，上市公司總營業額超過 100 萬億元，利潤 3 萬多億元，包括上市公司債務在內的總資產約 100 萬億元，在中國經濟總量中佔有半壁江山。資本市場的發展不僅推動了經濟持續發展，並且大大提升了經濟總量和企業規模。可以毫不誇張地說，資本市場既是中國經濟的前進動力，也是企業騰飛的翅膀。

第二，實現了資源優化配置。資本市場能推動經濟結構、產業結構高質量、有效益地發展，獨角獸制度、風險資本投資機制能極大地促進企業科技創新，以資本市場的逐利特性、用腳投票的資源配置機制，極大地促進了供給側結構性改革。對經濟體系而言，這是一個非常有力的資源優化配置的過程。

第三，完善了法人治理結構，推動企業實施現代企業制度。現有的國企、民企，一旦成了上市公司，既受到證券公司、會計事務所、律所訓導，又受到交易所、證監部門監管，理念上、行為上會發生根本性變化，成為有激勵有約束的理性行為法人，不僅會增強股東意識、公司治理概念，而且通過強制性信息透明原則倒逼上市公司管理層成為講真話、不講假話的行為人。

第四，健全了現代金融體系。傳統金融體系是指以商業銀行為基礎的金融體系，現代金融體系是指以資本市場為基礎的金融體系，不僅僅具有媒介資金供求關係的機制，而且還具有能夠實現資源優化配置、分散風險和分享財富成長三大功能的機制。資本市場發展好了，

能改善國民經濟的宏觀槓桿率過高的問題，降低全社會融資中過高的債務比重，把儲蓄轉化為投資、債權轉化為股權，還能有效地消除中小企業融資難、民間融資不規範、非法集資、金融欺詐等問題。

第五，讓老百姓增加了致富途徑，將改革開放、經濟發展的成果惠及老百姓。資本市場加快了社會財富特別是金融資產的增長，以前中國人主要靠增量來增加家庭財富，現在可以用存量來增加財富。國際資本市場的經驗表明，如果從 50 年到 100 年的時間跨度來看，股票、房地產、國債、黃金四方面的投資收益最高的首先是股票，第二是房產，第三是債券，最後是黃金。總之，資本市場提供了與經濟增長相匹配的財富成長機制，建立了一種人人可以參與的財富分享機制。

第六，為社會主義公有制探索了高質量有效益的實現形式。馬克思、恩格斯在 100 多年前就深刻地指出，股份制和股份合作制是一種社會主義公有制的實現形式。黨的十八屆三中全會提出國企改革方向是混合所有制，也是要求國企轉制為股份制、股份有限公司。而上市公司恰恰是最規範、最典型的股份公司。作為公眾公司，上市公司理所當然是社會主義公有制的一種最佳的實現形式。

2 月 22 日，習近平總書記在中共中央政治局第十三次集體學習時指出：「要深化金融供給側結構性改革」「要建設一個規範、透明、開放、有活力、有韌性的資本市場，完善資本市場基礎性制度」。資本市場這樣的發展，有助於解決好我們國家金融為企業，特別是為中小企業、民營企業、製造業實體經濟服務的這麼一個問題。

通過資本市場健康化、規範化、制度化建設，避免一些系統化的金融危機。中央把資本市場建設放到很重要的地位。事實上，資本市場發展得好，將是我們供給側結構性改革重要的一方面。金融供給側結構性改革，很重要一塊就是要把資本市場搞好。

三、中國資本市場存在的九個方面問題，表現出的「三個功能」缺失

　　過去 29 年中，資本市場上述六種功能已經在國民經濟中逐步體現出來，今後二三十年必將更深刻地顯現出來。當然，中國資本市場目前還存在着不少需要改進的地方，概括起來大體有九個方面。一是總量還小，國民經濟證券化率不到 50%，還有巨大成長空間。二是交易所競爭力不夠，交易品種和數量還不豐富，商品期貨和衍生品市場有待發展，債券市場發展滯後。三是市場分割，比如 A 股、B 股、香港紅籌、H 股，債券分為銀行間中票和交易所債券，這些市場分割降低了資本市場的有效性。四是發行機制不健全，註冊制還沒到位。五是退市制度不健全，目前總體上還只有説法，還沒有真正到位。六是上市公司整體質量和治理水平有待提高。七是證券公司綜合實力、競爭力較弱，主要靠經紀業務支撐，直接投資、併購顧問能力不高，證券公司行業集中度太低。在成熟市場，前 10 位的證券公司一般能佔到全行業業務量的 60% 甚至 75%，我們現在不到 30%。八是投資者結構不合理，散戶投資者多、機構投資者少，保險資金、養老金投資規模小，PE 發展不規範，運作模式、風險管理、資金來源和託管方式都有問題。九是發展和監管的法律體系和法律制度建設需要加強。

　　由於上述九個方面問題，集中起來在資本市場上反映出「三個功能弱化」。一是國民經濟晴雨表功能的弱化。二是投入產出功能的弱化。三是資源優化配置功能的弱化。我國資本市場存在的這九個短板問題和三大功能弱化問題，不是一般的管理問題、幹部工作失責的問題，而是體制機制的問題，是基礎性、結構性的問題。這些問題如果不從根本上解決，長期存在對資本市場發展是不利的。改革開放 40

年，中國資本市場再出發，怎麼再出發？就是要圍繞問題導向、用改革開放措施來解決問題再出發。

四、我國資本市場基礎性制度改革的思考

中國資本市場再出發，就是要圍繞中國資本市場晴雨表功能、投入產出功能、資源優化配置功能「三個弱化」的問題採取措施、深化改革、加以解決，就是要從長期的、經濟的、法律的、制度性的措施而不是短期的、行政的措施進行深化改革，要從體制機制性的角度進行突破，從基本面特性、基礎性制度的角度進行一些縱深的研究，要從開放的角度把國際成熟市場中一些有效運行的基礎性制度引進到我們的市場中。總之，要通過對資本市場有關基礎性、機制性制度的改革和調整，扭轉股票市場長期資金供應不足、機構投資者供應不足和市場悲觀預期的狀況，讓股權資本回歸應有的市場地位，讓為實體經濟服務的資本市場成為金融發展的主導力量。對此，我有九個方面的建議。

第一，關於科創板。註冊制、退市制在科創板裡率先使用。但我認為，這不是科創板的本質特徵，這是為中國股市做改革試驗。存量太大了，存量裡面幾百個企業退市，驚心動魄，許多企業退市，股民也不適應，上市公司也不適應，債權人、債務人都不適應，所以需要有一個過程。就像我們當年先搞的經濟特區。經濟特區裡的營商環境能夠引進外資、引起各種各樣的民營、國有企業在這裡面以經濟特區的體制、機制來運行。運行一段時間以後再輻射到國內其他地區，也就是增量先搞一塊；成熟、有經驗了，存量裡面一起配，增量帶動存量，這是 40 年改革開放的一種辦法。科創板有註冊制、退市制，是

同步建設的內容。這個內容屬於科創板這個增量，探索了一段時間以後，可以轉移，移植到存量 A 股市場。科創板的本質的定義是為了推動科技創新、創新驅動，是為資源優化配置，讓科學技術成為我們的第一生產力。在這個意義上，科創板有兩個基礎性制度，跟 A 股市場是不同的。

科創類企業、創新類企業剛起步，不像傳統、成熟的製造業，三年利潤，穩穩當當，一年比一年高。創新類的企業可能第一年沒效益，甚至還虧損；第二年小虧，第三年剛剛盈利，還沒穩定。這個時候，讓它有三年、五年的利潤，穩定的報表，像常規的 A 股企業一樣上市的標準則太高，會遏制創新類企業的發展。那麼從這個意義上講，我們創新類企業，在 1 到 100 的階段，科學成果產業化、轉化、孵化的階段，實際上是風投和 PE 投資的項目。他們投資以後，當然希望 A 輪、B 輪投資，希望到股市上市。但我們股市不開方便之門，使得那麼多的私募基金、公募基金根本不熱衷於投資創新企業，因為投了以後，要上市很難。如果不能上市，不能退出，它的週期搞成 5 年、10 年、20 年，那麼他們不如去投資房地產，這也與機制不到位有關。談到創新門檻降低，只要是公正、公開、如實地披露創新成果的歷程，股民們、投資者看了你的報告，願意投，那就各得其所。

凡是創新的企業，我們說有三類創新，第一類是無中生有，基礎原理發明 0 到 1 的階段，一般是科學家、大專院校、科研院所專家幹的活。第二類是 1 到 100，把科研成果產業化，這又是一個階段。第三個階段，已經變成 100 的一個產品，要通過大規模的投資，轉化為 100 萬，甚至 1000 萬，漲 1 萬倍、10 萬倍，真正變成全世界的、國家級的生產力，這個時候就要通過上市公司、資本市場，以及各種私募基金、產業資本往裡面投。這個投的過程，就有一個股權問題。因為在 0

到 1 的時候，一般沒有甚麼股權。就是專家根據企業、單位、政府投資，研發出來專利，它可以獲得股權，是知識產權。1 到 100 的階段，轉化的人，也是有知識產權的，這種知識產權，剛剛轉化出來，可能就只有幾百萬元、幾千萬元。哪怕評估一下值幾億元，那也沒有真正的價值產生，是評估產生的。哪怕幾億元，一旦變成了一個幾百億元產值的企業體系的時候，各種股民的投資、社會的投資，戰略產業資本的投資，可能有幾十億元、上百億元。在這種股權下，原始發明人、研究發明轉化的人，或者科創企業經營者，他們原始的股權、知識產權，可能就是只值幾億元，被外來投資者幾十億元、幾百億元投資一稀釋，便只剩下 1%、5%、10% 的股權，這個時候按照正常的資本邏輯，這些外來投資者就成為 50%、80%、90% 的老闆，既然是老闆，你 10% 原來的科創企業經營者就得幫外來投資者打工，甚至可能會被掃地出門。所謂 VIE 的構架是兩權分離，大股東股權你可以掌握 80%、90%，但我們只有 5%、10% 股權的這批經營者，這個龍頭企業、這個科創企業的創始人隊伍，我們這些只有 10% 股權的創業者、經營管理者，仍然擁有決策權，擁有一票否決制，這就形成所有權與經營決策權的兩權分離。實際上 VIE 這種兩權分離跟承包制是一樣的道理，土地是國家的、是集體所有的，70 年交給農民農戶，你自己去支配。所以 VIE 的構架，兩權分離和降低門檻，是使創新類企業得以發展的關鍵所在。

我們中國資本市場 29 年來，沒有產生太多的獨角獸，甚至沒有出現一兩個亮眼的獨角獸。亮眼一點的獨角獸都跑到國外去了，當年阿里巴巴要上市，肯定不符合 A 股市場的要求。阿里巴巴要搞 VIE 構架，一上市人家幾十億元、幾百億元進來把它否了。它的 VIE 構架香港當時說不可以，不能夠讓制度遷就幾個企業，為了幾個企業上市，

就改變了香港資本市場制度，就把它否了。現在吸取了教訓，去年資本市場 VIE 結構都放開了。我們現在都放開了，相信從香港到上海到深圳，三大資本市場，今後十年是會培養出一批獨角獸的。否則我們的獨角獸總是等到它到海外，已經變成了恐龍，再歡迎它回歸，讓中國股民買，那不是舉樍鈴嗎？那不是錢多、人傻，幫人家解套嗎？我們一定要在 0 到 1 的地方，高度重視原始創新。然後，一定要高度重視 1 到 100 以後，已經有了明確科學原理和產業成果的、已經孵化出生產力的，但需要有巨額資本把這個獨特技術給發揚光大，也就是 100 到 100 萬的階段，着力地進行推動。所謂中國的創新驅動抓兩頭，一抓原始創新，二抓 100 到 100 萬的獨角獸培養。這樣的話，中國科技創新會展現新的局面。

　　第二，建立健全的註冊制和退市制。註冊制和退市制是對立統一的一個問題的兩個方面，是資本市場的基礎性、基幹性的制度。企業上市那是註冊制的概念，上市之後退出市場那是退市制度的要求。從成熟市場的經驗看，每年上市和退市股票大體平衡，上市公司數量總體平衡。美國紐約證券交易所在 30 年前就有 3000 多個上市公司，30 年過去了，每年新上市二三百個，現在還是 3000 來個上市公司。原因就在於市場有進有退，年年優勝劣汰、吐故納新。美國退市的企業一般有三種情況：一是企業效益低下，營業收入無法滿足投資者胃口，股價低於 1 美元的最低限值而自動依規退市；二是重新私有化；三是財務造假、產品造假以及企業行為危害公共安全、觸及刑法的，由監管者勒令退市。三者比例大體是 5：3：2。可見，除對造假公司實施強行退市制度外，更重要的是建立自然而然的批量退市制度。由於我國退市制度不健全，每年上市數量遠遠高於退市數量，導致市場規模不斷擴大，垃圾上市公司也越來越多，股市投資重點分散，易跌難漲，

新股發行稍有提速市場就會跌跌不休，這也是晴雨表功能喪失的根本原因。因此，加大退市制度改革勢在必行。

第三，以企業年金（補充養老保險）和個人商業保險基金作為資本市場機構投資的源頭活水和長期投資的基礎。我們經常說中國資本市場缺少長期資金，缺少企業的機構投資者，是短期資金市場，是炒作市場。這個問題光說沒有用，它不是一個認識問題，而是一個如何從機制體制上拿出長期資金來，拿出投資機構的體系來的問題。實際上就是兩種資金，這兩種資金到位了，長期資金就有了，長期投資也有了。第一是企業的年金，第二是每個老百姓為自己家庭保險、商業保險投入商業公司的資金。這是中國版的「401K」社會保障計劃，大力推進必將在健全全社會養老保障體系的同時，為股市、為經濟集聚巨額的長期資本，為私募基金等機構投資者帶來巨額的 LP 資金。

美國從 20 世紀 30 年代發展至今，已經形成基本社會養老金（通過政府收入安排）、401K 補充養老計劃（企業僱主和僱員共同支付）以及個人在商業保險公司儲蓄養老賬戶（每年最高 5000 美元的免稅存款）三大養老保障制度，其中 401K 補充養老計劃是一個非常重要的支柱。2017 年，三項養老制度存續金額分別為 4.5 萬億美元、8.5 萬億美元和 4.9 萬億美元，總計 17.9 萬億美元，幾近於美國一年的 GDP，其中 401K 獨佔近半份額。這麼大的規模，主要得益於其投資靈活度遠高於社保基金，2009 年美國股市最低迷的時候，401K 投資賬戶的 41% 配置到股票基金，9% 直接配置到股票，45% 配置到股債平衡型或偏債型基金，只有 5% 配置到貨幣基金。可見，401K 養老計劃天生和股市的命運緊密相連。我國企業年金相當於是中國版「401K」補充養老金計劃，但運行 10 餘年效果不太理想，2016 年總規模剛達到 1.1 萬億元，尚不足 GDP 的 2%，且 90% 的企業年金來自大型企業。之所以如此，

主要原因有三個。一是法制剛性不到位。中國的五險一金都是全國人大立法通過的，而年金只是勞動保障部的一個文件，一個部門規章，缺少法制的權威。二是企業繳金負擔太重。我國的養老、醫療、住房公積金以及工傷、生育、失業保險總體繳金率已達工資基數的 55%，這已經比許多國家都高了。若再加上 12% 的年金，繳金率達到 67%，那企業就無法活了。三是年金優惠程度不夠，缺少像美國 401K 補充養老計劃那樣的激勵政策。增加企業年金特別是增加中小企業年金，有着巨大的潛力空間。建議企業年金由企業繳納的部分稅前列支減免企業所得稅，個人繳納的部分免繳個人所得稅，以此撬動幾倍於免稅額度的企業年金，由企業委託成熟的機構投資者，形成相當部分的長期股權資本進入股市。

另外，構建老百姓願意購買個人商業保險的良性機制，改變我國商業保險業高成本低收益現狀，推動商業保險業健康發展。2017 年，我國保險業資產規模近 14 萬億元，約為 GDP 總量的 15%。從總體上看，規模不大，比重偏低，還有很大的發展潛力。我國個人商業保險發展不快、投資收益率不高，主要原因是缺乏國際上普遍採用的稅前購買一定額度的各類保險，這部分金額可免個人所得稅。由於缺少激勵措施，保險推銷成本很高，為收穫一筆保費，保險公司一般要支付業務員 20% 的費用，再加上房租、水電、業務管理成本和較高的理賠成本，弱化了保險公司盈利能力。為提高保險吸引力，提高投資收益，建議家庭購買保險可免徵個人所得稅。現在，國家已允許企事業單位員工每年可有 2400 元的健康險稅前購買額度，但險種過窄，力度過小，口子可以再大一些。比如，可以包括投資、養老、財產等更多險種，允許高收入人群分級，收入越高，購買險種越多，免稅購買金額越高。另一方面，2018 年 4 月，財政部、國稅總局等 5 部委聯合

發佈通知,「個人稅收遞延型商業養老保險」從 5 月起開始在上海、江蘇、福建試點,居民購買這一險種的錢可以稅前抵扣。但總體看,這個推進力度、試點範圍都太小。

第四,關於機構投資者。中國資本市場這 20 多年來一直被詬病的一個問題就是「散戶市」「炒作市」問題。由於缺少機構投資者的力量,其結果表現為市場投資散戶化。數據顯示,中國股民約有 1.9 億戶,他們所持有的股票在 40 多萬億元的市值裡雖然只佔 25%,但每年中國股市交易量的 80% 來自這些散戶。造成中國股市散戶化的根本原因是資本市場的長期資本不到位,機構投資者不到位。這是我國資本市場的一個長期存在的結構性問題。日常生活中,拿了幾十萬元、幾百萬元的中小企業,他們可能也拿資金在炒股票,他們並不是機構投資者,他們仍然是散戶,他們也就是拿了幾十萬元、幾百萬元,拿了點錢做股票,行為跟散戶是一樣的。所謂機構投資者定義為專業從事股權股票買賣的機構,一般包括公募基金、私募基金,或者其他的機構,如對沖基金或者其他的主權基金等。

講機構投資者,首先要講公募基金,全國現在有一百多家,它們募集了 13 萬億元人民幣的資金,2017 年年底這 13 萬億元中,7 萬億元買了貨幣基金,貨幣基金近似等於存款。說白了,在這兒 10 個學金融的學生就能操作這 7 萬億元,一樣操作。跟 700 人、7000 人操作是同一回事,反正就買貨幣基金,視作存款,可以大批量買入。百分之二點幾、百分之三點幾的利息,買了就是,這件事不用動腦筋。幾十萬人的一個體系,就幹這個活。還有 6 萬億元中的 4 萬億元買債券。債券當然也很穩當,現金流進進出出,流動性也很好,利息比貨幣基金高一點點,但基本上也可以不動腦筋的。最後 13 萬億元裡只有 2 萬億元進了股市。大家知道,公募基金一百多個單位,一個單位大的基

金幾千人，小的基金幾百人，一百多個單位十幾萬人，他們的年薪，一般獨立法人的董事長、總經理收入都在 500 萬元以上。高管們基本上都在 200 萬元到 500 萬元。一般的員工，大學生進去，在裡面混著的就是幾十萬元，拿了那麼多的錢，幹的活就這麼一點，投入產出率很低。責任、規則、對象怎麼導向不清不楚。這是公募基金。

　　第二個是私募基金，私募基金我們有兩萬多個。到 2018 年年底募集了 12 萬億元的錢。同樣的道理，12 萬億元裡面私募基金有兩類。一類是股權投資基金，它往往是在企業還沒上市時給予股權投資，企業一上市過了鎖定週期就退出了。另一類就是所謂的證券類基金。就是私募基金中用於二級市場買賣股票證券類的基金，共有 5 萬億元，5 萬億元裡面有 3 萬億元，同樣在買債券和貨幣基金，2 萬億元在股市裡。

　　中國 25 萬億元的公募、私募基金，百分之十幾也就是 4 萬億元在股市裡。去年年底結賬，這 4 萬億元，由於去年股票都跌，變成 3 萬多億元。總而言之，這樣一個基金的資產數量結構、投資業務結構，說明中國資本市場機構投資者的核心問題是散、雜、小。

　　國外的基金，一搞就是大到幾萬億美元，中到幾千億美元，小則幾十億、幾百億美元。我 2018 年到紐約去，美國四大金融機構的董事長都跟我聊了，每個董事長跟我聊一個多小時，我一天裡面排了四個，一個是高盛、一個是摩根士丹利，這兩個是投資銀行，還有兩個是 KKR 和黑石。兩個基金說起來，他們有幾萬億美元在手上。我就問他們，你們怎麼佈局的，多少在債市裡，多少在股市裡，投資在哪些國家，董事長說起來一目瞭然，原則策略跟我討論一通。而中國國內的基金缺這個東西。一個是表現為散、雜、小。第二，這個基金的資金來源、募資來源，募不到資，沒信用。投資方面也投不到好項目，投得亂七八糟。募、投之外，還有一個退，就是基金總是三年、五年

投了以後，要退出。這要退的時候，壞賬了，退不出。有許多企業搞了三年、五年，基金公司的 GP 團隊早有了，LP 找不到，找不到就把自己的金融牌照通道租給別人，讓人家借通道，收點通道費。另外，形股實債，有時是說股權來了十幾位，人家借了債券給他；有時候是作為募集者說 5 月來資金，真到 5 月項目找好了要資金的時候，LP 股東錢不到位了。總的來說也很困難。

這個困難的根子在我剛剛說的第三條，因為假如這個地方有 10 萬億元或者 20 萬億元的企業年金，大家注意企業年金絕不是有一千個、一萬個工商企業，它為職工買了年金，形成了這個年金，有一萬個企業自己去炒股。法律規定這些企業拿了年金，是不能買賣股票的。它必須通過國家有關方面的企業年金專業管理委員會把它交給相應的私募基金。當然私募基金是有選擇，需要招標的。假如說有 10 個私募基金來應標，投資回報率最高的，可以得到年金的投入。如果 10 萬億元年金裡面，有 1 萬億元投入到這個基金裡面，它做得越好，更多的基金往它這兒搞，它就越做越大，出現 1 萬億元、2 萬億元的基金。這樣，機構投資者的責任和長期效應就到位了。

在這個意義上，機構投資者的整體功能和長期資本的整體到位是互動的。沒有第三條，也不會有第四條。中國基金業差不多 18 年了，之所以還不景氣，和長期資本缺乏、LP 的真正大股東缺乏有關。但這兩件事都屬於基礎性制度建設，一個是機構，屬於花錢的人，長期資本是通過它們來投進去；一個是長期資本來源，都是很關鍵的。

第五，解決證券公司資本中介功能缺失問題。證券公司是資本市場的中堅力量，它既是企業上市的中介，也是日常運行的監督力量；既是股民投資上市公司的重要通道，又是資本市場機構投資者的重要代表。

　　英美混業經營的結果基本已使投資銀行和商業銀行失去界限，投資銀行佔據了金融主導地位。即使是在德日等以間接融資為主的國家，其頂級銀行同樣是野村證券、德意志銀行等擁有國際地位的投資銀行。反觀我國，這十幾年來，培育出一批在世界 500 強中名列前茅的銀行、保險公司，但卻沒能培育出一家具有國際競爭力的證券公司，很重要的原因在於早期為防止客戶保證金被證券公司營業部挪用，規定客戶保證金三方託管，不歸證券公司管理，使得證券公司只是簡單的中介，而非真正的金融機構。

　　事實上，這十多年來，各大證券公司早已把分散在證券營業部交易通道的資金管理權全部上收到總公司集中管理和監控，而中國證券登記結算公司也完全有能力對每天發生的所有證券交易動態進行實時監控和記錄，這樣的市場機制已經排除了發生客戶保證金被證券營業部挪用的可能，所以現在已經有條件把客戶保證金交還給證券公司，這是國際慣例，也是證券公司不斷壯大的基礎。銀行和保險機構之所以可以成為強大的金融機構，很重要一點就是因為手中掌握並管理存款或投保客戶資金。證券公司擁有客戶保證金的管理權，可以擴大證券公司吸引客戶的能力，國內重要機構投資人一般會通過證券投資基金管理公司進行證券投資，而現在證券公司由於無權管理客戶資金，對投資客戶而言基本就是交易通道的提供者，已經失去為客戶提供深度服務的能力，服務越來越同質化，大小難辨，優劣難辨，不利於培育我國自己的、具有國際競爭實力的投資銀行。特別是在金融擴大開放的背景下，我國自己的投資客戶勢必漸漸變成外國投資銀行的客戶，對中國主權資本定價將構成不利後果，也為資本市場開放帶來了巨大的風險。

　　我們説證券公司的功能是甚麼？我印象中各大券商老總自我介紹

或者年報自述，一般都講到投行的五大功能。第一個是 IPO，幫助企業上市賺 IPO 的錢，發行費 1%。第二個是所謂的經紀通道，所有 1.4 億股民都在各個城市、各個街道的證券公司的門市部開戶買股票，大戶、小戶、散戶買股票都是通過證券公司，它就收交易的通道費，以前有 1%、0.5%，後來互相競爭，競爭到現在千分之一，很低很低。這是經紀業務。第三個是所謂的投資顧問，幫助工商企業收購兼併，我們叫投資顧問。第四個是投行自營業務，自己拿點錢買賣股票。第五個是固定收益，買債券等，國外的固定收益更複雜一點，做期權掉期保值，我們這些都不去做的，一般都是買債券等。這五種業務說起來琅琅上口，所有投行行長、證券公司老總都知道，它們的部門基本都這麼設置。

　　全世界的投行最重大的功能是甚麼？應當是資本中介功能，我們的投行這方面業務是零。所以所有的投行年報、中報、季報，不管上市還是不上市，它們的財務報告、年終報告裡沒有資本中介這一欄。甚麼叫資本中介？商業銀行最基本的功能是左手這邊吸收老百姓存款，右手那邊對企業貸款。存款、貸款，存貸款之間的就是資金中介。如果一個商業銀行自理投資一些東西，然後拉一些錢來了，做做其他的事，或者表外的理財，委託的貸款，做其他的事，把商業銀行最基本的功能搞沒了，那商業銀行還算甚麼？保險公司最重要的是甚麼？集千千萬萬老百姓保費，集中了以後，當然可以通過保險中介去投資。如果這個功能沒了，那基本上也沒意義了。

　　同樣，證券公司或投資銀行最重要的功能是資本中介功能。儘管證券公司在資本市場中起着多功能的承上啟下、縱橫交錯的紐帶作用，股民通過它買股票，企業通過它上市，上市公司收購、兼併由它做財務顧問，哪件事都離不了它，但證券公司最重要的一項功能就是

所有股票市場的投資者跟證券公司之間形成資本中介，它可以通過配資融券發揮資本市場的資本中介功能。這樣一個功能將是它收益最大的一塊。在 2000 年的時候，中國的商業銀行也就是有十幾萬億元的資產，形成的商業銀行的貸款餘額是十幾萬億元。這些年，商業銀行全部的資產已達 200 多萬億元了，貸款餘額也達到了 150 多萬億元，增長了 10 倍以上。保險公司的資本或資產也漲了十幾倍。2000 年的時候，我們有 100 多個券商，到今天還是 100 多個券商，資產規模並沒有像商業銀行漲 10 倍，我們券商的資本或資產只是上漲了一倍多一點，幾乎不長個子，原因就是沒有資本中介功能。

這是一個根本性、基礎性的制度，如果這項制度不搞好，證券公司就會因喪失資本中介功能，而無法健康發育成長，不管是大證券公司、小證券公司統統都變成不長個子的矮子，長不大的侏儒。所以，一定要把這個基礎性制度搞好，全世界只要叫投行都有這個功能，這個功能只要一展開，資本市場至少會多十幾萬億元的現金資本，通過投資銀行、證券公司，然後中介，轉給有能力的投資者。這是不是不安全呢？是不是挪用客戶保證金呢？不是。所有的銀行，老百姓的存款，之所以能夠變成它的貸款，是和它的資本充足率、和它的表內信用關聯在一起的。

同樣，證券公司把客戶保證金隨便挪用那是犯法。但是證券公司與投資者之間如果有明確的法律文本的規則，然後經過信用委託，把這種資產跟證券公司表內的資本信用連在一起。如果這個證券公司規模大，有 1 萬億元的信用，那麼這 1 萬億元的客戶保證金可以通過它的信用，轉借出去。反過來，如果這個公司沒有這種信用，那麼即使有客戶保證金，你也不能動。這個過程就像商業銀行管制、保險公司的管理一樣，有它基礎性的法律制度在起作用。全世界成熟的市場都

有，我們沒有。這個制度必須建設。實際上，這是證券公司很重要的功能，不斷地發展自己，發展自己以後，信用不斷提高。信用提高，又可以產生資本中介的效益。這種效益如果有 10 萬億元，1% 就是 1000 億元的利潤。一旦形成這樣的功能的時候，就會有一批優秀的券商脫穎而出，變成我們資本市場的中堅力量。

第六，加強上市公司運行中的機制性、規範性制度建設。上市公司運行中，有三種制度建設要支持鼓勵，也有三種行為要約束制止。

要支持鼓勵的方面如下。一是去除制度障礙，鼓勵上市公司回購並註銷本公司股票。這是發達國家上市公司激勵投資者信心最常規的手段。很多人認為，美國加息、縮表會導致股市暴跌，但這並沒發生，其原因就是上市公司大量回購並註銷股票。統計顯示，2018 年以來，僅納斯達克上市公司回購並註銷股票數額就接近 6000 億美元。當下，我國不少上市公司股價跌破淨資產，這不僅暴露了主權資本價格控制權可能旁落的風險，而且推高了我國以資產價值計算的企業債務率、槓桿率。理論上，股價破淨是最適宜上市公司回購並註銷股票的時候，它會使股票價值提升，有利於所有股東。但由於《中華人民共和國公司法》限制股票註銷，股價低迷時，我國上市公司一般「有回購、無註銷」，其他投資者對上市公司回購也有低買高賣的顧慮，削弱了回購股票的激勵作用。正因如此，建議取消《公司法》關於限制股票註銷的有關規定，破除制度障礙。二是支持和鼓勵上市公司通過併購重組做優做大做強，並建立監管部門對收購兼併、資源重組的審核批准快車道，提高審核效率。過往的政策對上市公司重組併購往往限制過多、審核過嚴，像審核 IPO 那樣在審核併購重組項目。我認為可以將註冊制的審核理念首先用於併購重組項目，只要不造假，可由監管部門備案、交易所直接審核。三是建立上市公司願意分紅、國內外機構

投資者願意更多更久持有我國股票的稅收機制。我國資本市場有一個「鐵公雞」現象，就是上市公司很少分紅，有的公司甚至十多年、二十年沒分過紅。只圈錢融資、不分紅回報這種現象的長期存在，正是中國資本市場投資功能弱化的根本原因。因此，應明確上市公司每年分不同情況實行 40%、50%、60% 的分紅制度，並推出相應鼓勵措施對上市公司現金分紅這部分利潤稅前列支，以激勵上市公司現金分紅，重新恢復國內投資者對股市的信心。

　　要約束制止的方面如下。一是遏制大股東高位套現、減持股份的行為。在我國，大股東高位套現減持早已被我國股市散戶投資者深惡痛絕，但目前屢禁不止，很有必要從制度上徹底解決。實際上，現在大股東增持股份一般都會提前披露，但減持基本是在事後才披露。對此類情況，證監會或交易所應出台規定，前 10 大股東減持股份必須提前一周公開披露信息，廣而告之用多長時間、減持多少股份、資金用途是甚麼、未來甚麼情況下還會繼續減持，特別要警惕大股東對企業喪失信心、內心考慮放棄企業、高位套現、捲款而走的行為，如有觸犯刑律的必須予以懲處。同時對大股東減持形成的利潤，應嚴格執行 20% 利得稅的規定。這樣，就能有效約束大股東高位減持股份的操作，有利於維護股市穩定和中小投資者合法權益。二是要防範大股東大比例股權質押，順週期高槓桿融資發展、逆週期股市跌破平倉線、踩踏平倉造成股市震蕩的問題。如果說 2015 年股市短時期內暴跌 30% 多是因為市場中場外資金槓桿配資，一旦股市下跌破位，形成踩踏性平倉，那麼最近三個月的股市驟然下行則是與上市公司股東大比例股權質押、破位平倉、疊加性踩踏有關。事實上，上市企業的股權資本金是上市企業借債融資的質押物、資產負債率的信用基礎。大股東將自己的股權大比例質押，質押借的錢不是用於上市公司而是用於別的

地方，事實上也是一種「一女二嫁」、二次質押。這種情況從制度上就應予約束。近幾個月暴露出我國上市公司大股東居然有幾萬億元的股權質押處在平倉踩踏線上，一方面是大量的股東股權易手令人咋舌，另一方面是質押制度的漏洞之大令人深思。三是一些上市公司長期停牌、隨意停牌也是不可忽視的問題。

第七，取消股票交易印花稅。印花稅是個古老的稅種，當年是因為紙質股票交易過戶需要交易所或其他代表國家信用的機構對所交易的紙質股票實施「貼花背書」，即私人交易行為佔用了公共資源，需要繳納一定的費用。但隨着交易自動化時代到來，印花稅存在的必要性受到了嚴重質疑。市場普遍認為，套差交易者購買或賣空股票後，股票價差必須完全覆蓋成本而且產生盈利才會實施反向交易，這無形中放大了股市波動，弱化了股票定價準確性。在發達國家，所有市場參與者都非常在意股票定價是否準確。他們認為，定價越準確，說明市場越有效，股市波動風險越小，越有利於投融資雙方的合理利益。正是基於這樣的邏輯，20 世紀 90 年代以來，美國、日本、歐盟先後取消了印花稅，目前全世界主要股票交易所中只有印度和中國內地還在徵收，對中國開放市場、參與全球股權投資資本競爭十分不利。建議取消印花稅，以降低交易成本，激勵資本市場增強活力、健康發展。

第八，設立國家平準基金替換現在具有平準基金功能的證金公司。證券平準基金也是資本市場平穩運行的重要工具，是市場短時間發生大幅度下跌時防禦衝擊型危機的撒手鐧。我國已有匯金、證金兩家平準基金，總規模不足 2 萬億元，尤其是證金公司擔子很重，而且資金來源多為商業借貸，每年僅還銀行貸款利息就達約 800 億元，成本很高，這使得公司平準行為扭曲，不得不從事低吸高拋的操作，這就違反了平準基金「不與民爭利」的基本運行規則。為此，建議國家設

立「中國成分股指數」平準基金，替代證金公司。平準基金可以直通央行，以央行貨幣發行權支撐平準基金運營的資金來源，也可以是財政發行特別國債，額度可根據實際需要由中央確定。這樣，一則可以大幅降低資金成本，消除低吸高拋的不合理運行；二則可對惡意力量起到最大、最有效的震懾作用。一旦股市出現危機，一是可以鼓勵上市公司特別是國有控股公司回購註銷股票，二是養老金與企業年金可以入市吸籌，三是平準基金可以托底護盤。平準基金盈利怎麼處置呢？一般來說，平準基金在股價嚴重低估時進入，估值合理時退出，國際上基本沒有平準賠本的先例。退出後，盈利既可以按年劃歸社保基金，也可以借鑑香港盈富基金的做法，打折公開發售給民眾。

第九，建立中國系統重要性股票監測制度並以其為成分股，重新設立「中國成分股指數」。這種股指類似標普500、道瓊斯30種工業股指數，可以取代，甚至取消上證綜合指數。現在，國際國內評價我國股市一般是以上證綜合指數作為依據，存在很大問題。從發達國家的股票市場看，非常活躍、一般活躍和不活躍股票基本各佔三分之一，而成分股指數只代表最活躍的部分，美國股市大漲實際指的僅僅是道瓊斯30種工業股指數從6000點漲到24000點，根本不是全部美國股票加權平均之後的綜合指數。上證綜指之所以是全部股票的加權平均指數，是因為20世紀90年代初期上海證券市場全部上市公司數量只有幾十個，搞指數自然將其全部包括其中。二十多年來，上市公司數量已從幾十個增加到4000個左右，自然沒必要也不應該再搞全部在內的綜合指數，而應適時推出成分股指數。通過構建「中國成分股指數」，一是可以引導市場資金流向活躍的股票，確保國家主權資本定價的準確；二是成分股指數可以突出國家對經濟結構調整的意志，有利於引導有限的資本資源流向符合產業政策的上市公司，加快產業結構

調整；三是股市只需適度增量資金推動就可以實現上漲，對整體股市起到帶動作用，節約資本資源；四是整體市場只有一部分股票活躍，而不活躍的那部分股票將使整體市場平均換手率大大降低，並接近國際一般水平，徹底改變國外投資者認為中國股市投機過度的印象。這件事可以一步到位，因為成分股一年調整一次，現在快速推進，未來一步一步走向成熟即可。

　　總之，今天從基本面的作用，基礎性的制度概念，結構性的概念，供求平衡的概念，講到了一些問題。平時股票市場監管，信息公開披露這些概念，一般性股市裡面各種各樣的原則，都在註冊制、退市制的基本制度裡面寫進去了，不去展開。這九種制度如果到位以後，對中國資本市場是一種長期的制度化的改革。中央這次講，要推動資本市場的基礎性制度改革，我認為就和這些事情有關係，這些制度改革好了，自然而然資本市場內在的成熟的機制就會發揮作用，健全向上的功能、資源優化配置的功能就會彰顯，晴雨表功能就會彰顯，另外投入產出基本市場賺錢的效應也會出現。不在於一個月、兩個月賺錢，而在於 5 年、10 年的長週期看，基本面總是發展的。

　　我上面講了九種，都不是發明創造。這種基礎性制度，用不着自己去關着門研究出中國特色資本市場制度。全世界資本市場，幾十年、上百年來一直存在着慣例制度。有些制度可能遇上了問題，臨時調整一下，過了一些年，這個問題沒了，又取消了。有的問題 10 年、20 年、50 年一直存在，如年金制度，機構投資者的這種基金投資的制度，退市的制度，投資銀行的資本中介功能的制度，回購註銷制度，都是各國幾十年從來就有的。

　　29 年來，我國資本市場剛起步，開放還不足，國外的慣例還沒引過來。開放倒逼改革，把國外成熟、穩當的制度引進來。有些制度中

國還不適應，要慢慢來。但有些制度，是一種長期基礎性的、對股市有正向推動力的制度，當然可以引過來使用。

　　大家說最近這三個月是牛市來了，到底是牛市又來了，還是跌破頭又反彈？我認為這一波的股市回升既不是跌破頭反彈，也不是牛市。作為晴雨表，牛市反映經濟高漲。我們現在說資本市場的春天來了的話，這個春天既不是牛市春天的概念，也不是臨時救市措施產生的反彈春天的概念。我認為這是中國資本市場基礎性制度建設的春天。黨中央把資本市場的建設，放到了牽一髮而動全身的地位，把資本市場作為金融供給側結構性改革的關鍵所在，把資本市場作為中國金融實現脫虛就實轉變的戰略措施，把資本市場作為金融系統、宏觀經濟系統防範系統性風險很重要的一個手段。防風險就是去槓桿，資本市場上去以後，中國宏觀槓桿率就會下降。我們現在企業槓桿160%，世界最高。我們企業每年新增的融資 90% 以上是債權，如果資本市場上去了，直接金融系統規模擴大了，每年新增融資 30% 是股權，還有 20% 是資本市場發的債券，銀行貸款只佔中國每年新增貸款的 50%，中國企業的槓桿就會下來，中國整個國民經濟的宏觀槓桿率就會下來。也就是說，這一波中國資本市場的春天，是制度紅利的春天。當我們抓住了資本市場基礎性制度改革以後，一定會產生改革的紅利，這個紅利，會把我們過去欠下的補回來。股市就可能往上漲幾百點、上千點。在這裡絕沒有鼓勵大家去炒股票的意思，今天都是從結構改革基本面長期發展來說的。

答學生問

問題 1：

《中華人民共和國證券法》修改將對中國資本市場發展產生重大影響，請問相關進程情況怎樣？

黃奇帆教授：

從 2013 年 12 月開始，十二屆全國人大財經委牽頭，聯合最高人民法院、國務院有關部門等單位共同組成起草組，負責《中華人民共和國證券法》修改工作。2015 年 4 月和 2017 年 4 月，全國人大常委會對《中華人民共和國證券法》修訂草案分別進行了第一次和第二次審議，將來還要進行第三次審議。修改的主要內容包括：一是實行股票發行註冊制；二是建立健全多層次資本市場體系；三是加強投資者保護；四是推動證券行業創新發展；五是加強事中事後監管；此外還對完善證券登記結算和擔保制度、完善上市公司收購制度等作了修改。通過後的證券法，將成為中國資本市場健康發展的法律制度基礎。我們要借鑑美國資本市場經過多年發展積累的經驗做法，其中之一就是股票市場應實行嚴格的退市制度。美國納斯達克和紐交所每年分別有 8% 左右和 6% 左右的公司退市，同時補充新的上市公司，通過新舊更替保持優質公司發展、股票市值自然上漲。中國正下決心在股票市場實施嚴格的退市制度，建立具有操作性的退市機制，在此基礎上，更好地發展投行機構和中介機構，實施更及時的稽查監管，引入更規範的市場資金，穩妥推進股票發行註冊制度改革，促進中國資本市場走上良性發展軌道。

房地產發展

關於建立房地產基礎性制度和長效機制的若干思考

在復旦大學中國經濟研究中心第 11 期「中國大問題」講堂上的演講

上課日期：2017 年 5 月 26 日

課程摘要：結合理論和數據，可以看出中國房地產和實體經濟存在「十大失衡」——土地供求失衡、土地價格失衡、房地產投資失衡、房地產融資比例失衡、房地產稅費佔地方財力比重失衡、房屋銷售租賃比失衡、房價收入比失衡、房地產內部結構失衡、房地產市場秩序失衡、政府房地產調控失衡。為此，要建立長效機制，應注意「五大方面」——土地調控得當、法律制度到位、土地金融規範、稅制結構改革和公租房制度保障，並特別強調了「地票制度」對盤活土地存量，提高耕地增量的重要意義。通過對房地產情況條分縷析，我們可以用清晰的邏輯和精準的數據算一次大賬，指出問題的深層機制所在，並給出解決辦法。

　　房地產業的發展與國計民生是緊密聯繫在一起的。因此，無論是從穩定增長、發展城市、改善民生角度看，還是從維護金融安全角度講，都需要保持房地產業的平穩健康發展。今天的講座，我就如何貫徹落實習近平總書記關於房地產發展的重要講話精神，探索建立房地產基礎性制度和長效機制，與大家作一交流。

一、房地產和實體經濟存在十大失衡

　　習近平總書記在 2016 年年底中央經濟工作會議上明確指出：「當前，我國經濟運行面臨的突出矛盾和問題，根源是重大結構性失衡，主要表現為實體經濟結構性供需失衡、金融和實體經濟失衡、房地產和實體經濟失衡。」這三大失衡中，房地產和實體經濟失衡尤為突出，我認為，主要表現在十個方面。

（一）土地供需失衡

　　從宏觀上看，過去幾十年，我國平均每年有 800 萬畝耕地轉化為城市建設用地，再加上一些計劃外徵地，實際上每十多年全國就要用掉 1 億畝耕地，所以我國耕地從 20 世紀 80 年代的 23 億畝，減少到現在不到 20 億畝。從保證糧食安全的角度看，我國每年人均口糧消費約為 150 千克，肉禽蛋奶折合人均飼料糧 300 千克左右，按 13.7 億人口規模和耕地畝均 360 千克糧食單產計算，就需要 17 億畝耕地。再加上蔬菜、水果需求，20 億畝耕地就顯得捉襟見肘了。我們國家有一個判斷，為解決中國 13 億多人的吃飯問題，至少需要 18 億畝耕地，這是必須守住的底線，是國家安全所在。為此，為國家戰略安全計，我國土地供應應逐步收緊，2015 年供地 770 萬畝，2016 年 700 萬畝，今

年計劃供應 600 萬畝。土地供應總量減少了，房地產用地自然會更緊一些。「地少人多」，這是我們國家的國情，城市發展中必須把握國情，加強土地的集約利用，提高土地的利用效率，實現土地資源的優化配置。

從結構上看，國家每年批准供地中，約有三分之一用於農村建設性用地，比如水利基礎設施、高速公路等，真正用於城市的只佔三分之二，這部分又一分為三：55% 左右用於各種基礎設施和公共設施，30% 左右給了工業，實際給房地產開發的建設用地只有 15%。這是三分之二城市建設用地中的 15%，攤到全部建設用地中只佔到 10% 左右，這個比例是不平衡的。相比歐美國家工業用地一般佔城市建設用地的 15%，商業和住宅類住房用地一般佔 25% 左右的情況，我們工業用地配置顯然佔比太高，擠佔和壓縮了住宅用地。

從區域上看，好不容易有 15% 可作城市住房用地，是不是人多的城市多供應一點，人少的地方就少供應一點？政府有時是逆向調控，對大城市有意控緊一點，流入人口多土地卻拿得少，中小城市反而容易得到支持，用地指標會多一點，造成了資源配置在城市間的不平衡。

(二) 土地價格失衡

過去這十年，一線城市的房價幾乎漲了 8 倍到 10 倍，很多時候大家說這是通貨膨脹現象。的確，近十年 M2 從 10 多萬億元漲到 100 多萬億元，增長了十多倍，房價也差不多漲了十倍，邏輯判斷好像房價上漲是由貨幣膨脹導致的。然而，為甚麼同樣的通貨膨脹，有的商品漲價了，有的商品還掉價了？其實還是與供給需求有關。對於供過於求的商品，哪怕貨幣氾濫，也可能價格跌掉一半。貨幣膨脹只是房價上漲的必要條件而非充分條件，只是外部因素而非內部因素。

　　住房作為附着在土地上的不動產，地價高房價必然會高，地價低房價自然會低，地價是決定房價的根本性因素。如果只有貨幣這個外因存在，地價這個內因不配合，房價想漲也是漲不起來的。控制房價的關鍵就是要控制地價。現在，土地升值有點畸形，原因有三方面。其一，土地拍賣制度本身會不斷推高地價。現行的土地拍賣制度，是20世紀八九十年代，學習香港的土地批租形成的。它的好處是，政府主導下的陽光作業，能夠避免腐敗和灰色交易，實現公平公正交易。但拍賣制有個特點，就是價高者得，實際過程就會把地價越拍越高。如果通過行政手段對土地價格進行拍賣封頂，本身又與市場化交易規則相違背。其二，土地供應不足。在土地供不應求的情況下，拍賣地價自然會越來越高，房價也會越來越高。這是由供不應求的缺口所導致的。其三，通過舊城改造的拍賣用地成本高也是重要原因。城市拆遷的動遷成本邏輯上會參照這個地區的房產均價來補償，比如這個地區房價每平方米7000元，拆遷後的土地批租樓面地價一般會按照7000元作為拍賣底價。這樣的土地建成商品房的價格往往會賣到每平方米1.5萬元以上。在這個意義上，如果靠舊城改造推動城市開發，房價肯定會越來越高。總之，拍賣機制，加上新供土地短缺，舊城改造循環，這三個因素相互疊加，地價就會不斷上升。

（三）房地產投資失衡

　　按經濟學的經驗邏輯，一個城市的固定資產投資中房地產投資每年不應超過25%。十年前，我在重慶分管城建時就定了這個原則，一些人不理解，實際上這可以從國際上房地產運行的「六分之一理論」中找到答案。正常情況下，一個家庭用於租房的支出最好不要超過月收入的六分之一，超過了就會影響正常生活。買房也如此，不能超過職

工全部工作年限收入的六分之一，按每個人一生工作 40 年左右時間算，「6 — 7 年的家庭年收入買一套房」是合理的。對一個城市而言，GDP 不能全部拿來投資造房，否則就無法持續健康發展。正常情況下，每年固定資產投資不應超過 GDP 的 60%。如果 GDP 有 1 萬億元，固定資產投資達到 1.3 萬億元甚至 1.5 萬億元，一年兩年可以，長遠就會不可持續。固定資產投資不超過 GDP 的 60%，再按「房地產投資不超過固定資產投資的 25%」，也符合「房地產投資不超過 GDP 六分之一」這一基本邏輯。這就是我在重慶工作期間，一再強調「房地產投資不要超過固定資產投資的 25%」的理論出發點，實踐證明也是合理的。

目前來看，內地 31 個省會城市和直轄市中，房地產投資連續多年佔 GDP 60% 以上的有 5 個，佔 40% 以上的有 16 個，顯然偏高。總之，投資佔 GDP 比重太大，就會不可持續。有些城市因為房子造得很多，基礎設施、實體經濟、工商產業沒跟進，又會出現「空城」「鬼城」。現在，一些地方固定資產投資綁架了國民經濟發展，成為穩增長的「撒手鐧」，大家都這麼抓，比重越抓越高，失衡就會越來越重。

(四) 房地產融資比例失衡

2011 年，全國人民幣貸款餘額 54.8 萬億元，其中房地產貸款餘額 10.7 萬億元，佔比不到 20%。這一比例逐年走高，2016 年全國 106 萬億元的貸款餘額中，房地產貸款餘額 26.9 萬億元，佔比超過 25%。也就是說，房地產佔用了全部金融資金量的 25%，而房地產貢獻的 GDP 只有 7% 左右。而且，去年全國貸款增量的 45% 來自房地產，一些國有大型銀行甚至 70% — 80% 的增量是房地產。從這個意義上講，房地產綁架了太多的金融資源，導致眾多金融「活水」沒有進入到實體經

濟，就是「脫實就虛」的具體表現。

（五）房地產稅費佔地方財力比重過高

　　這些年，中央加地方的全部財政收入中，房地產稅費差不多佔了35%，乍一看來，這一比例感覺還不高。但考慮到房地產稅費屬地方稅、地方費，和中央財力無關，把房地產稅費與地方財力相比較，則顯得比重太高。全國 10 萬億元地方稅中，有 40% 也就是 4 萬億是與房地產關聯的，再加上土地出讓金 3.7 萬億元，全部 13 萬億元左右的地方財政預算收入中就有近 8 萬億元與房地產有關。政府的活動太依賴房地產，地方政府財力離了房地產是會斷糧的，這也是失衡的。

（六）房屋銷售租賃比失衡

　　在歐美國家，所有的商業性房屋，銷售和租賃大體各佔 50%。租賃有兩類，一類是開發商開發後自持物業出租，一類是小業主和老百姓購買後出租。比如新加坡，70%—80% 的居民租住在政府持有的公租房中。改革開放前，我國大部分居民也是住在政府、集體或者企業的公房體系中，產權歸公家，住戶只有承租使用權。近十年，我國開發的房產 90% 以上是作為商品房、產權房進行買賣的，真正作為租用的不到 10%。這樣的市場結構是畸形的。

　　當前，中國房屋租賃市場有四個不足。第一，租賃者作為弱勢群體，缺乏討價還價的能力，業主可以隨心所欲調整租金。第二，業主可以隨時收回房屋，讓租賃者朝不保夕、居無定所，穩定性不夠。第三，租房者因為沒有產權，無法享有與房產緊密捆綁的教育、醫療、戶籍等公共服務，不能實現與當地居民同等的待遇。比如，租房者小孩不能就近入學，只有買了房子，哪怕只有幾平方米的一個小閣樓才

算學區房。戶籍也是買房入住幾年才能辦理，租房是根本不算的。第四，有恆產才有恆心，由於我們制度上、工作上、習慣上有這些問題，老百姓產生了一種思想意識，就是把租房作為一種短暫的、過渡的、臨時性的辦法。我現在租房子，那是我沒辦法，只要有一天我稍有能耐，立刻就會買商品房、產權房。房屋租賃市場發育不足，也是一種失衡。

(七) 房價收入比失衡

剛才講，「6 — 7 年家庭收入買套房」是合理的「六分之一理論」邏輯。現實情況卻遠非如此，從均價看，一線城市北京、上海、廣州、深圳、杭州等，房價收入比往往已到 40 年左右。這個比例在世界已經處於很高的水平了。考慮房價與居民收入比，必須高收入對高房價，低收入對低房價，均價對均價。有人說，紐約房子比上海還貴，倫敦海德公園的房價也比上海高。但倫敦城市居民的人均收入要高出上海幾倍。就均價而言，倫敦房價收入比還是在 10 年以內。我們高得離譜！一線城市房價收入比高到 40 年左右，20 多個二線城市都在 25 年左右。當然，也有一些小縣城在 5 — 6 年左右，有的地方「空城」「鬼城」房子賣不掉的也有。大家經常說房價高，主要是一、二線城市或者三線中的一些活躍城市，由於各種原因使得房價收入比高了以後產生了不均衡。

(八) 房地產內部結構失衡

一線、二線城市由於土地的供不應求，形成房產開發量的供不應求，其房屋庫存去化週期只有三四個月，而且還是在限賣限購的背景下，一旦放開，就會無房可供。而有些城市的庫存去化週期長達十

幾、二十個月，甚至三四年都賣不掉，這就是一種不均衡，一種資源錯配。供不應求的城市應多供點土地，多造點房子；供過於求的地方，不應該再批地。這樣，才能把錯配的資源調控回來。

房地產開發是供給端的概念，不能等到市場需求失衡了才從需求端下猛藥調控，一定要從供給端發力，政府和企業有比較明確預測信息來進行供給。比如，幾百萬人的大城市，人均住宅面積大致在 40 平方米，三口之家差不多就 90 — 120 平方米。如果一個城市只有 100 萬人，造 4000 萬平方米就足夠了。如果現在已有 2000 萬平方米，每年再開發 1000 萬平方米，五年後就變成七八千萬平方米，人均就有 70 — 80 平方米，肯定會過剩。因此，規劃時就要以人均 40 平方米作為底數，最多上下浮動 10% — 15%，不能由着房地產開發商蠻幹。政府也絕不能短視，只圖短期 GDP，否則就會弄一堆爛尾樓、空城，最終經濟熄火上不去。再比如，一個城市該造多少寫字樓呢？實際上，一般中等城市每 2 萬元 GDP 造 1 平方米就夠了，再多必過剩。對大城市而言，每平方米寫字樓成本高一些，其資源利用率也會高一些，大體按每平方米 4 萬元 GDP 來規劃。另外，商場的面積也應該基於商業零售額，差不多可按每年每平方米 2 萬元銷售值計算。如果每平方米商業零售只有 1 萬元，那麼批量零售的收入，扣除人工、水電、房租等各種費用，一定會是賠本的買賣。因此，一定要強化城市規劃的理念，不能胡亂造房，要算好投入產出。現在，一些城市的開發商無論是在城市中心地帶還是在邊緣地帶，大量興建寫字樓。一搞大賣場就是 50 萬平方米的綜合體，一搞就是 5 個、10 個，地方政府由着性子就批，都是「空城」「鬼城」的代表、亂開發的代表、好大喜功的代表，是一種不吸取教訓的失衡現象。

（九）房地產市場秩序失衡

有的開發商買來土地後，在利益驅使下，將原來規劃為寫字樓的改為住宅，原來規劃為工業的改為商業，原定容積率1：2結果變成了1：3、1：4，等等。這種現象屢見不鮮。這些行為最後都會被政府罰款，但罰不抵收，不管是開發商勾結政府官員幹，還是開發商自己偷偷摸摸幹，最後往往又法不責眾，亂象屢禁不止。

有的開發商在銷售房屋的時候，賣不掉就把房子「切碎」賣；或者搞售後返租，實際上是高息攬儲，但老百姓覺得划算，很容易上當，一旦壞賬，老百姓就找政府，最後變成社會的不穩定因素。

有的開發商在融資的時候，向銀行借、向信託借，借高利貸，發債券，再到後來就把手伸向理財資金、小貸公司，在公司內部向員工亂集資，在社會上騙老百姓的錢，種種亂象層出不窮。

還有一些開發商，本應在獲批土地後兩年內啟動、五年內完成開發的，但他們把地一直囤著，十年下來地價倒漲了十倍，甚麼活不幹，坐享其成，轉手就賺十倍。這些方面，亟須加強管理。

（十）政府房地產調控失衡

總體上，經濟下行的時候，一些地方政府希望刺激房地產，就往東調；當房地產泡沫積聚的時候，政府又想穩住或者壓一下，就往西調。如此一來，忽東忽西，最後只能是南轅北轍。再有，一些地方政府習慣於採取行政性的、短期的、碎片化的措施，缺少穩定性的、長週期的、法制化的措施，也缺乏經濟邏輯、經濟槓桿的措施。很多時候僅在需求側調一調、控一控、緊一緊、縮一縮，較少在供給端上進行有效的結構性調控，這是我們在調控方面的缺陷。如果相關政策經常上上下下、變來變去，就無法形成穩定的市場預期，勢必對老百姓

的生活習慣、價值觀念、家庭穩定帶來影響，也會對金融市場和實體經濟造成破壞。

以上房地產存在的十個方面失衡，會帶來很多不良後果。一是房產成本高了以後，會惡化實體經濟投資環境，使實體經濟脫實向虛。二是搞企業的看到搞房地產那麼輕鬆，賣幾套房比一年的利潤還多，資金就不再往實體投，都轉向房地產，最後各行各業大家一起投房產、炒房產，加速泡沫積聚。三是實體企業的職工因為房價過高，買不起房子，也會逼得實體經濟搬離高房價地區。長期來講，房地產價格按 GDP 的增長率、按城市居民收入的實際增長率同步增長是符合經濟規律的，而泡沫性的高房價對實體經濟和國民經濟的負面影響和傷害是顯而易見的，必須引起高度重視並認真加以解決。

二、建立房地產調控五大長效機制

那麼，應該用甚麼樣的措施來實現房地產的系統平衡呢？ 2016 年年底，習近平總書記在中央經濟工作會議上明確要求：「堅持『房子是用來住的，不是用來炒的』的定位。」「綜合運用金融、土地、財稅、投資、立法等手段，加快研究建立符合國情、適應市場規律的基礎性制度和長效機制，抑制房地產泡沫。」這一重要指示，是我們做好房地產調控和房地產管理體系改革的總遵循。我們必須圍繞房地產的功能定位，釐清主要矛盾，搭建四梁八柱，配套政策措施，才能實現房地產市場長期平穩健康發展。結合對習近平總書記關於房地產調控重要講話精神的理解，我認為當前有五項基礎性制度尤為重要。

（一）土地

　　第一，控制土地供應總量。一個城市的土地供應總量一般可按每人 100 平方米來控制，這應該成為一個法制化原則。100 萬城市人口就供應 100 平方千米。爬行釘住，後發制人。甚麼意思？你這個城市有本事把人口集聚到 500 萬，如果以前只給了你 350 平方千米，今後若干年內每年就逐步增加土地供應，補上這個缺口。不能根據長官意志，計劃未來有城市人口 500 萬，現在才 200 萬，就要 500 平方千米，結果今後十年裡真的給了你 300 平方千米，你 300 萬人沒來，或只來了 100 萬人，甚至原來的 200 萬人還走了一些人，這個土地的錯配，誰負責？土地要爬行釘住，而不是說要你去臆想調控，長官意志。這是因為，規劃意圖能否落地變成現實的因素，不僅僅是土地問題，還涉及產業集聚能力、基礎設施配套能力、投融資匹配能力等因素。在這些因素中，土地是殿後的因素，而不應成為招商引資盲目擴張的領頭羊。總之，土地供應總量應當爬行釘住人口增加，而不是違反經濟規律去逆向調控。在這個意義上，土地指標不應該各城市平均分配，而是要看誰的人口多，增長快。原則上，應按照產業跟着功能走，人口跟着產業走，土地跟着人口和產業走，形成一個比較完整的土地調控邏輯鏈條。這個原則言簡意賅，最笨的方法可能最有效。如果把規則弄得複雜，小城市講小理由，大城市講大理由，弄到最後就會糊裡糊塗的。

　　第二，控制用地結構比例。人均 100 平方米的城市建設用地，該怎麼分配呢？不能都拿來搞基礎設施、公共設施，也不能都拿來搞商業住宅。大體上，應該有 55 平方米用於交通、市政、綠地等基礎設施和學校、醫院、文化等公共設施，這是城市環境塑造的基本需要。對工業用地，應該控制在 20 平方米以內，每平方千米要做到 100 億元產

值。這方面，要向上海學習，早在 20 世紀 90 年代開發浦東時，金橋工業區規劃 10 平方千米，當時就要求每平方千米產出至少 100 億元，事實上金橋工業區到 2000 年產出就達 1500 億元了。現在一些城市，工業用地投入產出比太低，每平方千米甚至只有 20 億 — 30 億元工業產出，浪費太嚴重，一定要摳門一點，提高剛性約束，把過去太慷慨的工業用地倒逼下來。這樣，就會有 25 平方米用於房地產開發，比過去增加供地 10 平方米，其中 20 平方米用於建商品住宅，5 平方米用來搞商業開發。夠不夠呢？如果 1000 萬人的城市，1000 平方千米建設用地，就可以搞 50 平方千米的商業設施用地，200 平方千米的住宅用地，相當於 2 億平方米，如果容積率平均 1 : 2，就是 4 億平方米，1000 萬人口的城市，人均 40 平方米住房應當是平衡的。因此，要改變以往為了 GDP 大手大腳招商搞工業，工業用地佔比太高的問題，應該把城市用地 20% 用於住宅開發、5% 用於商業開發，這個比例作為法制性的用途規則確定下來。

第三，控制拍賣土地價格。大體上，樓面地價不要超過當期房價的三分之一。如果一地塊周邊當期房價 1 萬元 / 平方米，地價拍到 3300 元 / 平方米就要適可而止，否則就會人為推高房價。「限價限價」，絕不是長官意志，自己隨意限一個地價，2 萬元限一下，3 萬元限一下，到底限多少呢？政府不在土地上去推高房價，地價跟着房價慢慢走。當土地的供應是比較充分的、合理的、有效的時候，如果地價高了，就把政府的儲備地多賣幾塊出來平衡一下。還有一種情況，舊城改造，拆遷成本很高，但政府不能為了不虧本而拍高地價，應該在城郊接合部的出讓土地收入中，拿出一部分來平衡，以此覆蓋舊城改造成本。堤內損失堤外補，政府看起來是吃了點小虧，但整個投資環境好了，工商經濟發展了，實體經濟和房地產之間平衡了，最終這

個城市會長期健康發展。

(二) 金融

第一，堅決守住開發商自有資金拿地這條底線。任何開發商拿地的錢必須是自有資金，這個規定早已有之。一般地，開發商搞房地產，資本金和社會融資比例大體上應該 1：3。現在，全國房地產平均融通量多少？保守估計 1：9，有的開發商可能達 1：50。1：9 是怎麼來的呢？拿地的錢三七開，如果一塊地 10 億元，自己出 3 億元，另外 7 億元從金融機構借來，然後把這塊地抵押給銀行至少貸款六七億元，造好房子後預售又把按揭貸款拿過來。這個過程中，如果這塊地三年後漲到 20 億元，開發商就可以拿到 15 億元的抵押貸款。最終，整個開發流程中的融資就可以加槓桿到 1：9。「地王」不斷出現的背後，不僅是土地短缺、拍賣機制的問題，還和無限透支金融有關，比的是開發商的資金融通能力。所以，只要做到一切買地的錢統統不許借債，有了這道防火牆，現在 M2 中大量的資金就不能進入到房地產了。一切參加土地拍賣的開發商，第一要核查的是它的資金血統，只要是借來的，就不能參與拍賣活動。這麼一來，土地的惡性競爭，「地王」現象就一定會消滅掉一大半。

第二，堅決防止開發商多賬戶借款。開發商在開發過程中發債券、銀行貸款，算比較規範的，但有時候又是私募基金，私募基金好像是股權，但形股實債，有時候還把理財資金、高利貸弄來。一個開發商如果有 30% 的資本金是清晰的，70% 的貸款基本上是銀行、信託、債券市場來的，那還過得去。如果一個開發商涉及幾十上百家金融機構的債務，各種高利貸、中利貸佔到全部融資的 50% 以上，這時就要加強監管，不是政府管頭管腳管到你腸胃裡來，而是你的賬戶一

目瞭然就是處於危機狀態。對這種開發商的開發運行必須提高警惕，看有沒有高息攬儲、有沒有「一女二嫁」賣房子等違規行為。

第三，認真管好住房按揭貸款。對房地產信貸市場調控最直接、最有效的辦法是，合理設定首付與按揭之間的槓桿比。如果這一比例過高，比如零首付，會造成房地產泡沫，引發系統性金融風險；過低，比如零按揭，會使得老百姓買房困難，宏觀上也會導致樓市低迷，制約房地產市場發展。因此，要根據不同需求層次和房價走勢，實施差別化按揭制度：比如首套房二八開、三七開，二套房五五開或四六開，三套房必須全款購買，這個比例必須把握好。做到這一點，就涉及老百姓貸款情況和收入核定問題。美國的銀行數量倍於我們，大體有3000多家，但美國並不是每個商業銀行都搞按揭貸款，其中房利美、房地美、聯邦住房貸款銀行、國民抵押貸款協會等房貸金融機構佔到全部住房貸款的 70% 以上，這樣老百姓按揭貸款情況一目瞭然。在我國，任何銀行都可以搞按揭貸款，一個客戶可以在重慶工商銀行按揭買房，又跑到上海建設銀行按揭，還可以到海南招商銀行按揭，只要短期還得了賬，三個銀行都會把他當成優質客戶，而不會主動到其他銀行核查貸款情況。銀行給信貸員下任務、定獎懲，也是唯客戶數量，比如某個信貸員去年積存了 300 個按揭客戶，今年增加一個獎 200 元；到期還了款，客戶總量少一個則罰 300 元。總體來看，我們的銀行對老百姓按揭貸款的管理是比較粗放的。收入證明上，美國、歐洲是查稅單或工資單，這個不能造假，以此來核定你的按揭貸款額度。我們國家是單位出具收入證明，往往出現企業做順水人情開假證明，更有甚者，銀行直接以假圖章幫助客戶造假。這方面，還需要加強基礎性制度建設，否則就難以管住。

（三）稅收

第一，形成高端有遏制、中端有鼓勵、低端有保障的差別化稅率體系。高端有遏制，就是對別墅這樣的高檔住宅，要實行有差別的稅收政策，如果普通商品房的稅率 1%，那麼別墅就要考慮收 5%，如果三五年賣掉，交易稅可以再升到 8%。香港就是不斷遞增印花稅稅率，加到沒人敢炒房。中端有鼓勵，就是讓一般老百姓買得起自住房，比如首套房按揭貸款的錢可以抵扣個人所得稅。今後稅制改革應採取按揭貸款自住普通商品房抵扣所得稅這類政策。這是全球通行的房產稅政策。低端有保障，就是不僅不收稅，政府還幫助建好公租房，用低價格保障老百姓住有所居。

第二，適時徵收房產稅或物業稅。這樣做有四大好處。一是健全稅制。在歐美國家，直接稅往往佔總稅收的 40%。中國普遍是間接稅，缺少直接稅，物業稅是持有環節的直接稅，這符合國際經驗。二是有效遏制投機性炒房。以 1% 稅率來計算房產稅，一套 200 萬元的房子即使十年翻番到 400 萬元，賬面上是賺了 200 萬元，但升值過程中的房產稅，加上買賣過程繳納的契稅、增值稅等，再考慮資金的終值系數，投機炒房的動機會大大降低。三是由於持有環節成本提高，有助於優化資源配置，繁榮房屋租賃市場。四是對全社會住房觀念、房地產理念和房屋領域的認識都會帶來巨大調整。總體上，房產稅應包括五個要點：(1) 對各種房子存量、增量一網打盡，增量、存量一起收；(2) 根據房屋升值額度計稅，如果 1% 的稅率，價值 100 萬元的房屋就徵收 1 萬元，升值到 500 萬元稅額就漲到 5 萬元；(3) 越高檔的房屋持有成本越高，稅率也要相對提高；(4) 低端的、中端的房屋要有抵扣項，使得全社會 70%—80% 的中低端房屋的交稅壓力不大；(5) 房產稅實施後，已批租土地 70 年到期後可不再二次繳納土地出讓金，實

現制度的有序接替。這五條是房產稅應考慮的基本原則。

第三，研究徵收土地增值稅。黨的十八屆三中全會提出，允許農村集體建設性用地出讓、租賃、入股，實行與國有土地同等入市、同權同價。落實這一改革措施，相關的稅收政策需跟進。比如，一畝農村集體建設性用地拍出 500 萬元，怎麼實現的呢？這不僅是徵地成本決定的，還與配套的社會資源和投入緊密有關。國有土地出讓收入，扣除徵地動遷成本後，是拿去修地鐵、學校等公共基礎設施的。農村集體建設性用地拍出後，全部歸農民和集體經濟組織，顯然是不合理的。另外，對於不同區位的地塊，由於使用目的的不同，有的搞金融商貿設施，有的搞學校文化設施，它們的價格是不一樣的，一個拍出每畝 500 萬元，一個拍出每畝 50 萬元，對兩個地方的農民和集體經濟組織，也是不公平的。在歐美國家和我國台灣地區，都要徵收土地增值稅，扣除成本後，增值 50% 以內收 40% 的稅，增值 50%—100% 收 50% 的稅，增值 100% 以上收 60% 的稅。現在，我國土地增值稅法還未出台，土地增值稅的暫行條例雖然 1993 年已頒佈，但農村集體建設用地與城市國有土地同地同權同價拍賣後，如何收增值稅並未明確，這導致稅收上缺少房地產土地資源類的稅種。

（四）租賃市場

我國住房的租賃體系，可以分為公租房和商品租賃房兩大類。

第一，完善政府公租房體系。習近平總書記曾就加快推進我國住房保障和供應體系建設強調指出，到 2015 年，以公租房為主體的保障性住房覆蓋面要達到 20% 左右。落實好這個要求，不僅可以充分彰顯房地產的公共產品屬性，讓城市困難家庭基本住房需求有了保障。而且，如果我們能把公租房配置好，必然會帶動開發商和各類業主的

商品租賃房體系的發展，整個住房供給系統就會比較平衡。這幾年，全國各地都造了一批公租房。總的來説，公租房建設應把握好五個要點。（1）總量上，大體按照覆蓋 20% 的城市人口，人均 20 平方米來配套，100 萬人口的城市建 400 萬平方米就夠了。（2）服務對象包括進城農民工、新生代大中專畢業生和城市住房困難戶，這些對象特徵明顯，核定容易。（3）同步配套醫院、學校、派出所、居委會等公共服務設施和機構，一步到位。（4）集聚區佈局合理，公租房與商品房大體形成 1：3 搭配，學校、醫院等公共設施共享，不能把公租房變成貧民窟。（5）合理收取物業費，一般定價為同地段商品房的 50% — 60%，租金佔低收入家庭年收入的六分之一左右。比如，一套 50 平方米的公租房，租金每平方米 15 元，月租金需 750 元，一般城市較低收入的群體，一對夫妻月收入有 5000 多元，就不會有太大的租房壓力。對政府而言，公租房是不動產，商品房價格上漲，公租房租金也會上漲，建設成本是能夠平衡好的。通常，公租房 60% 左右建設成本是貸款，租金可以把貸款利息平衡掉。像新加坡那樣，5 年以上的公租房，租戶還可以買過去，變成共有產權房。如果這個共有產權房要出售，只能按照市場價格售賣給保障房管理部門，政府再出租給新的保障對象。如此循環往復，就能夠持之以恆地做下去。

第二，培育商品房租賃市場。對於開發商持有房屋出租，重要的不是開發商不願意持有，而是開發商主要依靠融資的開發模式，決定了它做不了持有房子的出租者。試想，1：9 的融資，有些甚至是半高利貸，房子造好後，利息滾上去，開發商就必須儘快把房子賣掉，以回籠資金償還貸款。從這個角度講，開發商並不是不想持有房產搞租賃，而是受制於 1：9 的融資結構不得不放棄。中國商品房租賃太少，很大原因和開發商資本結構有關。從這個意義上講，政府首先應讓開

發商進入 1：3 的融資結構，提高開發商的准入門檻，讓有資本金實力的開發商參與土地批租，不僅有利於遏制炒地現象，還有助於商品房租賃市場的發展。此外，對搞長期商品房租賃的開發商，要形成一套激勵政策，包括承租人可以使用住房公積金付租，交易稅、契稅、個人所得稅抵扣率更高，等等。對老百姓二套房出租，也應該有鼓勵政策。同時，從法律上保證租房居民與產權房居民在教育、醫療、戶籍等方面享有同等待遇，等等。只有建立起系統化的制度體系，我國房屋租賃市場才可能有大的發展。

（五）地票制度

我國人口多，人均耕地不足世界水平的一半。在這種背景下，我們要做好兩件事：一方面，要十分珍惜國家給的土地指標，加強土地節約、集約利用。與此同時，要探索建立農民進城後退出農村宅基地和建設用地的新機制。在過去一兩百年大規模城市化進程中，全世界的一個普遍現象是，各個國家和地區耕地不但沒減少反而有所增加。這是為甚麼呢？原因在於農村，由於居住分散，人均建設用地250 — 300 平方米；在城市，比較集約和節約，人均用地 100 平方米左右。一個農民進城，從理論上講，可以節約 100 多平方米的建設用地，若把它復墾，耕地必然增加。但中國農民由於「兩頭佔地」，農村的宅基地和建設用地沒退出，城市又為其匹配了建設用地，所以全國耕地總量不斷減少。

怎麼解決這個問題呢？地票制度是一個方法。地票設計要遵循三個原則：一是要體現農村土地是集體的公有制性質；二是農民是農村改革的主體，要保護好他們的利益；三是農村土地要嚴格實行用途管制，城鄉之間地票的交易對象是建設用地，不涉及任何耕地。按照這

三條原則，經中央批准，重慶開展了地票交易探索。所謂地票，就是指將閒置的農民宅基地及其附屬設施用地、鄉鎮企業用地、農村公益公共設施用地等農村建設用地，復墾為耕地而產生的建設用地指標。它作為土交所交易的主要標的物，具有與國家下達的年度新增建設用地計劃指標、佔補平衡指標相同的功能，可在重慶市域內憑票將符合土地利用總體規劃、城鄉總體規劃的農用地，按照法定程序徵轉為國有建設用地。地票的形成和使用有四個基本環節：一是復墾；二是驗收；三是交易；四是使用。通過這個過程，農民進城了，農村閒置的宅基地和建設性用地變成耕地，被開發的城郊接合部的耕地面積小於農村復墾的耕地面積，最後全國耕地總面積就增加了。

　　一方面，地票制度具有反哺「三農」的鮮明特色。主要體現在以下幾個方面。第一，落實了最嚴格的耕地保護制度。地票制度將用地模式由「先佔後補」變為「先補後佔」，避免了過去佔多補少甚至只佔不補的現象。而且，經過幾千年農耕文明，我國可墾土地已經基本開發完了，耕地後備資源匱乏，為了完成佔補平衡指標，有的地方開墾25度以上的坡地林地，還有的甚至把彎彎的河道拉直，把灣灘變糧田，不僅破壞生態，所得耕地質量也令人擔憂，幾年後又不得不退耕還林。「地票」就解決了耕地復墾的後備資源不足問題。由於農村閒置的住宅、廢棄的學校、鄉鎮企業等所處的地方大多地勢平坦、水源充足，復墾後既無破壞生態之憂，也能保證補充耕地的質量。第二，打破了土地資源配置的空間局限。地票作為一種虛擬的標準化交易品，具有虛擬性、票據性，也有很強的輻射性，通過土交所實現交易，可以讓身處千里之外偏遠地區的農民享受到大城市近郊的級差地租。第三，賦予農民更多財產權利。增加農民收入，關鍵是提高農民財產性收入。重慶每畝地票均價20萬元左右，扣除2萬多元的復墾成本，淨

收益大體 18 萬元。這筆錢按 15%：85% 的比例分配給集體經濟組織和農戶，每畝地農民能拿到 15 萬元左右，是一筆很大的財產性收入。同時，地票作為有價證券，可用作融資質押物，為農房貸款的資產抵押評估提供現實參照系，從而解決農民信用不足的問題。第四，支持了新農村建設。危舊房改造、易地扶貧搬遷歷來是新農村建設的難題，主要的原因就是農民手裡缺錢。實踐中，重慶把農村閒置宅基地復墾與農村危舊房改造、地質災害避險搬遷、高山生態扶貧搬遷等工作有機結合、共同推進，達到了「一票」帶「三房」的效果。第五，推動了農業轉移人口融入城市。通過土地復墾和地票交易，農民工進城有了「安家費」，相應的養老、住房、醫療、子女教育及傢具購置等問題，都能很好地解決，無疑可以讓轉戶居民更好地融入城市。

　　另一方面，地票制度可對城市房地產調控特別是土地供應發揮重要作用。剛才講到，近幾年，國家逐步控制新增建設用地計劃指標，在建設用地配置使用上又主要供給基礎設施、公共服務設施和工礦倉儲用地，房地產用地供給不足。地票制度可以相當程度上解決這一難題，因為地票制度形成的土地指標，是市場化指標，可以等效於國家用地指標，專門提供給開發商用於房地產開發時的徵地需求，從而彌補房地產開發用地不足的矛盾。拿重慶來講，近幾年，國家下達重慶的建設用地指標在 16 — 17 萬畝。實際使用中，重慶優先保證基礎設施和民生項目用地，合理保障工礦倉儲用地，能夠用於房地產的土地極其有限，也只有 10%，近 2 萬畝。不過，由於有了地票制度，每年可市場化供地 2 萬多畝，很好地補充了住房建設所需用地。重慶包括萬州、涪陵在內的二三十個中小城市實力相對較弱，城市開發的過程都是用國家下達的新增建設用地指標，主城區作為近千萬人口的特大城市，每年 2 萬多畝房地產開發批租指標，基本上全部來自地票交

易。這就相當於重慶房地產開發的土地指標多了一倍，土地供應量增加了一倍，房地產調控能力就大大增強。重慶的這項探索，目前已被納入國家《深化農村改革綜合性實施方案》予以推廣。

　　以上這五個方面的制度化安排，按照中央的要求，把四梁八柱搭建好，形成供給側結構性改革的長效機制，以後再逐步形成法律法規。我國應該有《房地產稅法》，應該有《住房法》，應該有《房屋租賃法》，將一些基礎性制度和長效機制固化下來。我相信，只要按照中央要求，各有關方面靶向施策、精準發力，打好調控組合拳，中國房地產市場一定會實現持續健康發展，人民群眾的獲得感和幸福感一定會越來越強。

答學生問

提問 1：

　　黃教授，您好，我想提一個關於房地產方面的問題。我們都知道中國的商品房住房改革的制度首先落地其實就是在浦東，您在主政重慶期間地票制度穩定了重慶的房價，而中國房地產稅試點了兩個城市，恰恰就是上海和重慶。其實房地產市場發展到今天有很多我們作為從業者也很感到擔憂和迷惑的地方。您從管理者角度來看，中國房地產還有哪些制度性的措施可以出台來讓整個市場更加健康地發展？

黃奇帆教授：

　　其實這上面的結論習近平總書記在 2016 年就明確說了，他既說了房子是用來住的，不應該大炒特炒，又說了解決這件事的辦法是要有長效機制。有五個方面的長效機制：一是金融；二是土地；三是財稅；四是投資；五是立法。

　　關鍵是現在還沒有把總書記這五條措施落實到位。比如金融調控，在房地產的金融裡面就是三句話，只要這三句話管住，一切就管住，金融就是幹這三件事。第一，老百姓買房的金融無非就是按揭貸款，首套房二八或三七開，二套房對半開或六四開，三套房 100% 自己拿錢，沒有任何貸款，沒有任何槓桿。如果自己真有錢，你買十套房，反正我不給你槓桿，出不了事的。而他的成本極高，因為房地產的保值增值，假如說是貸款情況下，我貸了 80 萬元，首付 20 萬元，如果房價漲一倍，對 20 萬元的首付來說幾乎是漲了 10 倍，因為 100

萬元變 200 萬元，就是這個概念。200 萬元去掉 80 萬元的貸款部分變成了 120 萬元，那麼就漲了 6 倍，也就是槓桿產生巨額的財富效應。如果 100% 的話，過了五六年真漲了一倍，也就是資本金漲一倍，資本金放在銀行裡利息五六年也能漲 50% 出來，放到基金裡面五六年也許會翻一番，所以幹這個事情的人不會太多，除非他是搞租賃的老闆。對居民管理就控制這三點。

第二，對於房產商買地，就是控制買地，任何房產商買地的錢必須 100% 自有資金，這個資金驗證就驗到了，你來招投標，不准跟銀行貸款，不准跟信託借錢，不准跟小貸借錢，不准有槓桿，因為房產商買地的錢如果花了 10 億元，他把這 10 億元的地抵押就產生八九億元，就可以把房子建到封頂。然後他已經可以賣樓花了，按揭貸款，老百姓的錢進來，半年一年就把房子造好，意思就是房產商的錢是買地的錢，是自有資本，百分之六七十造房子銷售過程的錢全是融資，全是槓桿，如果買地的錢也是槓桿，那房地產是 1：100 的槓桿比，但我們恰恰這件事情沒管住。比如說樓面地價 3000 元炒到 3 萬元，他心疼的，沒有人這麼拼命的。但是為甚麼借銀行的錢敢拼命呢？反正不是自己的錢就買了，買下來以後地價一漲，銀行錢一還，中間還能賺錢。所以第二個槓桿就是管住這一攤。

第三，管住企業買房，現在有五個限，就是沒限住企業，不信你把一個城市 100 套高檔房賣掉，你查一下，是誰在買房？可能有三分之一甚至 40% 是企業買房。現在工商註冊登記用 1 塊錢就能註冊公司，註冊以後用公司名義買，五個限都不限，公司買了房以後，公司把房子一押，抵押貸款，資金又來了，最後轉了一個彎又要出毛病了。就是公司消費房產也是要管的，這個要怎麼管呢？消費房產是為了自己住房子還是為了辦公，還是為了甚麼，這也是分得清的。也就

是說，要避免裝糊塗，好像在管，然後 100 個公司，其實 100 個公司連個體戶都不是，就是 100 個公民。

所以高檔房的房產稅、物業稅或其他的稅就要高一點，保障性的房有扶持，中低等的房有支持，高檔的房有遏制，也就是要分類。大家講到房產稅，不管是我國台灣，還是美國，如果你是別墅、很高檔的公寓，1 萬、2 萬、3 萬美元每平方米的房子，那個房產稅都是 3%—5%，很高的。買得起房，交稅都交不起的。但是老百姓保障性住房，一般的就業人群的房，物業稅或者房產稅 0.2%—0.5%，本身房子價值不高，收得也不多，還可以根據他的收入各方面抵扣，最後房產稅收稅就不會對大家有很大壓力。反過來對高檔的或者買了十套八套在炒房的，炒房也不出租，就是空房子等漲價再賣，房地產稅對他們肯定是有壓力的。

第四，土地調控。首先房產需要用的地是要供應夠，現在總量不小，但是結構不合理。一個城市可開發用地假如是 1000 平方千米，按照國際慣例應該是有 1000 萬人，那麼 400 平方千米是住房，工業用地有 200 平方千米，如果 1 平方千米有 150 億—200 億元，那麼 200 平方千米就有三四萬億元工業產值。然後是公園、綠化設施、學校，等等。我們現在工業用地一般會佔到 30%—40%，達到 300—400 平方千米，企業產出率卻不高，很多城市都是這個狀態。基礎設施、公共設施又佔掉 40% 多一點，最後住房用地，就是老百姓住房的居住面積跟這個城市 1000 平方千米來說，可能只有 10%—15%，那麼土地一緊張土地價格就高。土地價格往往是房產的三分之一，地價是 1 萬元，房價就是 3 萬元。在這個意義上土地供應應該供得多一點。人均 100 平方米，因為一個人一般在城裡面用 100 平方米，其中 40 平方米是歸這個人的居住所用，這裡包括小區裡的道路綠化等公攤的，那麼

整個城市是平衡的，不會出甚麼問題，所以土地供應要結構合理，就是這個概念。

此外，還有法律的措施，還有投資量的調控措施，即不要出現一個地方一年固定資產投資是 1000 億元，房地產投資佔了 600 億元，這個地方肯定到後來就是泡沫，變成了「空城」「鬼城」。如果這個地方投資是 1000 億元，房地產 50 億元都沒有，那麼就會造成房地產短缺，也會造成房地產價格上升。我剛才說的金融上的所有事都應該是金融學裡最常規的常識，不需要特別地整天想出奇奇怪怪的語言，按常識做，就能解決生活、工作、發展中的許許多多問題。

未來十年我國房地產業發展的結構性趨勢及房產企業運行和地方政府管控方式的轉變

上課日期：2019 年 12 月 16 日

課程摘要：中國今後十幾年新房的銷售交易量因城市化率增長放慢、舊城改造總量減少、人均住房面積基本平衡三大原因，會有一個比較大的下降。總量降低後，中國房地產建設的重點會聚集在省會城市及同等級區域性中心城市、都市圈中的中小城市和城市群中的大中型城市這三個熱點地區。房價總體趨於穩定，既不會大漲，也不會大跌，房價的平均增長率將低於或等於 GDP 的增長率。房地產開發企業會有一個大幅度減量萎縮的過程，很可能會減少三分之二以上。房產商的高債務經營模式必然會有較大的改變，房產商租賃、長期持有的比例會逐漸增加，負債率會從 80% 降到 50% 以下，在 40% — 50%之間。政府注重六個方面的調控 —— 推動住房雙軌制體系建設、控制住「三個」總量、管控好買房家庭的按揭槓桿、管住政府賣地的地價、管控好房產商買地不能負債、管好房地產投資佔城市固定投資的比例。

2017 年，我曾經在復旦大學也講過一次關於房地產的內容，那次講的重點主題是中國過去 20 年房地產發展中存在的十大問題和下一步改革建立體制機制五個方面的措施，是講歷史性的二三十年進程中一些大的情況。我今天講的重點主題則是未來十年的發展趨勢，講的是總體的、內在的趨勢，長效的、長期的、基本面的、基礎性的趨勢，講的是供給側的結構性趨勢，體現在房地產六個方面跟供給側有關的、跟基本面有關的一些發展情況、趨勢和判斷。

第一，中國房地產的市場規模，今後十幾年每年新房的銷售交易量會有一個比較大的下降，這個變化就是從這幾年的頂點到了拐點開始往下，是趨勢性的總量縮減。我們要回顧一下中國房地產這 20 年的總量是怎麼增長的。在 1998 年和 1999 年的時候，中國房地產一年新建房的交易銷售量實際上剛剛達到 1 億平方米。在 1990 年之前，中國是沒有商品房交易的，那時候一年就是 1000 多萬平方米。從 1990 年後開始有了房地產業，啟動了開發商土地批租、老百姓可以抵押貸款買房、按揭貸款買房等市場化改革，到 1998 年和 1999 年的時候達到了 1 億平方米。隨後十年，從 1998 年到 2008 年，這十年裡平均漲了 6 倍，有的城市實際上漲到 8 倍以上，十年翻三番。2007 年，銷售量本來已經到了差不多 7 億平方米，2008 年全球金融危機發生了，在這個衝擊下，中國的房產交易量也下降了，萎縮到 6 億平方米。後來又過了 5 年，到了 2012 年前後，房地產的交易量翻了一番，從 6 億平方米增長到 12 億平方米。從 2012 年到 2018 年，又增加了 5 億平方米。總之在過去的 20 年，中國房地產每年的新房銷售交易量差不多從 1 億平方米增長到 17 億平方米，翻了四番多。那麼今後的十幾年會怎麼走，是保持現狀每年 17 億平方米，維持十多年，還是繼續每 5 年、10 年還要翻一番，17 億平方米變成 30 億平方米、34 億平方米？我的判斷

是今後十幾年，中國每年的房地產新房的交易量不僅不會繼續增長翻番，還會每年小比例地有所萎縮，或者零增長，或者負增長。十幾年以後，每年房地產的新房銷售交易量可能下降到 10 億平方米以內，大體上減少 40% 的總量。

　　中國房地產業在過去 20 年房地產交易總量翻了四番有四大原因。一是城市化。中國城市人口在增加。在過去 20 年裡，中國城市化率上升了近 26 個百分點，這是城市化過程中城市人口的擴張，不僅是農民工進城市，還包括小城市的人到中城市、大城市、超大城市，人口在城市之間遷徙。總之，城市人口的大幅度增長，城市規模的擴大帶動了房地產業的增長。二是舊城拆遷改造。在城市擴大的時候往往為了交通道路建設、商務集聚區的建設，為了把城市功能重新組合，而拆除一些工廠區、住宅區，建設一些商務集聚區、文化娛樂集聚區。各種因規劃功能佈局調整而進行的城市改造，也能產生較大的新房建設銷售交易量。三是住房拆舊改造。中國人造房子，50 年前的時候，農村是土坯房，城市是磚瓦房。20 世紀 80 年代以後，農村是磚瓦房，城市開始建造鋼筋混凝土住房。土坯房一般不會超過 10 年就會垮塌，需要重新造；磚瓦房一般 15 年到 20 年要重建。最初造的鋼筋混凝土住房，由於水泥質量差、鋼筋質量差、建築結構差，到了二十多年、30 年基本上也要拆了重建。所以舊城改造中的危房改造有很多，這也是原因之一。四是人均住房面積增加。原來城鎮人均住房面積 5 平方米、10 平方米、20 平方米。1990 年，中國人均住房面積只有 6 平方米；到 2000 年，城市人均住房面積也僅十幾平方米，現在城市人均住房面積已近 50 平方米。人均住房面積偏小，也會產生改善性的購房需求。

　　以上四方面因素在今後十幾年會逐漸淡出。一是城市化率增長放慢。在未來十幾年將從現在的 60% 大致漲到 70%，總之，城市化率的

上升面臨天花板現象，城市人口增速放緩，還要每年增長 10%、20% 是不可能的，城市的人口紅利也會淡出。二是舊城改造總量減少。經過 20 年的城市改造，舊城改造大拆大建的狀況會逐步淡出，總量會大規模減少。三是人均住房面積基本不增加。當前我國人均住房面積已經達到近 50 平方米，困難家庭住房結構性改善的要求逐漸降到較低水平。儘管還會有，但只是局部結構性的，而不是總體性的人均住房不夠。四是住房質量提高。2012 年，住建部下發了一個關於住宅和寫字樓等各種商品性房屋的建築質量標準，把原來中國住宅商品房 30 年左右的安全標準提升到了至少 70 年，甚至 100 年。這意味着從 2010 年以後，新建造的各種城市商品房，理論上符合質量要求的話，可以使用 70 年到 100 年，這也就是說老城市的折舊改造量會大量減少。假設這個城市有 10 億平方米的房子，如果按 30 年計算，那麼每年會折舊三十分之一，差不多 3000 萬平方米要拆了重造。現在如果變成了 100 年，每年的折舊平均也就變成 1000 萬平方米了。從以上這四個趨勢來說，在今後十幾年的長週期裡，中國房地產每年鋪天蓋地的十六七億平方米的新房竣工銷售交易量的時代結束了。2018 年比 2017 年只增加了 1.8% 就是一個信號。因為剛才說了從 1998 年到 2008 年，每年增長 25% 左右，三年能夠翻一番，十年翻了三番。2008 年到 2012 年期間，每年增長 15% 左右，五六年翻一番。2012 年到 2018 年，大體上維持在 6%—7% 的區間，增幅進一步下降，2018 年增長率是 1.8%。我講這段話的意思是，今後十幾年的房地產業發展趨勢，不會是 17 億平方米、18 億平方米、20 億平方米、30 億平方米，而是逐漸萎縮，當然這個萎縮不會在一年裡面大規模萎縮 20%、30%，大體上有十幾年的過程，每年往下降。十幾年後產生的銷售量下降到 10 億平方米以下。

　　第二，總量萎縮後，中國房地產建設的熱點、重點地區在哪裡？

將集中在三大熱點地區。過去十幾年，不管是沿海發達地區，還是中西部地區；不管是大城市、中城市，還是小城市、區縣城市，總之是全面開發，四面開花，到處都是房地產，是個全民造房運動的時代。從現在開始，往後的十幾年，房地產不會出現四面開發，東西南北中全面發熱的狀態，但是房地產還會有熱點。我們說的總量一年 17 億平方米，以後可能變為一年 15 億平方米、12 億平方米。這個建設量、生產量主要體現在三個熱點地方。一個是中心城市。所謂中心城市，除了省會城市之外也包括一些同等級別的區域性中心城市。比如山東省除省會城市濟南外，也有區域中心城市青島；廣東除了省會城市廣州之外，還有同等級中心城市深圳。第二個就是大都市圈。超級大城市輻射會形成城市圈，城市圈裡的那些中小城市會成為房地產發展熱點。第三個熱點地區是城市群。城市群裡的大中型城市往往也會是今後十幾年房地產開發的熱點。我們國家人口在 50 萬以下的城市叫小城市，50 萬 — 100 萬的叫中型城市，100 萬 — 500 萬的是大型城市，500 萬 — 1000 萬的叫特大型城市，1000 萬以上的叫超級大城市。

一是聚焦在省會城市、中心城市。省會城市裡有一批已經過了 1000 萬人口的超級大城市，比如鄭州、濟南、杭州、南京、合肥、武漢、成都、西安，有些還會向 1500 萬、2000 萬發展。有些省會城市現在是 500 萬、600 萬，以後可能往 1000 萬的方向走。這裡面有一個甚麼動力呢？中國各個省的省會城市大體上發展規律都會遵循「一二三四」的邏輯。所謂「一二三四」，就是這個省會城市往往佔有這個省土地面積的 10% 不到，一般是 5% — 10%；但是它的人口一般會等於這個省總人口的 20%；它的 GDP 有可能達到這個省總 GDP 的 30%；它的服務業，不論是學校、醫院、文化等政府主導的公共服務，還是金融、商業、旅遊等市場化的服務業，一般會佔到這個省總

量的 40%。比如鄭州現在是 1000 萬人口，1 萬億元的 GDP，9 個三甲醫院，30 多萬名大專院校在校生，儘管有一定的規模，但是與河南省省會城市應有的「一二三四」功能相差甚遠。河南省有 1 億人口，鄭州目前只有 1000 萬人口。作為省會城市，應承擔全省 20% 的人口，所以十幾年、20 年以後鄭州發展成 2000 萬人口一點不用驚訝。同樣的道理，鄭州的 GDP 現在到了 1 萬億元，整個河南 5 萬億元，它貢獻了 20%，如果要 30% 的話應該是 1.5 萬億元，還相差甚遠。對於服務業，一個地方每 100 萬人應該有一個三甲醫院，如果河南省 1 億人口要有 100 個的話，鄭州就應該有 40 個，它現在才 9 個三甲醫院，每造一個三甲醫院投資 20 多億元，產生的營業額也是 20 多億元，作為服務業，營業額對增加值貢獻比率在 80% 以上。所以一個三甲醫院的 20 多億元營業額差不多有 16 億元的 GDP，用 600 億元造 30 個醫院產生的 GDP 增量可能比花 1000 億元投資工業的 GDP 貢獻量還大，並且還解決老百姓的問題。中心城市要靠服務業，要靠人口的增長，當然也就會產生經濟規模的發展，形成一個新的循環。從這個意義上講，大家可以關注現在近十個人口超過 1000 萬的國家級超級大城市，根據這些省總的經濟人口規模去算一下，它們都有十幾年以後人口增長 500 萬以上的可能。只要人口增長了，城市住宅房地產就會跟上去。所以我剛才說的大都市、超級大城市，人口在 1000 萬 — 2000 萬之間的有一批城市還會擴張，過了 2000 萬的，可能上面要封頂，但是在 1000 萬 — 2000 萬之間的不會封頂，會形成它的趨勢。

　　二是聚焦在大都市圈。如果已經是人口 2000 萬以上的超級大城市，這個超級大城市自身的核心圈已經密密麻麻地碰了天花板了，它的發展集中表現在它輻射的大都市圈。大都市圈不是一個行政範圍，而是它的經濟輻射範圍，大都市圈的輻射範圍一般會有 1.5 萬 — 2 萬

平方千米。大體上 50 — 70 千米的半徑繞一個圈就構成大都市圈，這個大都市圈裡會有一些中小城市，這些中小城市單獨發展一般不構成熱點，但是，一旦進入大都市圈，這些中小城市就會加快發展。

三是聚焦在城市群。以超級大城市為中心的城市群，一般是四五百千米的半徑範圍內的城市構成城市群。相隔太遠的城市之間不構成城市群，比如上海和天津沒有城市群的關係，但是上海、南京、杭州、蘇州構成了長三角的城市群。城市群裡的大中城市會加快發展、會互動、會優化資源配置。所以今後十幾年房地產開發交易年度的規模不會翻番，20 年以後回頭看，17 億平方米就是一個高點，我不相信今後會有一年 27 億平方米、25 億平方米的交易量，17 億平方米就是一個拐點，以後逐漸變成 15 億平方米、12 億平方米、10 億平方米一年。在今後的十幾年，房地產開發不再是四處開花，而會相對集聚在省會城市及同等級區域性中心城市、都市圈中的中小城市和城市群中的大中型城市三個熱點地區。

第三，關於房價問題的判斷，大家很關心。今後十幾年，房價趨於穩定，既不會大漲，也不會大跌，房價的平均增長率將低於等於 GDP 的增長率。全國城市新開發房屋的平均交易價格 1998 年是每平方米 2000 元，2018 年全國平均上漲到了 8800 元，大賬上說的是翻了兩番。這是東中西全國城市房屋開發每平方米的均價，10 年翻一番，20 年翻兩番。如果當地比當地，那麼不管是東部，還是西部，都翻了三番以上。比如重慶，2000 年主城房價平均每平方米 1000 多元，2017 年到了 9000 元，翻了三番多。熱點城市，比如北京、上海、深圳、廣州、南京、杭州，房價基本上翻了三番，漲了 8 倍，有的特別熱的房子甚至漲了 10 倍以上。總的來說，特別熱的城市家庭收入 30 年、40 年不吃不喝買不了一套房，房價收入比是很高的，與世界比較來說是

最高的。但是就全國而言，我們的房價收入比現在是 9 倍多，沿海地區的熱點城市到了三十幾倍、40 倍。美國、歐洲一般是 4 — 5 倍，就全國而言，我們比人家高了一倍。講這段話的意思就是過去十幾年，中國的房價跟房地產的開發量、生產量是相同的趨勢，都是五年翻一番、十年翻兩番、十七八年翻三番的狀態。

支持這個狀態的原因是甚麼呢？大體上有三條，任何通貨膨脹、任何物價漲落總是跳不出這三個原因。

第一個原因就是商品的供求關係。供不應求會漲價，供過於求會跌價。我們可以說過去十幾年、20 年，中國房地產是供不應求的，人均住房面積從 10 平方米往 20 平方米、30 平方米、40 平方米的這個過程是短缺經濟下的補短板的過程，所以強烈的改善需求支撐它越造越多。在越造越多的過程中還供不應求，就造成房價不斷往上漲。

房價上升的第二個原因當然和貨幣有關，通貨膨脹是貨幣現象。中國的 M2 從 2004 年、2005 年開始，整整十幾年都是兩位數增長，百分之十幾，有若干年份甚至是百分之二十幾的增長。我們的 M2 今年 6 月份到了 190 多萬億元，去年 180 多萬億元。而在 2004 年的時候，M2 其實就是 20 多萬億元。也就是說，這個十幾年，M2 翻了三番，也漲了 8 倍。這個錢出來當然會影響社會經濟。很幸運，被房地產吸收了一大塊資金，房地產成了 M2 超出增長的一個吸收器、一個超級蓄水池，使得整個社會商品的物價指數增長平穩，但房價出現了每三年、每五年翻一番的現象，所以這些年房價上升，是通貨膨脹的現象。

第三個原因就是一個國家房地產的價格也會受外部影響、受匯率影響、受成交購買力影響，當然也會受國際經濟危機的衝擊。比如美國房地產大漲的時候，美國經濟好，當然也會拉動世界經濟一起往上走；美國出現金融危機或者出現匯率大幅度的起伏，也會給中國市場

帶來衝擊。中國經濟增長的過程，也會吸引外資投資或購買中國的房地產。

講這一段，我的意思就是說物價、房價是和這三個因素相關的，我們過去十幾年房地產翻兩番、翻三番的價格是和這三個現象綜合在一起產生的。

根據這個觀點預測未來，在房地產供求關係方面，儘管局部也還會有供不應求，但是總體來看，供不應求的時代結束了，已經進入到總量過剩的階段。局部來看，某個發展熱點，供不應求還會出現，但總體來看供不應求造成房價上升、推動房價上升的動力已經下降了。

從通貨膨脹看，我國 M2 已經到了 190 萬億元，會不會今後十年 M2 再翻兩番？不可能，這兩年國家去槓桿、穩金融已經做到了讓 M2 的增長率大體上等於 GDP 的增長率加物價指數，這幾年的 GDP 增長率百分之六點幾，物價指數加兩個點，所以 M2 在 2017 年、2018 年都是八點幾，2019 年 1—6 月份是 8.5%，基本上是這樣。M2 如果是八點幾的話，今後十幾年，基本上是 GDP 增長率加物價指數，保持均衡的增長。如果中國的 GDP 今後十幾年平均增長率大體在 5%—6%，房地產價格的增長大體上不會超過 M2 的增長率，也不會超過 GDP 的增長率，一般會小於老百姓家庭收入的增長率。總之，中國的城市化還在發展過程中，城市化率還有 10% 增長空間。城市群、大都市圈、國家中心城市、超級大城市還在發展中，中國不存在房地產價格大幅下跌的可能性。中國房價不會大幅度地往下墜落，沒有這個經濟基礎；但也不會再產生過去十幾年五年翻一番、十年翻兩三番的那種歷史性現象。今後十幾年，房價會趨於平穩，既不會大跌，也不會大漲。

第四，今後十幾年，中國房地產開發企業數量會減少三分之二以上。中國房地產有一個現象就是房地產商、房地產開發企業數量是世

界之最。我給大家說一個數據，美國 2018 年 50 個州的工商登記裡，註冊房地產開發企業沒有超過 500 個，二手房買賣中介不算，那是服務型的公司，我講的是搞基本建設造房子、賣房子的企業，作為房產開發建設的這種企業整個美國沒超過 500 個。你們知道中國有多少？根據 2018 年全國工商局的統計，在工商局註冊登記的房地產開發商一共 9.7 萬個，中國 5 億多的城市戶籍人口加 3 億左右外來的農民工形成的常住人口，整個是 8 億多。8 億多城市常住人口有 9 萬多個房地產企業。這也是過去十幾年房地產大發展帶出來的一個熱門的、另類的效應。

中國的房地產商有三大特徵。第一，房地產企業雜、散、小。大到上萬億元規模，小到幾百萬元規模，各種各樣雜七雜八的。第二，層層疊疊。比如一個大房地產公司在某個省註冊以後，要到其他各個省去開發，它會在二三十個省的中心城市註冊一個省級開發公司，然後這個公司到了各地市州，中國有 400 多個地市州，它如果都去搞開發，在 400 多個地市州又各註冊一個公司，地市州的公司面對着 2000 多個區縣，它在縣委、縣政府的激勵下又會去註冊一個公司。你在我這裡註冊公司，你的 GDP、你的稅收都算在我這裡，地方政府也希望這麼幹，所以我們中國，最大的五家開發商，不管是萬科還是萬達，都有幾百個子公司，這些子公司都是國內法人的子公司，所以層層疊疊。第三，空殼公司多。我看了一下數據，9 萬多個房產企業中，排名在前的 15% 大開發商在去年的開發，實際的施工、竣工、銷售的面積，在 17 億平方米裡面它們可能佔了 85%。意思是甚麼呢？ 15% 的企業解決了 17 億平方米的 85%，就是 14 億多平方米，剩下的企業只幹了那麼 2 億多平方米，有大量的空殼公司。空殼公司在不景氣的時候是空殼，一到狂熱的時候就出現亂集資、亂炒地、亂發展的現象，所以中

國房地產商不僅僅是企業戶數多、層層疊疊，更是雜七雜八的空殼公司一大堆，這種現象是過去十幾年粗放型發展的一個結果。

今後十幾年，基於房地產業高質量轉型要求和開發總量降低的趨勢，房地產開發企業必然會有一個大幅度減量萎縮的過程。會減掉多少？我認為至少會減掉三分之二，十幾年後中國房地產開發企業的法人數不會超過 3 萬個，3 萬個可能還太多。

在房地產的整頓或者發展中，它會從三個方面上縮小。第一個，房產企業收縮。超大型的房產商會把自己二級、三級、四級的房地產公司收縮，可能會把房地產的投資集中到省會城市、大都市圈、城市群，特別是超級大城市中的人口從 1000 萬向 2000 萬發展的城市，它不會再在全國鋪天蓋地鋪攤子地搞行政性的分佈，它會在層次上收官，子、孫公司總量上萎縮。第二個，工商年檢註銷。過去這些年，由於入市的時候門檻很低，入市不久即成空殼公司，工商年檢的時候，又不退市註銷，這是我們以前工商登記的一種狀態。今後，這方面的管理會加強，年檢通不過的就註銷，本來就空殼，沒有業務量，三年沒有稅收、沒有業務量、沒有建設量的自然就取消了。第三個，房產企業轉行。就是相當一部分房地產商在市場規模縮小，一些城市裡房地產業務衰退的情況下，它會主動轉行，不搞房地產了，搞別的事情去了，接着就是收購兼併等。這幾方面是構成房地產開發企業數量大幅下降的重要原因。

第五，房地產開發商的總體負債率將大幅下降。中國房地產、房產商的負債率是世界之最。中國的房地產企業，我剛才說 9 萬多個，9 萬多個房產商的總負債率 2018 年是 84%。中國前十位的銷售規模在 1 萬億元左右的房產商，它們的負債率也是在 81%。整個中國房地產開發模式是大規模的基建、大規模的貸款，淨資本極低，像貿易公司、

流通公司一樣在周轉，運行的模式表現在土地批租、開發建設、銷售預售三個環節都是高負債運行。

首先是買地的錢，基本不靠自有資金，而是靠貸款融資。買地的錢，銀行信託在後面堆着，10億元的地拍賣成20億元，後面跟着的是銀行的錢，所以開發商能把它炒上去，不受自己有沒有錢的影響，於是就會把地價炒出翻一番，地價炒得越高，開發商原有的儲備地價值也越高，資產信用就更高，所以開發商對地價炒高，有恃無恐。這是一個現象，就是買地靠融資、靠貸款。

其次是造房子當然是靠融資借貸，靠開發貸。這個可以來自銀行、來自信託，當然也可以來自發企業債，但債券還是一個債務。再次是房屋預售，一些信用差的小房產商，還會搞亂集資、借高利貸、搞售後回租，也就是把房子賣了以後回租，租賃出租費每年15%，相當於開發商向買房者高息攬儲，借了一個高利貸，這樣形成了開發貸。

第三是預售房。房子還沒造好就收定金、賣預售房，就把老百姓客戶的資金借來了。正是由於這樣的一個運轉關係就形成了百分之八十幾的負債率，房產商往往還會把這種高負債率當作自己的一種經營成就，因為這裡面銀行貸款是正常利息的有息貸款；信託一般比銀行利息高一倍，信託至少12%，甚至15%，亂集資的話17%、18%、20%。在這個情況下，房產商要怎麼把這個資金鏈上的利息平衡呢？賣樓花、拿定金、預售是不付利息的；還有一種就是讓別人給你施工，讓施工單位招投標的時候必須帶資施工，不給利息的。一個房產商可能負債裡面有30%，甚至40%的錢是無息的債務，房產商覺得賺了便宜。所有這種運行在房地產正常、順勢向上、不會出現資金鏈斷裂的時候，房產商會賺很多的錢。但是一旦逆週期發生，資金回籠不到位，資金鏈斷了，高利息的負債會使他跳樓，所以有很多房地產

商一到逆週期、經濟下行、房產銷售各方面困難的時候，就會出問題，資金鏈斷裂情況就像地雷一樣地一個個爆炸，這樣的現象是必須解決掉的。

我們看全世界房地產商都不是這樣的。香港房地產業算中國房地產業的發源地，但是香港房地產企業平均負債率一般在 30% 左右，它同樣賣樓花，它同樣跟銀行貸款，但是它有更多的自有資本，自己賺的利潤放在裡面形成的淨資產有 60%—70%。香港房地產商跑到內地來，是不是負債率變得很高呢？沒有，你們可以了解一下整個香港房產商在內地的房地產法人，一般負債率也就在 40%，沒有出現我們所講的 80%，那是企業文化、企業的制度、企業的規定。所以，內地的房地產商要改變自己的行為。

在今後的十幾年，新常態下、新時代的房地產格局下，房地產企業高負債情況會發生根本的轉變。一是土地批租債務。買地的錢會得到管控，國家 15 年前就有制度，房產商買土地，土地批租的錢必須是自有資本，但是這十幾年幾乎都沒有監管做到位。只要管控到位，一般炒地皮的錢不能讓金融機構進入的話，土地批租的高負債率就會減少。二是預售規範。一般別墅或多層公寓不搞預售，十層以上的高層公寓可以預售，但必須是在房屋結構封頂、樓盤開始精裝修時才能開始預售，而不是剛打了一根樁就開始賣樓花，這樣就會讓無息的資金、預售款、按揭貸款來買房的現象減少，房產商的債務率也會降低，透支的現象可以大大減少，對施工單位長期墊資的現象也會管制到位。三是經營模式轉變。房地產開發從 100% 銷售型開發轉型為銷售部分長租持有出租的模式時，也會出現資產負債率的降低。如果租賃型的企業不用資本的方式解決租賃，而是用長期貸款的高利息的方式來租賃，這邊租賃的費用還不夠還利息，資金鏈一斷就會導致破

產的。如果租賃的資產採用了資本的形式，用了資本的形式以後，長期出租，租金又以 REITs 的方式參與直接融資，這屬於一種資本形態的運轉，並且區別於商業銀行貸款。這就解釋了為甚麼香港有那麼多的 REITs 企業。由此可見，中國房地產的高債務經營模式必然在今後十幾年得到徹底的改變，負債率一定會從 80% 降到 50% 以下，在 40%── 50% 之間。

第六，房地產企業的經營模式會發生變化。整個中國的房地產業在過去幾十年裡，就像大皮包公司一樣不斷買地造房。造了房子以後就緊趕慢趕地把自己 20 萬、50 萬平方米的樓盤儘快脫手賣掉，非常快的流水。哪怕它都做好了，工程保質量，其實也很可憐。大家有時候覺得中國最富的人、最發橫財的人就是房產商，認為房價漲了 10 倍，那麼房產商不是富得流油了嗎？其實我覺得這裡面是一種想當然的誤解。由於房產商像貿易公司一樣快進快出、大周轉的商務模式，一手進一手出，比如造了 50 萬平方米，當時的造價每平方米成本是 1 萬元，銷售價格是 1.2 萬元或 1.3 萬元，扣掉一切成本有 15% 回報的話，可能已經是一個比較好的結果了。近十幾年，要說中國房價漲了八倍也好，十倍也好，最高興的是買下這 200 多億平方米房子的老百姓們，差不多有一億多戶居民。不管你是 5 年前買的、10 年前買的還是 15 年前買的，反正這些人都享受了這十幾年房地產的發展，大家都很高興，儘管這個房子大家是自己住的，大部分買房者並沒有把房產增值的錢套現，但算算賬心裡也高興。

從這個角度，整個房產商的經營模式，造出多少、銷掉多少，幾乎是滾雪球一樣在滾的。對房產商的運營模式來說，這其實是最笨的一種。但它之所以這麼幹，又是因為它白手起家，土地的錢也不是自己的，是借來的。造房的錢、開發的錢也是借來的。預售的周轉資金

也是從老百姓借來的，甚至還要拖欠工程款，還要拖欠買房人的錢。在這樣的背景下，最好的房產商就是造好以後趕快回收，回收以後現金回流，還賬，還完賬轉了一圈能夠有 10%、15% 的利潤就很高興，他當然就無法去獲得十年以上的超級利潤。

在這件事上，李嘉誠讓我印象很深。他 1993 年在浦東搞了一個別墅小區世紀雅園，因為是自有資金，所以 2000 年造好以後也不急着賣，先租 10 年，到 2010 年，世紀雅園的房子已經從 2000 年的每平方米 1 萬元變成 7 萬元，他就把租賃合同到期的房子全部收回，然後他又去每平方米花了一萬多元裝修一下，統統按照每平方米 8 萬元賣掉，立馬全部賣光。500 套別墅他賺了許多錢。

當期造了就賣的商務模式不一定是一種好的模式，可能是高比例向銀行或金融機構貸款，被倒逼還款的需要。美國人的房產商，基本上 50%、60% 的房產是自己持有，有 30%、40% 比例的房子造好了就賣掉，所以負債率本身是在 40% 左右。剩下 50%、60% 的房產就自己持有，持有以後就出租。出租三五十年，那麼房價上升的好處就都歸房產商所有了。但他出租以後也不會就把自己的本金全套在裡面，既然出租就有租金，有租金就可以用 REITs 的方法，每年的租金來付 REITs 利息，然後有信託公司給你一筆資金。這個資金不是債務，而如果信託公司發一筆信託給你，那就是債務，而且是比銀行利息高三到五個點的債務；但如果是 REITs 的話，就有點像是資產證券化一樣，是以現金流作為抵押，比如你的房子值 100 億美元，它把 100 億美元資金給你。這 100 億美元資金表現在你的賬上，不是負債 100 億美元，而是一個資產轉換。所以這件事是合理的，可以做的。

今後中國的房產商租賃、長期持有的比例會逐漸增加。我認為，十年以後中國的房屋結構中會有 50% 左右是租賃的，50% 左右是商

品銷售產權房。50% 的租賃裡面會有 20% 是政府出資造的保障房、公租房，租賃給低收入群體。低收入群體只要交的租金能夠支付政府保障房款的利息就可以了。政府可以把這個本金給信託公司搞一筆 REITs，政府也不負債。REITs 的利息就只要按照老百姓付的租賃款保證平衡就行。

出租以後，如果老百姓因為各種原因流動到別的城市去了，房子退出來就給新居民中的困難戶，形成一個平衡。這個應該佔 20% 以上。現在我們租賃的保障房只佔 5%，社會保障房的比例要增加到 20% 是需要的，還剩下 30% 是房產商的經營模塊。也就是說剩下房屋裡的 30% 是租賃房，50% 還是保持現有的產權銷售房。

這裡說的都是新增的房，與存量房不相干。中國存量房百分之九十幾都是自己的產權房。中國的住房私有化、家庭產權化的房屋的比例世界最高，比新加坡、美國、歐洲都要高。但是住房質量結構年份不同。有的房屋是新建的，有的房屋是陳舊的。居民結構性的調整還是會不斷產生各種各樣的需求的。

現在說的是新建住房，去年新建 17 億平方米中 90% 多就是產權銷售。今後十年，比如到 2030 年新建 10 億平方米，有可能 5 億多平方米是產權房，然後有 2 億多平方米是商品租賃房，有 2 億多平方米政府造的保障房等。這樣比例就把它調過來了。或者按照我剛剛說的 50% 的房子是商品產權房，30% 是商品租賃房，20% 是政府保障房，大概按照這樣的邏輯展開，開發商的租賃房都變成了不負債的房，開發商的負債率也會下來。

以上六個趨勢性判斷包含新房交易量、開發重點方向、房產價格、房地產企業總量、房地產企業負債、售租並舉模式，涵蓋了土地供給、企業供給、資本供給、貨幣供給等諸多內容。總的來說，供給

側的這些變化會影響到房地產業以及其他與之相關聯環節的變化。這是因為供給側的變化是根基型的、主幹型的，它的變化會對房地產業各個方向產生顯著的影響。習近平總書記多次強調：「房子是用來住的，不是用來炒的。」「房地產調控要綜合運用金融、土地、財稅、投資、立法等手段，建立長效機制。」中國房地產的這六個趨勢，正是我國房地產業實現高質量新型發展的必然結果，必將成為「新時代」的一個「新常態」。

面對這樣六個趨勢，開發商的發展方式是否應當予以調整，融資方式和槓桿管控應該有怎樣的變化呢？我們現在說的房產商規範的融資渠道一般有十六種，這十六種定義很明確。我在這裡只是把標題列舉一下，這應該是一個常識。

第一，應該有自有資金。

第二，應該有銀行貸款。

第三，預售房款。老百姓按揭貸款交的預售房款，也是一種借款。

第四，建設單位的墊款。合同裡就寫上了，是開發商很聰明地利用了建設單位的資金為自己服務，是強行拖欠的，不合理的。

第五，房地產信託。

第六，可以上市融資。

第七，房產商品證券化。

第八，聯合開發。讓合作單位把錢一起給你打進來。

第九，開發商的貼息貸款，這相當於賣房信貸。開發商有意拿出10億元，這10億元是貼息貸款，引導老百姓買他的房子。你買我的房子100萬元，你自己首付30萬元，你另外70萬元銀行貸款，銀行貸款裡面我給你貼3個百分點。貼了以後，你看到這個貼息貸款肯定就來買我的房子，我的房子就很容易周轉了。

第十，售後返租。房產商賣房子後又找戶主租回來，房產商去做酒店式公寓出租，保證給戶主10%、15%的高利息，對買房的人來說是一個刺激或者誘惑。理論上，在正常的循環裡有合理性。但到後來就變成高息攬儲，最後一堆壞賬。

第十一，海外融資。海外融資利息比較低，一般是1%、2%的利息。借了外國的債券或者資金，一般就是2%、3%的利息。從這個角度，非常划得來。但如果遇到人民幣匯率突然貶值，匯率上的損失帶來的衝擊可能比利息上的損失還大得多。那麼這就看房產商的借款週期了。

第十二，融資租賃。

第十三，私募股權。

第十四，債券融資。

第十五，房產商不是用它的企業融資而是用項目融資，用項目做擔保來融資。

第十六，夾層融資。夾層融資既是股權又是債務。用股票市場的話就是債轉股，裡面有一個抽屜協議。

以上說的這十六種融資方式在合理的信用「度」裡面，都是規範的金融槓桿工具，是一個正常的開發商腦子裡該有的融通工具。如果做得好，房產商有信用的話，每一種都是良性的，是正當的工具，但在房地產商高槓桿運行、信用透支的情況下，在房地產商把事情做糟、資金鏈發生斷裂的背景下，這十六種融資渠道每一種都會成為麻煩的來源，每一種都是「魔鬼」。

作為房產商，面對今後十年的房地產發展趨勢，應該以甚麼樣的運行方式，校正過去大規模發展、高槓桿舉債的行為呢？至少有那麼五條。

　　第一，房產商要改變四面出擊、盲目擴張的發展戰略。21世紀以來的這十幾年，許多房產商都像打了雞血一樣，四面出擊，往往到各個城市圈塊地，砸款，最後五六個樓盤同時四面開花。這種四面開花、四面出擊的搞法，最後的結果就是自顧不暇，管不過來，最後形成爛尾樓。這是一個問題。不要因為別人的邀請，或者沒有經過自己深入的思考、調研、市場分析就到處佈點。

　　第二，不要動輒去造三五百萬平方米甚至1000萬平方米的大樓盤。一個房產商造幾百萬平方米、1000萬平方米，往往佔地也十幾平方千米或者20平方千米，實際上是在造一個城。政府管理一個城，有十幾、二十幾個委辦局，涉及非常複雜的概念。你一個房產商圈了幾十平方千米，認為這幾十平方千米你甚麼事都擺得平，最後你就會因為各種環節中某一個環節沒搞好而雞飛蛋打。

　　第三，總體上不要高負債，不要拖欠工程款，特別不要去借高利貸。不要跟身邊的職工借錢，房產商窮極無賴，把職工的錢都套來，還有高息攬儲式的售後回租也要杜絕等。

　　第四，不要去做產能過剩、庫存很大的事。人不要在危崖下過日子，不要在危岩滑坡的地方造房子，總之自己要找到一個生態。

　　第五，不要因為腳踩西瓜皮而滑向違法的深淵，不要以鄰為壑，也不要粗制濫造造成安全事故。

　　我自己感覺，在這些新的趨勢下，理性地想問題，房產商就應該有這麼五個調整自己心態和行為方式的規則來自我約束。

　　同樣的邏輯，面對今後十年房地產市場發展的這六大趨勢，政府應當如何調控、管理房地產行業呢？就應按照習近平總書記說的房子是拿來住的，要建立房地產市場化、法治化的要求來調控。要建立房地產的市場化法制化的調控機制，要從金融、土地、財稅、投資、立

法五個方面來解決好房地產的調控問題。但大家在操作的時候，對甚麼叫做市場的、法治的或者稅收的或者土地合理管理的具體邏輯如果不清晰的話，那拍腦袋一想還是行政手段最直截了當、簡單明了，以至於限購、限貸、限賣、限價，帶出許多歧義，這都不應當。

總之，對真正的有為政府來說，這一類行政性的限制，臨時為之可以，但長遠地把行政限制變成常態的話就是政府的手伸得太長。黨中央的決定反覆強調，市場是資源配置的決定性力量。政府要做好服務，不能把政府變成決定市場配置的力量，政府的手伸得太長，有時反而適得其反。

但政府怎麼調控呢？我覺得有六件事、六個調控原則，政府只要把它做好了，做到位了，房地產業就一定能調控好。大道至簡，這六條原則這些事其實很簡單，只要講清楚、負責任就能管好。

第一個原則，管好房地產投資佔城市固定投資的比例。在地產發育期，房地產投資高潮時佔比不超過 25%，而在地產發展規模上了天花板進入平衡期，正常時控制在 15% 左右。房地產投資項目的土地規劃、設計、開工建設一般都是需要政府批的。一個城市的總投資，房地產在任何時候也別超過 25%。如果房地產高潮過了，已經進入正常狀態，每年折舊需要更新的投資佔這個城市的總投資別超過 15%。這是一個控制。這個控制不是去控制老百姓，而是控制開發商的開盤量、投資建設量。如果看着這個比例已經超過 30% 了，那政府就應該收束房地產商的開工建設量。

第二個原則，房產商買地不應負債，不能背着銀行去批租土地。管住這個，炒地王的事情就被遏制了。地王的產生都是因為房產商背後有銀行，所以政府的土地部門，只要資格審查的時候查定金從哪兒來，拍賣的時候資金從哪兒來，只要審查管住這個，就一定能管住地

王現象的出現。而地王現象就是房價炒高的根本性原因，房價炒高的重要原因之一是政府沒控制住地價，而地價控制不住的根本原因是開發商背着個銀行，高槓桿批租土地。要管住房產商買地的錢口袋。

第三個原則，管住政府賣地的地價。一般來說房價是地價的三倍。如果地價每平方米賣到 3 萬元，那房價就是每平方米 9 萬元。政府只要在這個地方加以注意，假如這個地方現在的房子是每平方米 3 萬元，如果樓面地價賣到 1 萬元，批租以後這周圍的房子不會漲價；但如果樓面地價賣成 2 萬元了，人家一算賬，地價 2 萬元房價可能以後五六萬元。那現在每平方米 3 萬元的二手房聞風而漲。地價炒高了，政府的土地收入會增加，好像也是為老百姓謀福利的錢增加了，但整個社會房價一高，工商產業的營商環境就出問題，風氣也會搞壞。管住樓面地價不要超過當期周圍房產價格的三分之一。如果這地方原來是每平方米 2 萬元，現在已經到了每平方米 3 萬元，政府賣的樓面地價的三分之一就是 1 萬元。總之，政府不能隨意推高地價，這是第三個原則。

第四個原則，管控好買房家庭的按揭槓桿。第一套房子可以 20% 或 30% 的首付，70% 或 80% 的按揭，而且就應該按揭。你不要因為限購有意地不讓老百姓按揭。按揭不給了，老百姓剛需也買不動房。現在很多地方老百姓剛需買房要貸款，但貸不到款，這又做過頭了，走極端了。第二套房往往是改善性的，可以 50% 的首付 50% 的貸款。第三套帶有投資性，基本上不給按揭，100% 帶着自有資金買房。你是在炒房，你賭房價會漲，政府不鼓勵，所以我不給按揭貸款。至於你自己有錢，你願意拿 200 萬元直接買一套房，一分錢不借。你買了以後房價漲是你運氣，賠了也是你自己承擔，但不會帶來全社會貨幣槓桿的膨脹。

　　第五個原則，任何一個地方造房子要控制住「三個」總量。一個是商品房。一個城市的標準大體上人均 40 — 50 平方米，1000 萬人就是 4 億 — 5 億平方米。這四五億平方米當然既包括老房子等過去幾十年、幾百年形成的存量房，假如已經有 3 億平方米，就新建 2 億平方米。根據人口擴張的各種各樣的需要，這是一個定勢。在這個意義上要有理性，總有個供求平衡的拐點。第二個是寫字樓。一個城市大體上，每 2 萬元 GDP 需要 1 平方米寫字樓。如果是 1 萬億元 GDP 的大城市，這個城市裡面總的有 5000 萬平方米寫字樓，這是包括所有企事業單位的辦公樓。可能有一部分的面積是在學校、醫院，各種各樣的企業、事業單位裡的辦公樓，還有一部分是城市商務中心地區集中的幾十棟、上百棟樓。這個也有一個規模，不能無度。第三個是商舖的面積。大體上，也是每平方米 2 萬元的零售額。如果這個城市每年全部的商業零售額是 5 千億元，造了 5000 萬平方米，那麼一半就會供過於求，閒置過剩。總而言之，這裡面有一個概念，2 萬元的零售額產生的毛利，運行的成本都去掉以後，把這一平方米的房屋租金也攤在裡面剛剛能平衡。這個指標大體是過去十幾年經驗數據的歸納，現在有一個互聯網時代的因素。現在的網絡銷售、快遞興起以後，網絡快遞分流了實體商店三分之一以上的商品。現在大量的實體店空關或者變成餐飲業、小孩子的娛樂場所等。從這個角度，最近做商業零售的都是比較困難的。這方面有些經驗系數都要調整。

　　第六個原則，推動住房雙軌制體系建設。形成產權房、租賃房和商品房、保障房體系。這就是整個房地產市場形成 50% 左右是商品產權房，50% 左右是租賃房，租賃房裡有 40% 是政府保障性公租房，60% 是房產商的商業化租賃房，這樣形成雙軌制的一種商業、零售、銷售、經營的狀態。政府用這些市場化的調控方法，使得整個房地產

秩序良好。

　　總之，實際上就是實打實地按經濟規律，把這幾個方面堅決地、合理地調控住。我認為，在這些大的趨勢下，理性地想想，房產商就應該有這麼五個調整運行方式和行為心態的規則來加強自我約束。政府則應該更好地按照習近平總書記的要求，市場化、法治化地進行房地產調控。

　　如果能達到這樣，我想我們國家今後的十年，房地產還是支柱產業。房地產產生的 GDP 至少佔全部 GDP 的 5% 以上，6% 左右。另外，房地產在發展過程中，哪怕每年的基建建築量小了，只有 10 億平方米，也還是差不多十幾萬億元投資拉動的過程。同時，房產商還帶動幾十個工業製造業的行業產品，是個龍頭行業。總之，房地產在各個國家任何時候都是一個支柱產業，是一個涉及老百姓安居樂業的民生產業，涉及比 GDP 規模大 2 倍的社會財富。從這個意義上講，房地產的和諧和穩定，也是我們國民經濟和諧穩定的標誌。今天就講這些。

答學生問

問題 1：

　　您好，黃教授，我想問一個問題，如果像您之前分析的，中國未來十多年房地產行業將出現增速放緩的趨勢，這對於中國當下很多地方政府的財政，包括有些地方的債務問題，會有甚麼樣的影響？地方政府會否需要通過一些新的方式，去解決它的債務問題？因為之前，很多時候它的財政是依靠土地的快速升值。

黃奇帆教授：

　　這個問題問得很精準。實際上，過去十幾年、二十年，地方政府幾乎 40%、50% 的財力靠地價、靠房產稅收來產生。也就是說，一方面是我們整個國家的發展；另一方面，銀行貸款、房地產也拿了一半。大家知道，現在房地產佔有的全部貸款量是 100 萬億元，工業工商製造業的全部貸款量是 70 萬億元。

　　所以我們說中小企業資源都被房產捲過去了。這是一個。

　　政府的財力，一半也是和房地產有關。土地批租就在裡面佔 30%。再加上房產業務本身產生的稅收等，也佔百分之十幾，加在一起佔 50% 左右。在這個意義上講，過去十幾年的發展方式，變成被房地產綁架也好、土地財政也好，有這個客觀事實。一方面，房地產推動了中國經濟發展，但另外一方面，也變成了製造業脫實就虛，中小企業融資難、融資貴的一種原因。我們轉變發展方式，如果看到今後十幾年，房產發展的趨勢總量是逐步在收縮的，那麼政府就不能再那

麼依賴於房地產搞發展，政府本身就要主動地轉軌，在製造業裡面找稅收，在新興服務業中找效益。通過這樣一個轉軌過程，如果到了十年以後，房地產只佔整個中國貸款資源的四分之一了，政府的財政中房地產只佔 15% 了，這個時候，可能整個中國經濟會更加的欣欣向榮。

問題 2：

黃老師您好，我想替在座的年輕人提一個問題。因為現在房地產，大家都講，包括中央的基調也是穩。穩的話，現在房價收入比，比如在上海，整體上說可能畢業後差不多 15 年到 20 年，或許是 30 年才能買房。這樣 30 年的話，大家慢慢看不到希望了。現在，香港為甚麼很多人買不起也租不起房，我們現在在上海還租得起。如果長時間維持這麼高，而收入沒有大的增長的話，這樣對年輕人來說會不會看不到希望了，會不會引起一些社會問題？

黃奇帆教授：

香港的住房問題主要是缺口很大。香港 760 萬人，380 萬人住在政府的保障房內。也就是說，它的全部居民 50% 住保障房，然後還有 50% 是商品房。就這個比例來說，保障度並不低。它的問題在哪裡？它保障了 50%，但保障水平是非常糟糕的。現在中國內地城市住房人均面積 40 多平方米。內地最低保障線，要麼不配置，一配置總是人均要達到 15 平方米以上。而香港是把 4 — 5 平方米作為他們保障房的基準。也就是說，香港有 380 萬人，住在人均 4 — 5 平方米的公屋裡。如果是三口之家，只有十幾平方米。2017 年 6 月，我在香港考察保障房，林鄭月娥和我一起去看了四個公屋樓盤，就是他們的保障房，外

面看看蠻好的，都四五十層，電梯坐上去，但一進去以後都是問題。一個房子十幾平方米，三個人住着，也不可能再分出大間、小間，就是一間。這邊廁所也好、廚房也好都混在一起的。如果有客人來，也是在這裡住着。晚上睡覺架床疊屋的居住方式，如果臨時當宿舍一樣住三年五年，都沒關係，畢竟人都有落魄、艱苦的時候。如果你想着世世代代住這裡，而且你住完以後你的下一代也要住在這裡，人會很悲觀的。在這個意義上，我那天跟林鄭月娥討論的時候還說香港的公屋如果能把現在的 4 — 5 平方米增加 10 平方米，那麼情況就會好得多。380 萬人每人加 10 平方米，造 4000 萬平方米，以香港的容積率 1：4，其實只要拿出 10 平方千米的土地，10 平方千米就是 1000 萬平方米，1：4 容積率造出來，再一分配，其實就能解決，非不能為也，而是還沒來得及幹。

我們現在每個城市的人均住房面積，平均在 40 平方米到 50 平方米之間。不管我們年輕人怎麼樣，如果沒房子，住在父母的地方，人均也是 40 平方米。當然也有小的，但也不會小到香港的七八平方米，至少 15 平方米。從目前內地老百姓住的角度講，肯定比香港、比新加坡住得還好，因為內地這 30 年造房子，新造了 200 多億平方米。你想想，加上過去幾十年、上百年各類地產積累的存量房共有 300 多億平方米，給我們差不多 7 億多人居住，儘管農民工在城裡，還沒在這個範圍裡。這 7 億城市居民，有這新增的加存量的 300 多億平方米，一人 40 平方米就加上去了。我們現在房子是夠住的，要害就是你說的價格。如果畢業後 30 年才能買房，那麼就沒希望。所以不要提倡老百姓人人都要自己買房子住。其實他老爸老媽，現在 50% 以上的房屋產權，是當年計劃經濟的時候，單位分配，也是公房出租配租，後來變成私房。

　　總而言之，可以採用公租房、廉租房的方式來解決。廉租屋至少也是 15 平方米，公租房至少 20 多平方米，大家用比較低的租金來租。我看到上海的公租房挺不錯，一些證券公司年收入 20 多萬元的人，只要沒房子，只要願意來租公租房，而且真的是自己住的，基本上都能申請到。

　　在這個意義上，不要也不應奢望，每個人工作 10 年、20 年，都能買商品房。有錢就買，沒錢就公租房。政府只要把公租房系統順當地敞開，不要像香港一樣，六七年搖號搖不到，要等 10 年，好不容易挨到了，面積又小得可憐，你只要申請了，一年、兩年、三年總是能拿到這個房，那我覺得問題好解決。總之，雙軌制把它解決好。

　　當然房價的控制不能大起大落，不能靠一場危機，把每平方米 3 萬元跌成每平方米 1 萬元。總之，房價以平穩為好。對於有困難的群體，現在的房價哪怕跌一半也買不動的人，那就是由保障房系統、雙軌制來解決。

對外開放

新時代國際貿易新格局、新特徵及以「三零」原則為基礎的 FTA 發展趨勢

上課日期：2019 年 4 月 9 日

課程摘要：近 40 年以來世界貿易的格局，國際貿易的產品結構、企業組織和管理的方式，國家和國家之間貿易有關的政策均發生了重要的變化。貨物貿易中的中間品的比重上升到 70% 以上，在總貿易量中服務貿易的比重從百分之幾變成了 30%。產品交易和貿易格局的變化，導致跨國公司的組織管理方式發生變化，誰控制着產業鏈的集群、供應鏈的紐帶、價值鏈的樞紐，誰就是龍頭老大。由於世界貿易格局特徵的變化，由於跨國公司管理世界級的產品的管理模式的變化，也就是「三鏈」這種特徵性的發展，引出了世界貿易新格局中的一個新的國際貿易規則制度的變化，就是零關稅、零壁壘和零補助「三零」原則的提出，並將是大勢所趨。中國自貿試驗區的核心，也就是「三零」原則在自己這個區域裡先行先試，等到國家簽訂 FTA 的時候，自貿試驗區就為國家簽訂 FTA 提供托底的經驗。

　　今天跟大家講一個比較新的題目。內容都是當前整個世界或者是說最近的五年、十年整個世界貿易、世界經濟發展中，比較重大的一些題目。我覺得做報告要符合五條原則。

　　一是我在這個地方做報告，一定是宣傳黨和國家重大經濟方針政策，或者是對重大經濟方針政策的理解和判斷。

　　二是既然是在復旦大學學術課堂上講課，那麼講的東西應該是符合國際經濟學原理的。

　　三是如果符合前兩條，但是內容跟當前的熱點、重點、焦點沒關聯，不接地氣，大家的興趣也不會高。我如果講五年、十年前的事情，也可以符合國際經濟原理，但不接地氣，沒有跟熱點、重點、焦點聚合。

　　四是符合這三條，可能也是老生常談，如果大家都講差不多的東西，那意義也不大。要講的應該要有一定的深度，有比較獨特的視角。

　　有了這四條好像看起來也夠了，但我覺得這個課堂的老師跟學校裡的一般教師還有不同。一個優秀教師準備一個講稿可以跟一屆一屆的一年級講、年年講，講 5 次、10 次，講一輩子也是可以的。我來這裡講，不是單純來做一個老師，可以一個內容重複講 10 次、20 次。儘管學生對象可能變化，但是重複講意思不大。所以，第五，我們在這兒開講，每次講的內容都不同，也就是說我不僅不要去重複別人講過的東西，也不重複我自己以前講過的。

　　從這個意義上，今天講的跟前面的資本市場、宏觀調控、供給側結構性改革、房地產的內容都有點不同。以後我講課的內容，一般會在開學初跟學校裡商量，這個學期講四講，講哪四講；下學期開始了，又講哪四講。半年定一下。如果一年就把全年要講的都定了，可能到時候又不接地氣了，因為形勢變了，大家關心的熱點可能不同了。半

年定一個格局，排個序。講了以後，下半年再排個序。大體按照這樣的做法來講，完成這個課堂的任務。

今天講的是國際貿易新格局，以及各國政府對國際貿易的管理方式、制度。根據我自己的理解對國際貿易的制度和新的趨勢進行一些講解，儘可能講得讓大家聽起來有趣，聽得明白。

今天要講的內容一共有八個要點。大家只要記住這幾點，今天的報告內容就都在裡面了。

第一，這三十多年來，世界貿易的格局發生了變化，國際貿易的產品結構也發生了根本性的變化。

在三四十年前，也就是 1980 年、1990 年。這期間，就是 20 世紀 80 年代的時候，國際貿易的總量當中，70% 左右是成品的貿易。你這個國家把拖拉機賣給我，我這兒把機床賣給你。總之，是一種產成品的交易。由一個國家、一個地區、一個企業做出來的產品，賣到另外一個國家去。當時，產成品之間的貿易佔全世界貨物貿易的比例，一般達到 70% 左右。

到 2010 年的時候，整個世界的總貿易額裡面，60% 的貿易量是中間品的貿易，是零部件、原材料等各種中間品的貿易。

這是 2010 年的時候，比例其實倒了過來，就是說 60% 是中間品，40% 是產成品。

又過了七八年，到了 2018 年，如果再根據總貿易量裡面的品種測度一下的話，貿易量中的 70% 以上是零部件、原材料和中間品。這裡面出現了一個現象，就是世界上主要的貿易品，已經不是由一個國家、一個地區的企業來把它生產出來，賣到另外一個國家，往往是幾十個國家，幾百個企業，生產的上千個零部件互相組合，形成的一個產品。也就是這個產品，不是一個國家做的，是幾十個國家，是幾百

個企業，在不同的地方生產組合的。

　　這樣一個過程就產生了中間品的貿易，也是這個過程產生了服務貿易的飛速發展。這三十年的服務貿易，包括生產性物流、生產性服務業，產業鏈金融，各種各樣的科研開發、研究設計。總而言之，在三四十年前，在全球貿易中，服務貿易跟貨物貿易來比的話，是 5：95 的關係。現在，服務貿易的總量跟貨物貿易的總量大概是 30：70 的關係。

　　總之，這三十年來，出現了全球貿易格局的兩個巨大變化。一個是貨物貿易中的中間品的比重上升到 70% 以上。第二個是服務貿易和貨物貿易的總貿易量中，服務貿易的比重從百分之幾變成了 30%。產生這種結果的原因，既是全球製造業水平分工和垂直分工演變發展的結果，也是全球服務貿易加速發展的結果。這十幾年、二十幾年全球服務貿易始終有 15% — 20% 的增長率。在中國，最近這十年服務貿易每年的增長都在 25% 以上。所以中國服務貿易的量是三年翻一番，全球服務貿易是五年翻一番，而貨物貿易一般要十年翻一番。在這個意義上，世界貿易格局變了，表現為貨物貿易中的零部件、原材料、中間品的比重得到了極大的提升，服務貿易的比重也得到了極大的提升。整個生產力體系這方面的變化，正在影響和產生新的世界貿易規則。

　　第二，由於產品交易、貿易格局的這種變化，生產這種產品的企業的組織、管理方式也發生深刻的變化。

　　現在一個產品，涉及幾千個零部件，由上千個企業在幾百個城市、幾十個國家，形成一個遊走的邏輯鏈，那麼誰牽頭、誰在管理、誰把眾多的幾百個上千個中小企業產業鏈中的企業組織在一起，誰就是這個世界製造業的大頭、領袖、集群的靈魂。所以現在看世界的製

造業，不像幾十年前，看一個一個單個的企業規模多大，而是看產業鏈的集群、供應鏈的紐帶、價值鏈的樞紐。誰控制着這個集群，誰是這個紐帶的核心，誰是這個價值鏈的樞紐，誰就是龍頭老大。

比如蘋果公司，蘋果手機裡面，一共涉及 500 多個各種各樣大大小小的零部件。全世界有幾百個企業，在為蘋果加工零部件。涉及幾十個國家。這幾十個國家的幾百個企業各個有專利，並不是說蘋果發明了手機的全部專利，然後把專利交給了這些配套企業、零部件廠、中間廠，讓他們為蘋果來進行製造。事實上，這個產業鏈上的中小企業、零部件供應企業，各有各的專利，各有各的拿手好戲。他們的這些專利、拿手好戲，都是蘋果不掌握的。但是蘋果產生了標準，產生了紐帶。所有供應鏈上符合蘋果標準的各種各樣的產品，你有創新、有專利、有各方面的知識，蘋果就選擇了你。有人說核心技術只要我有，我不賣給你，你手機就停產了。這話也沒錯。假如高通不把芯片賣給蘋果，那蘋果不就癱瘓了嗎？問題是蘋果是世界使用芯片最大的戶頭。如果蘋果不使用高通的芯片，高通就死了，是高通先死，而蘋果還有其他的芯片可以選擇。蘋果只是遇上一點困難，而高通丟棄了市場，立馬就會死。所以，在這個意義上，當今世界的產業鏈，產業巨頭，產業競爭能力，不僅僅是核心技術的競爭，不僅僅是資本多少的競爭，講資本，講技術，更講產業鏈的控制能力。

誰如果控制產業鏈，誰其實就是在給出行業標準，就是大頭。產業鏈的行業標準十分重要。各種各樣的零部件專利發明，是圍繞着這個標準，我發明了專利，但要符合你這個標準，你才會用我的專利。提升標準的基礎在於產品的整體設計，是基於對產品的性能、結構、形體外觀、生產工藝的整體設計而產生的。因此，能提出行業標準、產品標準的企業往往是產品技術最大的發明者。誰控制供應鏈，誰其

實就是供應鏈的紐帶。你在組織整個供應鏈體系，幾百個、上千個企業，都跟着你的指揮棒，甚麼時間、甚麼地點、到哪兒，一天的間隙都不差，在幾乎沒有零部件庫存的背景下，幾百個工廠，非常有組織、非常高效地在世界各地形成一個組合。在這個意義上講，供應鏈的紐帶也十分重要。

價值鏈是在說甚麼？當這個世界幾千個大大小小的零部件、組件在組合的時候，實際上都在做貿易。這個貿易的幾百個企業，幾千個零部件分佈在幾十個國家，各種各樣的城市裡。是不是每單之間，零部件和零部件廠，零部件和總裝廠都在做貿易，都在相互結賬？其實不是這麼結的，它是一個通過互聯網，通過通信系統在世界上某個自由港形成一個結算點。蘋果公司一年產生上萬億美元的總銷售值。這個銷售值，是所有的零部件廠平行地都跟蘋果的結算中心發生網絡的直接聯繫，然後進行結算。

結算選擇地往往是在某個自由港地區。跨國公司之所以選擇自由港地區，首先是這種結算涉及全球，往往是離岸的結算、低稅收的結算、自由港的結算。在不同的國家之間，你是美元，他是歐元、人民幣、韓元。外匯交易是個離岸交易。離岸交易中心往往是在自由港。其次，選擇自由港是為了降低稅費，自由港的稅率只有 15%，甚至 12.5%，所以它的結算稅收低。再次是因為人才，自由港往往有高層次的金融會計、精算人才集聚服務。跨國公司的結算點，不是在幾百個企業、幾百個城市、幾百個活動點上發生結算，而是利用現代通信系統匯總在這個結算點結算，這就形成了價值鏈樞紐。

我在重慶的時候，在 2008 年、2009 年把惠普拉到重慶來建廠。當時一台筆記本電腦就有一千五六百個零部件，比手機的零部件多。我們定了項目開始幹了以後，我問惠普董事長你在哪裡結算？他說在新

加坡。我説你明明在我這兒生產，為甚麼在新加坡結算？他説，新加坡是個自由港、離岸市場，稅率低、人才集聚。惠普整個亞洲所有的生產點、研發點、零部件的點，統統不在當地做結算，都跟新加坡的惠普結算中心做結算。然後由結算中心結算出來錢支付給各個零部件配套企業，也支付給各種物流、研發的單位，也支付各種專利等。

我也跟他討論過，2008 年、2009 年的時候，中國內地一年有差不多 3 萬多億美元的進出口，其中 1.8 萬億美元是加工貿易，但我們 1.8 萬億美元的結算都不在中國內地。接近 4000 億美元在新加坡，3000 億美元在中國香港，還有 3000 多億美元在愛爾蘭，愛爾蘭是英國旁邊的一個自由港。還有一部分是在中國台灣、韓國首爾以及日本東京。就是説整個接近 2 萬億美元的結算都不在中國內地。中國內地只是在做加工的苦力。金融結算產生稅收，不僅是所得稅，還包括專利稅、版稅，金融結算產生高附加值的服務貿易，這些都不在中國內地。從這個意義上講，誰擁有這個產業鏈、價值鏈的結算樞紐、結算點，誰就擁有這個產業鏈的財富中心。

大體上，由於這三四十年出現了幾十個國家，幾百個企業共同生產一個產品的情況，就使得這個產品在加工過程中的產業鏈形成上中下游的產業鏈集群。這個集群中各種企業，互相供應零部件、原材料、供應金融服務，整個體系服務鏈，生產性服務業，整個服務貿易都在這個供應鏈中體現出來。這個供應鏈的紐帶，起着樞紐的作用、關鍵的作用。最終這個紐帶也好，產業鏈也好，當然要賺錢要結算。誰掌控這三個點，掌控樞紐，掌控紐帶，掌控產業鏈的集群，誰就是世界貿易中的產業巨頭。你掌控了這「三鏈」，但你沒錢，不用擔心，各種私募基金、產業資本都會往你這兒來，因為你有錢賺、有市場。你掌控了這「三鏈」，有技術的人都為產業鏈服務，做芯片也是零部

件，做液晶面板也是零部件。有些核心的東西它可以自己做，也可以供應商來做。但是蘋果公司沒做芯片，也沒做液晶面板，三星又做芯片，又做液晶面板。三星的舉國體制是韓國特有的。從某種意義上講，產業鏈是在分工當中產生的。世界貿易是在互動中形成的。這個過程中，新的貿易格局形成了新的世界級企業的產生方法和控制產業的特徵。特徵就是「三鏈」，價值鏈、供應鏈、產業鏈。產業鏈的集群、價值鏈的樞紐和供應鏈的紐帶。這是第二個特徵。世界貿易格局由第一個特徵引發第二個特徵。跨國公司適應這種貿易格局、生產方式的變化，它的組織方式、控制方式、管理方式也發生變化。

第三，由於世界貿易格局特徵的變化，由於跨國公司管理世界級的產品的管理模式的變化，也就是「三鏈」這種特徵性的發展，引出了世界貿易新格局中的一個新的國際貿易規則制度的變化，就是「三零」原則的提出。

第一個，零關稅。本來 WTO 從關貿總協定開始，宗旨就是努力地推動自由貿易，降低各國的關稅。50 年前關稅平均是 50%—60%。到了 20 世紀八九十年代，關稅一般都降到了 WTO 要求的關稅水平，降到了 10% 以下。WTO 要求中國的關稅也要下降。以前我們汽車進口關稅最高達到 170%。後來降到 50%。現在我們汽車進口關稅還在 20% 的水平。但我們整個中國的加權平均的關稅率，20 世紀八九十年代是在 40%—50%，到了 90 年代末加入 WTO 的時候到了百分之十幾。WTO 給我們一個過渡期，要求我們 15 年內降到 10% 以內。我們到 2015 年的確降到 9.5%，到去年已經降到 7.5%。現在整個世界的貿易平均關稅已經降到了 5% 以內，美國現在是 2.5%。

講這段是說 WTO 的運轉功能，已經使得在世界貿易發展中，各國關稅不斷下降。關稅越低，越代表了一種貿易的自由化。但這個低

關稅在世界貿易變化的格局中也不適用了。因為不管怎麼說，你要收3%或者5%的關稅。如果我生產了一個杯子，賣到你國家，你這個國家只是在我這個杯子價值上加5%的關稅倒也不覺得有甚麼。但是如果我這個產品，中間的環節有幾次、十幾次要經過各個國家的海關，要跨越各個國家的國界。因為是幾十個國家，在共同生產一個產品，這個時候，這個國家的零部件做出來了，到另一個國家變成一個部件。部件做出來了，再到又一個國家，變成一個模組，一個系統件，系統件又運到最終總裝廠，經過四個國家。如果這四個國家都跟你徵5%的關稅。這一流程就重複形成了百分之十幾的關稅，而且把勞動力、物流、運輸中的這些非產品的硬件部分，也就是一些服務的部分都算到了這個產品的價格上。海關徵稅的時候，是按價值多少來算你多少稅。就比如說1000千米的鐵路運輸的費用，航空運輸的費用，不斷地疊加，疊加的過程中都變成了關稅的一個基數。所以在這個意義上，大家發現，必須是零關稅才能適應幾十個國家，幾百個企業共同製造一個產品。而這個產品又從最終生產廠賣到全世界，零關稅在這個過程中是最合理的。所以，零關稅原則就這麼提出來的。隨着全球貿易格局的變化，隨着跨國產業鏈、供應鏈、價值鏈成為製造業的主體，國家和國家的關稅的運作模式也跟着要變化。這個變化就提出了零關稅。

第二個，零壁壘。為甚麼要講零壁壘？因為當有幾十個國家，共同生產這個產品，這個產品的產業鏈涉及幾十個國家，幾百個企業，如果這幾百個企業之間的營商環境不同，這個國家在這方面是准入的，那個國家在這方面是不准入的，跨國公司在生產力佈局的時候，按照資源優化配置，這部分佈在這兒，那部分佈在那兒，佈在你這兒市場不准入，佈在那兒，你又來一個侵犯知識產權。必須有一個大體

一致的營商環境，幾十個國家之間才能共同生產這個產品，我們現在講營商環境要國際化，要法治化，要公平公正公開化就是這個意思。

而且這個營商環境不僅是零部件加工廠、製造廠，還涉及產業鏈中間互相供給產生的供應鏈，供應鏈有物流企業、航空運輸、鐵路運輸、汽車運輸，還涉及物流當中的保稅服務、倉儲服務、配送中心服務，還會涉及生產性金融企業、產業鏈金融以及各種各樣的金融服務。在許多國家，這個是開放的。但在另外一些國家，這些領域是保守的。這個時候，產業鏈佈局都會受影響。所以對零壁壘的要求，就是關於營商環境的要求。營商環境對准入前國民待遇、負面清單管理、知識產權、生態環保、勞動力保障、市場競爭中性、服務業開放等各個方面提出了國際化、法治化、公平化要求，這就是一種零壁壘的要求。

營商環境就是壁壘問題。當你把你的營商環境國際化的時候，你就相當於在「三個零」裡面的零壁壘方面做到跟國際營商環境完全一致，你就是零壁壘。壁壘不是我買你的東西，你不賣給我，你給它設置了一個壁壘。這只是一個最直白的理解。但零壁壘更多討論的是營商環境的國際化，這是第二個概念。當幾百個企業在幾十個國家共同生產一個產品，這幾十個國家的營商環境國際化、一體化、法治化顯得多麼的重要。

第三個，零補貼。所謂零補貼，就是如果一個國家，為了爭奪產業鏈，為了爭奪企業到這兒來落戶，有意給這些企業進行一定的財務補助。這個補助會使得跨國公司在世界各國按市場資源優化配置的佈點發生扭曲。你如果一補貼，產業鏈扭曲到你這兒，對別的國家也不公平。如果大家都亂補貼，到後來也會出現問題。「三零」是在這個背景下提出來。原來，國家海關之間的管理規則，都是在國境線上收取

關稅或者設置非關稅的貿易壁壘。那麼現在進入「三零」以後，國家和國家對貿易的管理，就從國門、國境上的關稅和非關稅品種的管理，進入到國內，按自由貿易協定規則對國內區域中的營商環境、政府補貼進行管理，互相約束、互相管理。

如果你國內的貿易環境不符合國際標準，我就提抗議。反過來，如果我不符合，你也可以跟我提抗議，互相之間有一定的監督作用。

以上講了三點，是一個邏輯鏈接，從國際貿易格局變化，到跨國公司以「三鏈」控制為特徵的運營方式的變化，再到各個國家之間貿易規則趨向於「三零」原則。這是我講的一個變化的趨勢，講了三個要點。

第四，在這樣的變化趨勢裡面，關於「三零」原則的討論、發展，整個世界現在處在甚麼狀態？

事實上，美國還是比較先進的。2002 年，它就提出了「三零」的概念。提出了一個非常具體的計劃。在 WTO 裡，它也提；在 G7，也就是最主要的西方七個發達國家、工業國之間，提了一份「三零」原則實施的時間表。爭取到 2010 年，把關稅降到 5% 以內。爭取到 2015 年的時候，把這個關稅降到零。這件事在 2002 年提出來，是很有前瞻性的，事實上到 2010 年的時候，全球 WTO 的主要發達國家關稅基本上都降到了 5% 以下，基本上都達到美國設想的第一階段。但最近七八年世界貿易「三零」走向，美國計劃並沒有實現。2017 年、2018 年和 2010 年的平均關稅基本上差不多。

這個主要是在 WTO 裡面，討論關稅為零很難通過。WTO 是多邊協議體系，180 多個國家和地區，只要有一個國家或地區，成員組織中的一個成員不同意就不能通過。它是有一票反對就不通過的多邊體制。

這裡面，幾十個發達國家產業鏈往往都在工業國當中轉來轉去

的，零關稅對工業國是有好處的。但零關稅原則一旦通過，那些跟工業國產業鏈、供應鏈無關的，比如非洲的、拉丁美洲的一些搞農業的國家，它的關稅也一起變成零。工業中的好處，產業鏈的裨益跟這些搞農業的國家無關，它感覺吃虧，就不會投贊成票。所以，一般大國和小國之間，發展中國家和發達國家之間，要在 WTO 裡統一地通過這個「三零」原則也的確很難。基於此，在這七八年，FTA，雙邊貿易體的討論，或者是一個地區，五六個國家、七八個國家形成一個貿易體的討論就不斷增加，成為趨勢。給人感覺好像發達國家都在進行雙邊談判，把 WTO 邊緣化了。確實有這種現象，但事實上我們平心而論，是因為「三零」這個原則的受益區域還是有一定範圍的。這個範圍的相關的國家和地區，比較可以認同產生共識。不相關的，就不一定跟你有共識。在這個意義上講，FTA 是全球化發展中生產力發展到這個階段，進一步促使全球化發展的一個新的特徵。它倒不見得是逆全球化。FTA 不是逆 WTO，FTA 也不是逆全球化。它是全球生產力發展到更高級的新階段以後必然的趨勢。美國在 2002 年的時候，想在 WTO 裡實現「三零」原則，當時提出來了。第一階段目標實現了，第二階段歸零的目標沒實現。這十來年，FTA 談判變成世界主要發達國家之間主要的貿易談判原則的體系。WTO 的作用似乎越來越小了，那不是 WTO 邊緣化了嗎？這也是這幾年國際貿易熱議 WTO 要改革的原因。大家在討論 WTO 的規則要改變，議事規則、管理規則、裁決規則要改變，等等。

最近幾年，以「三零」為背景、為基礎的 FTA 談判，自由貿易協定發展還是有比較快的進度。可以看到，一方面，去年日本跟歐洲的 FTA 談判已經簽訂協議，並且將在 2019 年下半年生效。日本的經濟差不多 6 萬億美元。歐洲的經濟也有十幾萬億美元。加在一起，差不多

二十多萬億美元。佔全球經濟總量 70 萬億美元 30% 的比重。另一方面，美國和歐洲的協議，已經談好了，還有一部分涉及農業和數碼貿易還沒談好，預期 2019 年下半年簽約，原來預計六七月份簽約生效，可能會推到年底。再一方面，美國跟日本貿易協定已經談了兩年，目前基本上框架文字都有了，還有分歧，日本只想就商品貿易的「三零」原則達成協議，美國則希望投資和服務貿易一攬子形成協議，還在進行最後的討論。另外，美國和加拿大、墨西哥的北美自由貿易協定已經簽了。

講這段話的意思是，如果在今後的一年，或者在 2020 年，這幾塊都加在一起，那麼它的經濟總量佔全球 54%，這些地區互相的貿易總量佔全球貿易的 55% 左右。這個意思是相當於美國人在通過 FTA 的過程，把原來已經淡出的 G7 又恢復變成了一個一體化的貿易體。

21 世紀以來，G7 變成了 G20。在這個過程中，如果我們中國沒有介入這個自貿體的貿易圈裡，那麼我們等於進入了 WTO，卻又在 FTA 的範圍裡出圈了。如果我們在這個過程中也進入了 FTA，那麼加上中國佔世界經濟 16% 的經濟規模，54%+16%，就等於佔世界 GDP 規模 70% 的國家，在一起形成了一個貿易體了。

在這個意義上，以「三零」為基礎的自由貿易體系，已經成了世界貿易的一個潮流，中國當然要順應潮流、介入 FTA、融入國際自由貿易潮流中去。

同樣美國、日本牽頭的亞洲太平洋地區的自貿體（CPTPP），涉及 11 個國家。特朗普上台以後，美國退出 CPTPP。現在這個貿易體協議已經簽了，是日本挑頭的，我們中國還沒介入。這麼一個亞洲地區的自貿體，中國不介入，某種角度上說功能喪失了一半。反過來我們的確該去介入。在這個意義上，中國的國際貿易，今後很重要的一個格

局，就是以「三零」為原則、綱領的國際貿易的體系的介入、參與，甚至到裡面進行很重要的推進工作。這個事情做得好，相當於第二次入世。如果說過去 2001 年時候的入世引領中國 15 年在世界上的經濟地位發生重要變化的話，那麼這一階段的事情談好，對中國國際貿易、國際經濟、中國在世界經濟中發展的貢獻和作用，以及我們整個中國在 2035 年成為世界的現代化的大國、2050 年成為強國，都會奠定十分重要的基礎。這是我想講的第四點，就是以「三零」為原則的 FTA 的談判、討論、區域協定、自由貿易協定，目前在整個世界的格局和狀況。

第五、第六、第七具體跟大家討論一下「三零」原則在中國實施可能發生的情況。這「三個零」，分別講三條。

第五，就是講零關稅的問題。

大家有時候，有一種感覺，一講到零關稅就是國門大開，外國貨衝擊進來，中國的農業會萎縮，工業也會萎縮，服務業也會萎縮，這種觀點在 20 世紀 90 年代討論也多得很。到要進入 WTO 的時候了，早進好還是晚進好？有的人說越晚進越好。讓我們自己養得大一點、肥一點、強一點，開門了，不會受人家欺負。

那麼實際上，當時上海方面，就跟國家提了一個建議，基本邏輯就是進 WTO，進比不進好，早進比晚進好，在這方面，提出了一整套的方案。事實證明，進入 WTO 以後，我們不管是農業、工業，還是服務業，基本沒有受到太多的衝擊。反過來，我們的金融出現了一批世界級的金融企業。在 2000 年的時候，世界金融體系裡面，中國所有金融機構不要說前十位，就是前二十位、三十位一個都沒有。現在前十位的銀行裡我們佔四個，前十位的保險公司裡面我們也佔好多個。講這段話的意思是通過開放，我們得到的好處多多。

　　同樣，現在大家也會想到，如果關稅歸零了，會出現甚麼情況？抽象地講容易走極端，做任何事都要具體分析，了解問題本質，才能把思維邏輯講清楚。下面我們就從製造業、農業、能源和消費品四個方面分析中國經濟如果按零關稅開放以後可能出現的情況。

1. 關於製造業

　　第一，當然大家都會想到，工業品、製造業，不管是機器設備，還是汽車產品，還是輕工業，或者其他的工業品，大家首先看到中國的製造業，規模居世界第一位。據 WTO 統計，我國貨物貿易進口的中間品佔進口總量的 60% 以上，對進口中間品實行零關稅，將降低企業成本，提高產品的國際競爭力。

　　第二，由於零關稅，生產的成本下降，必然會擴大企業進口中間品的採購空間，提升對全球產業鏈、供應鏈和價值鏈的掌控能力和全球化運營能力。中國已經形成了世界產業鏈裡面最大的產業鏈集群，但是這個集群裡面，我們掌控紐帶的，掌控標準的，掌控結算樞紐的，掌控價值鏈樞紐的企業並不多。比如華為，華為的零部件，由 3600 多家大大小小供應鏈上的企業生產。這全球的 3000 多家企業每年都來開供應鏈大會。華為就是掌控標準。它的供應鏈企業比蘋果多兩倍。為甚麼？蘋果主要做手機，華為既做手機又做服務器、通信設備。通信設備裡面的零部件原材料更多。所以，它掌控產業鏈上中下游的集群，掌控標準，也掌控價值鏈中的牽制中樞。

　　當中國製造業實施零關稅的時候，事實上對於整個製造業產業鏈的完整化、集群化和紐帶、控制能力有好處，對於中國製造業的產業鏈、供應鏈、價值鏈在中國形成樞紐、形成紐帶、形成集團的龍頭等各方面會有提升作用，這是第二個好處。

　　第三，關稅下降趨零這樣的過程，有利於倒逼中國製造業提升自主品牌、自主創新能力，更主動地參與國際市場競爭。我們可以分析汽車產業。我們現在國內的汽車廠一年生產 2500 萬輛汽車。如果沒有壁壘了，關稅為零了，是不是會大量進口國外的汽車，然後衝擊中國國內的汽車市場？這話聽起來，似有道理。

　　我講的意思，是不是外國人的車都會這麼進來呢？並不會。中國一年消費大概 2500 萬輛車。現在這 2500 萬輛裡，120 萬輛從歐洲、美國或者日本原裝進口，其他約 2400 萬輛都是中國自產。但這個中國自產的 2400 萬輛裡面有 1800 萬輛是外資企業的車，就是中外合資的車。有德國的，有日本的，有美國的，也有韓國的。在這個意義上，在消費地形成製造業，就近生產出來並賣掉，可以減少物流。成本低，效益高。你從美國、歐洲這麼運過來，物流成本多高。對於高檔車的消費，那麼原本 100 萬輛的也許可能翻一番，翻兩番，變成四五百萬輛。但幾千萬輛規模的還是本土的企業。這些本土企業，無非是開放過程中，合資企業可能變成外資獨資企業，但它不會把廠關掉，把美國歐洲的產品運過來。跨國汽車公司不會做虧本生意。在這種意義上，不用太擔心外國的汽車會來衝擊我們的問題。總的來說，關稅下降，會促進中國的生產力結構的提升，促進我們企業的競爭能力的加強，使得我們工商企業的成本下降。

2. 關於農業

　　中國的農業，大家一定要注意這麼一個基本面。我們 14 億人的飯碗必須掌握在自己手裡。不能所有吃的東西都由外國人供應。好的時候供應，不好的時候給你卡脖子，所以中國人的飯碗必須掌握在自己的手裡。當然，掌握在自己手裡要具體分析。不能因為要掌握在自己

的手裡就不搞國際貿易，這裡面有一個基本面的分析。

第一，我國人多地少，水資源少。我們擁有全世界 19% — 20% 的人口，14 億人大體上是 70 億人的五分之一。但我們的可耕地總的畝數是 20 多億畝。大體等於世界可耕地的 9%。20% 的人口只有 9% 的耕地，我們人均耕地是全球人均耕地的 40%。我們土地供應是不夠的。中國的淡水資源是全球水資源的 6%。人均淡水資源是全球人均的 24%。這兩個數據說明甚麼？說明我們的土地和水從農業角度講，要完全自給自足也是很難的。因此，充分利用國際農業資源尤為重要。這是第一個基本面的概念。

第二，我們現在差不多有 6.6 億噸農作物糧食是在中國的土地上生產出來的，但是我們現在每年要進口農產品 1 億噸。加在一起，也就是中國 14 億人，一年要吃 7.6 億噸農作物。這 1 億噸裡面，有個基本的分類。我們現在進口的 1 億噸裡面，有 8000 多萬噸進口的是大豆、300 多萬噸小麥、300 多萬噸玉米、300 多萬噸糖，另外就是進口的豬肉、牛肉和其他的肉類，也有幾百萬噸。統統算起來四個三四百萬噸，加一個 8000 多萬噸，總進口量約 1 億噸。這是一個巨大的進口量，也是一個必須進口的量。因此，減讓農產品關稅有利於提高我國農產品市場供給質量，滿足老百姓的基本需求，同時巨大的農產品消費需求也有利於我們在與歐美國家減讓關稅談判中取得優勢地位。

分析現在的進出口的結構，我們腦子裡要有數學模型，要有形象的演變。假如農產品關稅歸零，會不會出現世界上的農產品對中國進行傾銷？這個傾銷又便宜又好，最後使得中國各種消費者不買中國農村的糧食，導致中國農業萎縮，萎縮到某一天，人家突然卡你脖子了，出大問題。會不會有這種情況？在這方面，我們既要居安思危，也不能杞人憂天，一定要做具體的結構分析，才能最後對這個問題進

行具體回答。大體上，可以從結構上分為三個層面。

第一層面，稻米方面。中國人主要吃的糧食，是大米。這個稻子，歐洲人和美國人想傾銷我們，他也沒有稻子。稻子主要是由中國人生產的，當然亞洲其他國家也種。我們跟泰國去買稻子，不用擔心安全問題。無非是它的稻子好吃，是糯米。吃泰國的米時候，可以一口菜都不吃，一碗飯就吃下去。我還真碰上過這個事，二十幾年前，我曾去過泰國，謝國民請我吃飯，他說飯是用泰國香米做出來的，吃了後，我感覺，真不用吃菜。我講的意思是，在稻米方面，零關稅不會帶來歐美傾銷衝擊，亞洲地區是利益共享，是一個互助互益的貿易行為。總之，稻子這件事就不存在問題了。這是第一個層面。

第二個層面，大豆飼料。我們確實需要大量進口。中國現在可耕用的地是二十多億畝。我們一年要生產 1.2 萬億斤糧，大體需要 12 億畝，大體上一畝地一年產 1000 斤。然後我們吃蔬菜、瓜果一類的農產品大體上所需要的耕地是 6 億畝。剩下兩億畝種飼料，飼料轉化為豬肉是不夠的。每個人每年平均來說，不管你吃雞肉、兔肉、豬肉、牛肉，大體 40 公斤左右。那麼 14 億人，500 多億公斤，相當於 5000 多萬噸，1 噸肉要 4 噸飼料轉化，所以就需要 2 億多噸飼料。還是按一畝地 1000 斤來算，要 4 億畝到 5 億畝。這個時候我們只種 2 億畝是不夠的。這就是為甚麼我們大豆進口到 8000 多萬噸。全世界能夠做貿易的大豆就那麼些，相當大的一部分已經給我們買來了，也就是說在沒有零關稅的時候，我們就買了一個天花板的量，零關稅情況下大豆的進口想多也多不了，也還是八九千萬噸，充其量到 1 億噸。

第三個層面，小麥、玉米、糖。這是我們既要進口調劑需求，又要適當控制以免大起大落受衝擊的品種。北方人都還喜歡吃麵粉的，南方人當然也吃饅頭，總之小麥是需要的。玉米也是需要的，既是飼

料，人也可以吃。同樣還有糖，中國人國內的市場每噸是 5000 元，
在歐洲和美洲巴西這些地方糖基本上每噸 1500 元人民幣，差價就是
3000 多元，你如果放開一點，就會在這個地方多進一點，把國內糖的
價格往下降。不過現在糖尿病越來越多，看到糖就害怕，連花生糖看
見了嘴巴想吃也不敢吃。總的來說，真正關稅降為零，對農產品生產
會帶來衝擊性變化的，應該是在小麥、玉米和糖這方面。但這方面，
在 FTA 的實施中按照「三零」原則的階段性和趨勢性原則是可以有配
額的，是可以通過貿易協議管制的。

通過對三個層面的農產品具體分析，可以看到零關稅對中國農業
總體上是起到調劑補充的作用，有利有弊，但利大於弊，是有好處的。

3. 關於能源、礦產

我國是世界能源、礦產消費大國，也是能源、礦產進口大國。中
國鐵礦石少，每年中國的鐵礦石，不管我們是壓產能還是去庫存，我
們一年也要生產 7 億噸鋼，7 億噸鋼需要十幾億噸的鐵礦石，其中三分
之二的鐵礦石從國外進口，我們國內沒有這麼多的鐵礦石可以供應。
這個也就是說你加不加關稅，總是這麼一個量。

再有，就是石油。現在中國一年用 6 億噸石油。國內大慶油田、
勝利油田生產 2 億多噸，進口 4 億多噸。我們一年進口的原油花 2000
多億美元。這是我們需要進口的。也就是說你關稅是不是零都不相
干，已經是三分之二的進口，還在大量地增加，再衝擊能把你衝到哪
兒去？

天然氣，我們一年實際上需要至少 3000 多億立方米，現在實際供
應的是 2000 多億立方米，有許多城市想要天然氣但沒有供給。2000 多
億立方米中我們自己生產 1000 多億立方米，從美國、俄羅斯等進口

1000 多億立方米。

我們的能源、原材料本來就在大量進口，這個意義上不存在怕不怕衝擊，反而是通過零關稅，有利於降低我國能源和礦產的消費成本和資源約束，跟世界各國的貿易搞得更平衡、更協調，越是這麼協調越安全。

4. 關於消費品

包括藥品、化妝品、服裝，或者其他的日用品。國內消費者是降低關稅的最大受益者。我們現在的消費品，為甚麼每年上億的人出國旅遊，大家就「螞蟻搬家」式背東西，從世界各國背 1500 億美元的貨回來。如果這 1500 億美元是我們進口在國內銷售，我們就增加 1500 億美元的進出口貿易，而且減少 1500 億美元的順差。但現在，老百姓背回來，不作為國際貿易統計，我們順差 4000 億美元，人家看着覺得你賺便宜了，實際上我們只順差 2500 億美元，老百姓這 1500 億美元就沒算上。

為甚麼老百姓會幹這個活？由於進口藥品、汽車、化妝品等高檔消費品關稅過高，帶來大量「海淘」現象。老百姓到法國、到英國、到美國、到日本買東西，比國內的百貨商店裡便宜，便宜至少三分之一。零關稅將帶動國內消費，商店零售就可以刺激起來。老百姓旅遊的時候也可以不用那麼辛苦背東西，同時進出口順差還能平衡。好處多多。包括藥品，如果便宜以後，更多的國外藥品進來，許多老百姓到國外買各種各樣國內買不到的藥，這對老百姓改善生活、健康各方面有好處的。從這個角度也是好的。

總的意思是，如果具體分析零關稅的話，四個方面都是好的，最終還會帶來第五方面的好處，就是你零關稅的時候，就增加了進口

量，使得我們跟國際上的貿易磨擦也會減少。我們不將貿易順差作為我們的奮鬥目標，也不追求大量出口，當今世界進口大國是經濟強國，出口大國不一定是經濟強國。出口大國可能是農產品出口大國、加工貿易出口大國。但進口大國一定是強國，為甚麼？這是因為，第一你如果是世界上的進口大國，說明你這個國家市場容量大，足以牽動世界。第二，你是進口大國，你往往就成了世界貿易的定價者。進口量大，定價權就到你這兒來了。你就有更大的聲音，在世界貿易中可以發聲。第三，進口大國，一定是有非常豐富的外匯儲備，或者這個國家的貨幣本身就是世界的硬通貨。人家拿了你人民幣就像拿了美元一樣，不用再去換，直接當作是自己國家的外匯收起來了。從這個角度，有一天人民幣變成了世界硬通貨，也是成為進口大國的一種標誌。

對上面說的五方面做分析可以得出零關稅利大於弊的結論。

第六，就是講零壁壘的問題。

零壁壘我開始就講了一個定義。零壁壘，就是要講營商環境的國際化，要講市場的開放，要講數碼貿易、服務貿易和服務業的開放。要講我們中國的企業到海外去投資有便利性，不能跑到海外總是受到別的國家磕磕碰碰的阻攔，就是別的國家給我們很多的壁壘，如果我們簽訂了零壁壘，我對你沒壁壘，你對我也沒壁壘，中國企業走出去也方便。具體分析，零壁壘就是講營商環境國際化、法治化、市場化。

營商環境包括八個方面的內容。第一個是准入前國民待遇。這個詞與同等國民待遇是兩個意思。同等國民待遇講的是你的企業，我的企業都在這塊土地上生成了。這兩個生成了的企業一樣的待遇。但如果我這個地方有一個規矩，你想辦一個企業我就不讓你誕生，不給你註冊，不讓你准入，那你說准入後的國民待遇就是空話套話，我都不

讓你進入，你就沒資格參與公平競爭或者不公平競爭，你連競爭的門檻都不能入。所以，這裡首先強調的是准入前國民待遇，就是可以不可以到你這個地方開公司，國有企業可以，民營企業可以，外資企業也可以，同等的准入前的待遇。這個定義跟後面的同等國民待遇是兩個概念。第二個是負面清單管理。我們有一句行話，叫法無禁止都可為。就是對企業必須要有負面清單，不能幹的我定負面清單，負面清單之外的你都可以幹。前幾年我們政府就在搞負面清單，一搞就搞了300 多條，搞得企業甚麼都不可以。這次全國人民代表大會，李克強總理報告裡講，負面清單的條目要大大地、儘可能壓縮減少，你減少到一定的量以後，法無禁止都可行，企業的自由度就大了。對政府要有一句，法無授權不可為。也就是說政府別「多動症」，甚麼都想做。法無授權，你就不能亂管。這兩句話是對稱的。負面清單管理裡涉及這兩句話的法治性的意義。第三個是尊重知識產權。第四個是有公平、規範、合理的勞動保障制度。第五個是生態環境保護的一套制度。第六個是市場競爭中性。競爭中性就是企業產生之後的同等國民待遇。表現在招投標的時候，政府採購的時候，在市場配置資源的時候，在銀行貸款提供資金的時候，這些時候，不同所有制的企業，是同等國民待遇。不能有主觀上、客觀上的差異。第七個是擴大教育、衛生、文化領域開放。第八個是進一步擴大服務貿易、數碼貿易，特別是銀行、保險、證券、快遞、電信等領域的開放，消除各種不必要的限制。比如說我們對外資銀行最近提出了股權比、建立子公司、營業範圍等三個方面的擴大開放，已經操作落實下去了。以前，允許外資銀行建立合資企業時，外資銀行股權比例不能超過 25%。銀行的股權比例放寬了，但仍然不能超過 50%，現在可以 70%、80% 甚至獨資了。還有允許你開銀行了，但你這個銀行有了之後，要在三十個城市或者

三十個省開分行，健全發展。但每開一個支行、一個分行都要中國人民銀行、銀監會去審批，耗時兩三年，那就很麻煩。所以就是說通過備案制可以自由地設立子公司。所以營商環境，實際上是在講這些事。這些事涉及國際化、法治化和公開化。這是零壁壘，涉及各方面的營商環境。

第七，就是講零補貼的問題。

零補貼，有五個方面的好處。第一，可以使得國家財政節約開支，少補貼。假如本來要補貼幾千億元，現在可以省掉，這是一個宏觀上的好處。第二，有利於推動結構調整，補貼會扭曲市場充分競爭，加大產業結構調整的難度。凡是補貼盛行的地方產業結構一定過剩過爛，浮腫虛胖、騙錢騙保。第三，補貼往往導致國有企業等要靠，不搞這種補貼，可以倒逼國有企業改革發展創新，自身更加健康。第四，近十幾年，我國一直是全球遭遇反補貼調查最多的國家，推進零補貼措施有利於減少貿易摩擦。第五，有利於減少尋租行為，補貼的過程經常會出現「跑部錢進」、灰色交易。實際上少補貼，不搞這種補貼，這一類的不正之風、灰色的現象相對就會收縮減少。

第八，就是講自貿試驗區試驗探索問題。

這是最後一點，要講一下。關於以零關稅、零補貼、零壁壘為基礎的FTA，我國下一步會怎麼展開呢？這件事中央政府的觀點十分明確。早在2013年年底黨的十八屆三中全會通過的《中共中央關於全面深化改革若干重大問題的決定》（以下簡稱《決定》）中就提出了要積極參與雙邊的、區域的FTA談判，推進全球自由貿易體系的發展，並提出為了適應FTA營商環境國際化的要求，在上海等地區開展自由貿易試驗區的探索。2018年，進博會上，習近平主席特別指出中國要加快推進中歐投資協定談判，加快中日韓自由貿易區談判進程。通過貿易

談判、通過國際貿易之間的這種合作，我們的國家就能夠跟世界貿易體系形成一個開放的、互利的、普惠的、包容的、共享的人類命運共同體。現在說的 FTA 談判，主要是以「三零」原則為基礎的談判，所以我國下一步談判將是以「三零」原則為綱領、為前提的 FTA 的談判。

國家其實想得很長遠。下一輪的國際貿易談判也好，開放過程也好，是會和「三零」原則為基礎的貿易格局密切相關的。在這個工作推進的時候，有兩個要點要把握好。

第一個，「三零」原則實施中的階段性和趨勢性。實施「三零」原則不等於所有進口商品的關稅一下子全部歸零，「三零」裡說的關稅，不是百分之百的商品全部變成零關稅，它有一個階段性和趨勢性。比如日本跟歐洲的貿易談判，它的概念是甚麼？日本對歐洲的全部的貨物貿易的品種，有 86% 實施零關稅，也就是日本對歐洲，86% 的產品關稅全部歸零。但還有 14% 的品種，用 15 年時間，逐步歸零。也就是說，它有一個階段性、趨勢性的概念。還有一個概念，就是說 15 年以後，最終一萬個商品裡面，我可能會有 9500 個商品變成完全零關稅，但還有那麼 500 個，哪怕是一百年以後我還是有 5%、6% 的關稅。這也是一個概念。所以在這個意義上，就是利用「三零」原則中的階段性、趨勢性和某種靈活性，變成國家和國家之間談判、互相較量的一種籌碼，我同意你這兩點，你同意我那兩點，最後貿易協定簽訂了，大家遵守貿易協定。「三零」不等於統統歸零，這是很具體的概念，這是有關「三零」的靈活性、趨勢性、階段性，在國家和國家雙邊或區域 FTA 談判中，實際上關鍵是要把握這個東西，我們搞經濟學研究的更要在這方面深入研究歐美日貿易談判中有關這方面的案例了。

第二個，自由貿易試驗區要為以「三零」原則為基礎的 FTA 談判探索經驗。為甚麼黨的十八屆三中全會《決定》第七方面講到 FTA 的

時候，後面講了推出上海自由貿易試驗區等？因為自由貿易試驗區的神聖任務就是對全球的 FTA 貿易協定中的「三零」原則進行先行試驗。試驗成功了，國家跟國外簽訂「三零」原則的貿易協定就有底了，就可移植可推廣到全國。因為 FTA 只要一簽，就不是一部分的簽協議，而是整個國家的。這個有點像 1990 年浦東開發，當時中國的開放還是剛剛在貨物貿易領域，在服務業和金融業統統都沒開放。但國家允許浦東開發，保稅區裡就幹這些服務業開放的活。

比如 1990 年外高橋保稅區，國家規定的法規一共八條。一是允許保稅區裡面設置的任何企業都可以做進出口貿易。大家如果年紀大一點就知道，1990 年中國任何企業都沒有進出口權。外資、內資、民營、國有企業都沒有，只有外貿部直屬的外貿公司有進出口權。外高橋保稅區允許只要在這裡進駐的任何企業都有進出口權。二是允許做轉口貿易、加工貿易、離岸貿易。這些概念現在很多人都搞不懂，但當時外高橋保稅區就已經可以了。三是允許外資企業在浦東的保稅區裡搞批發貿易。四是允許保稅區企業外匯全額留成。五是允許外資在浦東設銀行。六是允許外資在浦東搞百貨商店。七是允許外資在浦東搞保險公司。八是允許開辦證券交易。

由於率先於全國搞了服務業、服務貿易以及金融業的開放，到 2001 年中國進入 WTO 開放服務業、金融業時，浦東新區和外高橋保稅區已經形成了托底經驗，適應起來駕輕就熟。所以，當年浦東新區和外高橋保稅區裡面做的事，為整個國家進入 WTO 以後的開放產生托底的作用。同樣，我們現在的 FTA 要進行貿易談判。我們自由貿易試驗區該試甚麼？就是「三零」規則，就是零關稅、零補貼、零壁壘，包含零壁壘中營商環境國際化的八條你要先行實施、先做先行。你如果試驗成功，外國企業到你這兒，營商環境八個方面都能做到國際化、

法治化、公開化，那麼 FTA 談判協議就有托底經驗了。我們現在有許多自貿試驗區，連「三零」概念都沒聽到過，也沒想過自貿試驗區和國際上的雙邊和區域的自貿協定是甚麼關係。一個自貿試驗區 120 平方千米，往往在城郊接合部徵地動遷、七通一平，實際上在造新城，事實上基礎設施、徵地動遷、七通一平沒有三年見不到影子的，三年後建樓堂館所又要三年，加起來那就是六七年，六七年如果造了幾十萬平方米房子，招商引資把它放滿就是十年以後了，黃花菜都涼了。你這十年有甚麼用？變成擴張造新城，造新城為甚麼叫自貿試驗區？你叫開發區就是了。有的把這個地方當作是招商引資，搞工業區；有的把它當鐵絲網圍起來搞保稅區；有的當作是城市開發的新區，造新城；還有的作為改革試驗區——改甚麼？省裡面有 600 項審批權力，全部下放給自貿試驗區管委會，自貿試驗區管委會要你政府 600 項審批權力有甚麼用？它不造城、不造省，它做的是國際貿易的格局。所以，商務部應開展培訓，將各地搞自貿試驗區的幹部集中培訓，讓他們掌握 FTA 的常識，多一點世界貿易格局變化的知識，多一點世界貿易發展的關鍵是「三零」的概念，多了解一點以「三零」為基礎的國際貿易規則。然後，中國自貿試驗區的核心，也就是「三零」原則在自己這個區域裡先行先試，等到國家簽訂 FTA 的時候，自貿試驗區就為國家簽訂 FTA 提供托底的經驗。

同學們，我今天用了兩個小時，圍繞八個方面跟大家講了新時代國際貿易新格局，給大家灌輸一個概念。世界變了，這 30 年世界貿易格局變了，世界貿易中製造業龍頭老大的企業把控市場的方法變了，國家之間貿易的遊戲規則都發生了變化。當今世界以「三零」原則為基礎的 FTA 的發展、FTA 的討論，是對 WTO 的豐富和發展，而不是顛覆和脫離。WTO 如果說要繼續有效的話，那就要積極地進行跟「三零」

有關係的機制體制改革。WTO 也要改，你不能幾十年不變。這樣才能發揮全球多邊的、雙邊的貿易組織的這種全球化的功能。今天就講這些。

答學生問

問題 1：

黃老師，您好，我想請教在國際結算的時候，人民幣自由兌換的問題。如果中國也想成為一個國際結算中心的話，是以人民幣為主，還是以美元為主，或是以歐元為主？我想，目前來看，人民幣是不可能很快進行自由兌換的。如果我們想建立這個中心的話，人民幣是否可能成為一個自由兌換的貨幣？這是第一個問題。第二個問題是關於我們的糧食進口量，我們整個社會現在經常講食品安全問題，我們進口大豆，那麼會涉及轉基因的事情。國家在進口這方面，是不是覺得食品安全也是成為國際貿易當中一個需要考量的標準？謝謝！

黃奇帆教授：

第一個問題，結算這件事涉及幾個概念。首先自由貿易區的這種結算、全球價值鏈的這種結算都是離岸的。因為它本來就是美國跟歐洲的貿易、歐洲跟日本的貿易，反正對一個國家來說各種貨幣都在兌換，離岸的時候，跟這個國家的本幣可以是無關的。所以在新加坡的惠普的離岸中心，一年結算 1000 億美元，它這 1000 億裡包含美元、歐元等各種各樣的貨幣。各種各樣的企業，各個國家都在新加坡結算，因為這個地方是離岸，沒有跟新加坡的國內貨幣有關聯。

所以，一個地方能夠成為離岸結算中心有三個要素。一是這個地方的管制是放開的，不受國內的外匯、貨幣制度管理，是一個離岸的概念。二是所得稅很低，15%。我剛剛說如果一個地方的所得稅率是

35%、45%，那在你這兒結算，還不如在別的稅率更低的地方結算。結算了以後就有利潤，對利潤就可以收稅，所以離岸結算中心的稅率一定是低的。三是這個地方有發達的人才系統。比如說英國，當年的日不落帝國，雖然現在它完全不是了，但是它轉化為比美國還大的世界離岸貨幣結算中心。全球離岸每年的貨幣結算量是 50 萬億美元，但不等於有 50 萬億美元現金在這兒。它可以 1 筆錢轉 10 次。1 億美元轉 10 次就變成 10 億美元，結算量的概念聽起來很天文數字，50 萬億美元，但其實真正的作為貨幣在轉動的可能就只有幾萬億美元。但不管怎麼說，這是一個巨額的財富。

所以講離岸問題的時候，並不去討論你這個國家的本幣是不是可以自由兌換，而是討論你這個國家有沒有開放的離岸系統。在 2000 年以前，中國不允許任何企業、政府機構、法人或者公民有離岸金融賬戶，所以中國的離岸金融賬戶是零。本人在 2010 年的時候想在重慶搞一個離岸金融賬戶，要把新加坡惠普 1000 億美元的結算拉到重慶來，我要求惠普必須在重慶做結算，他說做到兩條他就可以把結算中心遷過來。一是所得稅率變成 15%。15% 的所得稅率怎麼辦？西部大開發，15% 的所得稅率是中央定的，但要求的是鼓勵類產業。金融離岸結算當然應該鼓勵，所以 15% 所得稅率解決了。二是離岸金融結算的外匯進出是要管理自由的。我們因為外匯進出口、貿易結算要填 16 張報表，但是離岸金融結算可能一張表就行了，它就是公司之間直接記錄。從這個角度要求的就是方便。後來我跟中央申請，當時王岐山副總理管外貿，也管金融。我向他報告，他當時就問周小川，我們國家的離岸金融是怎麼回事？他說 1999 年朱鎔基總理搞開放，當時進行了開放試驗，允許招商銀行在深圳開離岸金融賬戶，其他比如工、農、中、建、交行都不行。我當時提出我們自己國家銀行可以開離岸金融

賬戶，後來領導同意，重慶就試驗。我們就拿幾百億美元來試驗結算。這一塊比如現在的海南島自由港就可以幹這些事。

第二，國內貨幣和國際貨幣，講中國人民幣自由兌換的問題。人民幣從 1996 年開始，已經實現了貿易項下自由兌換，進一步的人民幣國際化要分三步。第一步，推動跨境人民幣貿易結算。中國的人民幣逐漸強大、穩定以後，如果常年利率、匯率都比較穩定的話，各個國家信任中國經濟，願意收了人民幣也不去換美元，而是直接以人民幣作為結算貨幣，那麼這種就是跨境人民幣交易結算。從 2010 年起步，當年只有近千億元的結算量，從這些年發展來看，2018 年已經到 7 萬億元了。也就是說，中國進出口貿易裡面有 7 萬億元人民幣是人家收了人民幣而不去收美元。第二步，推動人民幣資本項下自由兌換。當跨境人民幣貿易結算總量能夠進一步發展到 20 萬億元，也就是國際貿易的 50% 以上可以使用人民幣直接結算，那其實人民幣就逐漸硬通貨化了。當然這個事情需要 10 年到 15 年的時間。到 2035 年，中國人民幣可能成為資本項下自由兌換的貨幣，成為世界各國願意作為儲備貨幣的貨幣，成為結算貨幣。第三步，30 年以後，人民幣是不是能成為世界的錨貨幣，就像各個國家的貨幣以美元為基準一樣，有一天人家拿人民幣做基準也可以。這是中國強大的基礎。

第二個問題，食品安全。首先我們大米不會有那麼大進口，你也別去擔心轉基因甚麼的問題。中國一年消耗糧食 6 億噸左右，5 億噸是自己生產的，進口糧食，包括大豆、玉米、小麥佔全國糧食需求的 15% 左右。中國的口糧、飯碗，掌控在自己手中，這是我們國家的基本國策。關於糧食安全我們首先要重視農業環保。比如我們要注意自己土地中的重金屬，注意農田、農村的生態環保問題，還應該重視進口食品的弊病問題。現在的事情是甚麼？最近一年多，我們跟美國貿

易戰，從美國進口的豬肉少了，從俄羅斯進口的豬肉多一點了。十幾年前，非洲豬瘟在俄羅斯氾濫，但十幾年過去了，俄羅斯豬瘟的事還沒解決掉。我們從它那裡進口的豬肉裡面還是有豬瘟的東西。去年一年時間裡，開始七八個省，後來十幾個省，到了年底二十多個省都有病例。你說的食品安全問題十分重要，是國門所在，國家命運所在。這件事不管自由貿易到甚麼地步，都是要管制住的國門。這又是一個概念。該管的就得管住。任何國家的自由貿易談判裡，對這件事，都是放在第一位的。不存在因為自由貿易談判了，這個國門可以無節制地打開，這是一個真正的壁壘。

至於轉基因這件事，公說公有理，婆說婆有理，這是一個科學討論的問題，我不認為電視台過多地討論是合理的，因為在沒有嚴肅的科學認證和學術討論的前提下，訴諸公眾媒體搞全社會討論，只會引發民粹主義的浮躁。

問題 2：

您好，黃教授，非常感謝您今晚的演講。我有兩個問題。第一個問題是，中國和美國進行經貿談判，以前在入世的時候，我們以時間換空間，這次中美之間經貿談判，我感覺是以空間換時間。可是現在的這種狀態，勞動力成本升高，人口紅利在減少，這是所有人都知道的，那麼中國下一個十年的經濟增長點在哪裡，這個經濟週期會是甚麼樣子的呢？第二個問題，現在人均的耕地面積是不足的。大家經常會說 18 億畝的耕地的紅線不能觸碰。是甚麼原因阻止了中央政府在土地資源的調配上沒有進一步地推行新的政策？謝謝您！

黃奇帆教授：

第一，經過我們這一年的中美貿易戰，總的來說，我們國家有理有節的鬥爭也好，談判也好，討論也好，讓中美之間都非常清晰地認識到和則兩利，鬥則兩害。實際上，不管是美國還是中國，現在主觀目標上都是相向而行的。簽訂這樣一個合理的協定，是中美兩國共同的利益，而且也會是整個世界貿易的一個重大的利好。實際上從去年12月1日，習近平主席和特朗普總統會見以後就確定了一些原則。這幾個月，按照這個原則差不多又進行了9次討論。現在不能說捷報頻傳，至少從大趨勢來看，從特朗普最近發佈的講話來看，大體上，中美之間打打談談、談談打打，最終簽訂協議的可能性越來越大。

第二，在這個中美協定討論當中，實際上有幾類問題，有的是關於WTO的，我們承諾要遵守的，當時說有15年的過渡期，現在過渡期到了，我們基本上也遵守了降關稅的承諾。事實上我們去年的關稅率已經降到7.5%，與WTO國家平均關稅率5%相比，許多標準都已經一致了。這個過程中，大家討論到最後發現基本上都到位了，大家也就沒意見了。這是一個概念。還有一類問題，跟WTO無關，屬於剛才我說的以「三零」為基礎的，新的貿易結構下，世界經濟出現了新的需求。原來國際貿易規則裡面對於這種新的需求，也沒有約定。現在大勢所趨，美國需要這樣，我們其實也需要。這件事經過了討論以後，大家就形成共識。中國和美國之間，其實這次在這方面形成了很多新的共識。

第三，當然就是中國和美國有貿易差。我們每年進口美國1500億美元，出口美國5000多億美元，順差3000多億美元。中國和全球的順差是4000多億美元，其中90%來自我們和美國之間。從這個角度看，貿易結構是可以調整。貿易是各取所需，他們需要我們的商品，

才會買我們 5000 億美元的東西。如果真不買了，他們的老百姓也會發生各方面的困難。反過來，我們其實也是需要美國的，不管是飛機、糧食、石油、能源或者其他的製造業產品。大家放開一步，這個貿易順差是平衡的，也符合兩國共同利益。這件事應該説經過艱難、激烈的討論，現在取得的成果，是全國性的一個重大利好。最近股市比較好，也是對這件事的反映。

第二個問題，人均耕地這個問題大家要這麼理解。

全世界城市化的過程從來不是耕地短缺的過程。大家要明白，在農村裡的農民，不管是美國人還是中國人，人均佔地都在 300 多平方米。我講的是人均佔有的非農業用地，也就是造房子或者道路、綠化的建設性用地。由於城裡造高樓大廈，土地利用比較集約，所以城裡人一般人均佔地只用 100 平方米。如果有 1 億農民進了城，在城裡面他要用 100 億平方米，也就是 1 萬平方千米的城市用地。但是農村裡面的人均 300 平方米，所以實際上就會退出 2 萬平方千米。最終隨着城市化的推進，這個地球上的耕地只會越來越多，而不是越來越少。你只看到一個局部說城市化的過程中，一個個的村莊沒了，那是城郊接合部。農民進城，土地應該是增加。全世界兩百年的城市化進程，沒有哪個國家説土地不夠的，這是有事實統計數據的。為甚麼我們現在出現了土地不夠？因為我們的農民兩頭佔地。4 億人進城就需要 4 萬平方千米，但這些人在農村裡的土地從來不退的。先不說耕地，就單說宅基地等建設性用地，4 億農民就會佔有 12 萬平方千米。從這個意義上，我們土地就緊張了。資源優化配置很重要一條是城市化率達到 70% 以上。整個農村裡的農民走掉以後，那些宅基地應該可以復墾為農業用地。只要做到這一條，城市化從來不是土地不夠的問題來源，反而會使耕地增多。

問題 3：

感謝黃教授，今晚您講的「三零」原則，我相信大家都非常認可，在中美關係背景下也應該很好地回應美國的訴求。

我的問題是關於「一帶一路」建設。我想問的是這個建設怎樣跟接下來的以「三零」原則為基礎的國際貿易新格局契合？它們之間怎樣融合？「三零」原則是對於我們主要的貿易夥伴歐美以及日本的，而「一帶一路」倡議是基於甚麼樣的動機？它怎樣去融入新時代的國際貿易新格局？謝謝！

黃奇帆教授：

其實這兩件事一點都不矛盾。「一帶一路」涉及大約 130 多個國家和地區，強相關的有 70 多個國家和地區，佔到全球 30% 多的經濟規模。在這樣的一個地區，實施「五通」，即政策溝通、設施聯通、貿易暢通、資金融通和民心相通，文化互相交流，人文互相交流，各個國家的政府的政策也是互相溝通。

第一，通過這個市場化、經濟化的「五通」，最終促使「一帶一路」沿線 60 — 70 個國家之間的貿易增加。貿易增加的最高形式，也就是這六七十個國家之間的「三零」，零關稅、零壁壘、零補貼。其實是一樣的，不存在發達國家要「三零」，而發展中國家就不要「三零」。它哪怕沒有這個產業鏈，但如果實施了「三零」以後，許多的製造業產業鏈就會逐步進入這些國家，它至少可以做我們中國 20 世紀 80 年代所做的事情。我們國家事實上也是從 20 世紀 80 年代的加工貿易逐漸變成了產業鏈經濟。實際上，加工貿易是產業鏈經濟的一個初始階段。我講這段話的意思是我們國家推動「一帶一路」建設，政治上是確立各個民族、各個國家共同建設人類共同的家園這麼一個訴求。然後和則兩

利，包容、共享、普惠這麼一種原則。這種原則出來，不管你發達國家還是發展中國家都會有認同感，大家一起共同發展，這是第一點。

第二，我們提出的「一帶一路」建設用的是經濟原則。剛才說的「五通」，都是市場化、經濟化的原則，在利益上是雙向，並不是一個國家對其他地方無償的援助，而經濟上的一種發展，最終實現的是包容共享。那麼是通過甚麼樣的過程實現的？也是通過關稅不斷下降，壁壘不斷減少，各種各樣的補貼越來越平等來實現的。

所以在這個意義上，發達國家有發達國家的經濟圈，亞洲地區TPP這11個國家也是一個經濟圈，以後中國和日本、韓國也會是一個小的經濟圈，它可以有各種組合，或者雙邊或者區域。從這個意義上，各種各樣的組織、群很多，絕不要去把這個群和那個群互相對立，多樣化是這個世界一個基本的現象。

第 十 一 課

中國自由貿易試驗區建設的戰略意義和重點任務

上課日期：2019 年 11 月 27 日

課程摘要：新時代，中國改革開放進入新格局、形成新特徵，由出口導向、引進外資、沿海開放、第二產業開放、適應國際經濟規則的五個基本特點，轉變為既鼓勵出口，又努力擴大進口；既鼓勵引進外資，也鼓勵走出去投資；沿海和內陸東西南北中同步開放；全方位寬領域多渠道開放；既適應國際規則，也介入國際規則制定的五個新特徵。目前，我國存在金融業、服務貿易、教育衛生文化等政府公共服務和數碼貿易的開放還不到位四個短板。中國將以自由貿易試驗區的發展為契機，推動金融、服務貿易、公共服務和數碼貿易的開放發展，推進新一輪對外開放五大新任務，即：進一步激發進口潛力、持續放寬市場准入、營造國際一流營商環境、打造對外開放新高地、推動多邊和雙邊合作深入發展。

今天我們講一個關於開放的題目，第一部分是講在中美貿易磨擦的背景下，國家正在採取一系列的重大的開放措施，可以說現在中國比以往任何時候都更為開放。第二部分講儘管過去 40 年我國的開放取得了很多成就，但我國的開放也有薄弱環節，有四個方面的開放度不夠。第三部分講現在我國建設自由貿易試驗區的核心目標就是針對這四個開放度不夠的方面，着力解決它。如果把這四個問題解決了，我認為中國就是對世界經濟命運共同體徹底開放的一個國家。自貿試驗區也是中國開放新高度、新深度、新廣度的一個重要探索。

一、新時代中國改革開放的新格局、新特徵

（一）過去 40 年，中國開放的五個基本特點及其重大成效

我們國家改革開放過了 40 年了，在過去的 40 年，我們國家的開放有五個基本特點：第一個就是以出口導向為基礎，利用國內的資源優勢和勞動力的比較優勢，推動出口發展，帶動中國經濟更好地發展；第二個就是以引進外資為主，彌補我們中國當時還十分貧困的經濟和財力；第三個就是以沿海開放為主，各種開發區或者各種特區，包括新區、保稅區，都以沿海地區先行，中西部內陸逐步跟進；第四個就是開放的領域主要是工業、製造業、房地產業、建築業等先行開放，至於服務業、服務貿易、金融保險業務開放的程度比較低，即以製造業、建築業等第二產業開放為主；第五個就是我們國家最初幾十年的開放以適應國際經濟規則為主，用國際經濟規則、國際慣例倒逼國內營商環境改革、改善，倒逼國內的各種機制體制變化，是用開放倒逼改革的這樣一個過程。

這五個特點完全適應社會主義初級階段的中國經濟發展的實際情

況，使開放很有成效，在中國改革開放的第一階段起到了重要的推動作用。經過三十多年的發展，到 2010 年以後，中國在進出口上已經成了世界第一大的進出口貿易國，在引進外資方面也成了世界第二大的引進外資國家，整個中國的經濟、GDP 位居世界第二，中國的製造業也形成了世界第一大規模的製造業的集群體系、產業鏈體系，所以應該說我國改革開放第一階段的五大特點的開放對中國的改革開放事業及中國經濟發展起了極大的推動作用。

但是到了 21 世紀以後，特別是 2008 年全球金融危機以後，我們中國的開放也遇上了國際上越來越多的貿易磨擦。國際上一些逆全球化的勢力愈演愈烈。與此同時，隨着我國國內經濟基礎條件的變化、產業結構的變化、社會需求水平的變化，中國五大特點的開放模式、開放方式也出現了不適應中國經濟發展的情況。比如，中國原來人口勞動力過剩、勞動力的人口紅利很高、比較優勢很充分的狀況發生了重大變化，2012 年以後我們每年退休的人員平均在 1500 萬人左右，但每年能夠上崗的勞動力，不管農村的、城市的，新生的勞動力是 1200 萬左右。實際最近五年，我們每年少了 300 萬勞動力補充。也正是因為這個原因，這五年中國 GDP 增長率從原來的 11%—12% 增長下降到 6% 左右，這 4—5 個點下來，本來應該每掉 1 個點退出 200 萬就業人口。為甚麼幾年下來沒有感覺到有 500 萬、1000 萬下崗工人出現呢？就是因為人口出現了對沖性均衡，正好這邊下降，要退出人員，跟那邊補充的人員不足，形成了平衡，所以實際上我們基礎性勞動力條件發生了變化，人口紅利逐步退出。另外，我們土地成本越來越高，搞大規模出口這一類粗放型發展模式，已不適應中國內在的高質量發展要求。正是這種情況下，黨中央審時度勢，在黨的十八大以後，在習近平總書記的領導下，推出了新的開放的方針和路線，形成

了我國新時代開放的新特徵。

（二）新時代中國開放的五個新特徵

　　新時代中國開放的新特徵也是五條，正好跟原來互相對應。

1. 新時代中國的開放不再以出口導向為主，而是既鼓勵出口，又努力地擴大進口

　　我們這五六年時間，每年出口增長率 6%—7%，一位數增長，跟原來 10%—20% 多完全不同，但是這五六年，我們進口平均都有兩位數的增長，10% 以上的增長。這樣就使得我國貿易逆差、順差數據發生了變化。原來曾經最高的時候一年出口的量比進口的量多 5000 億美元，在總量 3 萬多億美元進出口裡面順差 5000 多億美元，現在我國 4.3 萬億美元進出口裡面，順差已降到 4000 億美元、3000 多億美元，基數大了，順差數量小了，順差比例就低了。這是一個特點。大家要注意，出口大國不見得是經濟強國，因為出口大國可能是來料加工型、勞動密集型、原材料粗加工、農副產品粗加工等，但是如果一個國家在五到十年裡，連續都是世界第一、第二、第三的進口大國，那一定成為世界經濟的強國。要知道進口大國是和經濟強國連在一起的，美國是世界第一大進口國，它也理所當然是世界最大的經濟強國。之所以是這樣有幾個理由。

　　第一，進口大國說明國內人民的消費能力強。任何一個國家都可能有庫存，但進口物資一般不會有庫存，都是用多少進口多少。一般不會出現進口幾十萬噸的材料，然後放在那裡壓庫存的情況。所以如果一個國家進口了世界上最大量的商品，那就說明其消費能力強。

　　第二，進口大國一定是有比較充裕的硬通貨的國家，因為進口商

品要支付外匯。

第三，進口大國由於進口量大，在國際貿易上有較大的定價權。

第四，進口大國的貨幣到了一定程度會成為硬通貨。也就是説人家把東西賣給你，你就不需要付美元、英鎊等硬通貨，你可以把自己的本幣往外支付，人家也接受。2010 年，中國用人民幣直接進行國際貿易支付結算的量只有幾百億元人民幣。但是到 2018 年這樣的交易量已經到 7 萬億元人民幣，幾乎等於 1 萬億美元。如果再過十年，中國進出口貿易支付結算量達到 20 萬億元，那人民幣就必然地成為硬通貨。就如同美國買賣天下的東西是用它的本幣支付結算一樣。所以説進口大國的本幣到一定階段就變成硬通貨。

第五，進口大國還會有支付結算中的本幣計價權。剛剛説的定價權不一定是用你的貨幣定價。比如你買人家一噸鐵礦石是 90 美元，那就是用美元定價。你買的量大，你説 90 美元太貴，我要買 85 美元，這是在講定價權。但是這裡我們講的是用人民幣本幣來結算的計價權，不管今後美元是貶還是升，我跟你買東西這會兒我們不僅是討論以美元計價的定價權，還在討論以人民幣計價的定價權。如果一噸鐵礦石定價是 85 美元，人民幣算下來如果是 500 元一噸，那麼過五年，不管美元、人民幣是貶還是升，我還是按 500 元人民幣一噸買。

當我們成為世界最主要的進口國時候，這五種現象都會出現。在這個過程中，中國的人民幣就成了世界強勢貨幣，同時中國就成了世界經濟強國。

強國之路和進口有關。美國的鑄幣税是怎麼賺的？美國每年印出很多美元，印刷 100 美元的成本也就是 3 美分，但 100 美元付出去，就換來 100 美元等值的商品。它是通過大量進口商品的過程把它的貨幣發到全世界，所以進口大國才會獲得世界的鑄幣税。當我們一直保

持着進口大國的態勢，我們人民幣不斷往外支付的時候，實際上我們就是在向全世界收鑄幣稅了。

所以，現在我們國家進口特徵開始強勢體現了，這不僅僅是權宜之計，更是國家發展強大的必由之路。總之，進口大國是中國要成為世界經濟強國的必由之路。我們在 30 年前說這個話就說得太早，說了也白說，但是眼下審時度勢，是進入這個境界的時候了。

2. 從引進外資為主，轉變為既鼓勵外資進中國，也鼓勵中國企業走出去投資

這個五年，中國引進外資平均每年 1300 億美元，五年下來，6500 億美元。這幾年我們國家出去投資是多少？ 2013 — 2018 年，中國各類企業到海外投資 7200 億美元，走出去投資總量大於引進來的總量，這是很重要的一個新特徵。在 1979 — 2012 年 33 年裡，中國海外投資一共 5000 億美元，但是這五年就投了 7200 億美元。這五年大於過去 33 年的投資，這五年也大於我們引進來的外資，所以雙向投資的特徵就很明晰地顯現出來了。我說的特徵不是一個概念，不是一個想法，不是一個要求，而是已經實現了的真正的中國經濟的新特徵。

3. 這五年我們國家開放已經從沿海先行開放、中西部逐步跟進的方式，轉變為沿海和內陸雙向同步開放、東西南北中全方位開放的方式

黨的十八大以來，中國任何新的開放措施，都是東南西北中一體化開放。2000 年前，國家開放一共有三類：20 世紀 80 年代初期開放的 14 個沿海城市，27 個經濟技術開發區都在沿海地區；80 年代中後期開放的五大經濟特區：深圳經濟特區、海南經濟特區、珠海經濟特區、汕頭經濟特區、廈門經濟特區，都是在沿海；到 1990 年以後，浦

東新區、天津濱海新區也是沿海。

　　浦東開發當時不叫經濟特區而叫新區，是甚麼意思呢？是比經濟特區還特，還是不如經濟特區，僅是一般城市開放的新區？當時朱鎔基對浦東新區有一個定義：「新區新區不叫特區，不特而特，特中有特，比特區還特。」1990 年，中央給浦東新區十條政策，十條就是十句話，文字只有 1200 個字，文件總是要穿靴戴帽、去頭去尾的話，就是 800 字左右。當時中央給浦東的政策很簡單，朱鎔基這麼一解釋後，我們把浦東 1000 多字文件變成十大政策性文件總共 10 萬字，兩個月搞好報到國務院。我們當時的做法，第一，就是把 27 個沿海經濟技術開發區所有有用的乾貨、政策都納入文件之中。第二，把五大經濟特區所有的乾貨、政策都納入文件之中。這兩個層次過了後，新區新區，不特而特的內涵都有了。特中有特，就是有八條是原來特區不能做的，比如外資開銀行、外資辦保險、外資搞信託、外資搞百貨商店、外資房地產搞土地批租，又如允許浦東新區搞保稅區、證券交易所等。當時重點就放在特中有特這八個文件上。把開發區和經濟特區所有政策抄在一個文件裡是一個鋪底，再搞八個特中有特的文件。這個文件搞好了，中央一批准，就幹了。這個新區名詞聽起來是中性的，不叫甚麼經濟特區，但是其實在當時比經濟特區還特。上海浦東新區和天津濱海新區的功能性政策一直鎖在沿海，到黨的十八大以後，全國一下子批了 15 個，在中西部批准了 10 個新區，沿海加了 5 個，再加上原來上海、天津，全國一共 17 個新區。東中西都有一塊。每個新區差不多 1200 平方千米。

　　又如保稅區，2005 年以前，中國共有 80 多個海關特別監管區，那個階段，中國所有保稅區以及海關特別監管區都跟中西部無關。黨的十八大以來對內陸地區放開，現在中國有包括保稅區在內的六大類

138 個海關特別監管區，其中最近這些年新批了 60 — 70 個，都批在中西部地區，形成了東中西全方位開放格局。黨的十八大之後的開放措施，最重要的是自貿試驗區，2014 年在上海推出半年後，沿海增加了 3 個；又過了半年，到 2015 年，內陸又加了 7 個；1+3+7，11 個。然後去年批了海南島，今年又新批了 6 個，東南西北中，18 個自貿試驗區，其中中部和西部 10 個，沿海 8 個。

講這個話的意思是，現在的開放，東南西北中一起開放。本質上，開放是一種理念、開放是一種制度、開放是一種辦事的方式，和區位無關。在歐洲，德國在西歐的中部，不靠海，誰能説德國經濟社會開放度比西班牙開放度要低？瑞士在北歐的中部地區，不靠海，誰能説瑞士比挪威不開放？也不存在。歐盟國家是一樣的開放，一體化的開放。總之，開放是一種制度，是一種觀念，是一種辦事方法，所以開放和地理位置無關。以前説和地理位置有關，是因為中國過去是封閉的，怕亂掉，先沿海開放，再慢慢地中西部跟進。現在要麼不開放，要開放，東西南北中因地制宜一起搞。

4. 中國現在的開放產業領域，已經可以用全方位、寬領域、多渠道九個字來概括，不僅是工業、商業、建築業，而且把金融、服務業、服務貿易各個方面都全方位開放了

我們說 1990 年以後中國對金融就已經開始開放了，第一個外資銀行、第一個外資保險公司、第一個外資證券公司、第一個外資百貨商店都在浦東，1990 年以後就起來了。但是實際在這個開放裡面，我們形式上開放了，內在的約束還是很多。比如一個銀行，我允許你開銀行，但是銀行開了以後，在 31 個省份、幾百個城市裡是不是可以搞分支機構？每一個都要像開一個總行一樣審批，審批起來總是要兩

三年。這樣的話，就使得這些銀行有頭無腳，有身體沒有腳，實際上就跟開了一個辦事處沒有區別，做不出業務。工商登記執照上如果一個銀行有 50 種營業範圍，我可能只允許你做 15 種業務，你業務缺胳膊缺腿，不系統、不平衡，業務也很難展開。中國對銀行業，1990 年是上海、深圳等一些沿海城市開放，加入 WTO 後，我們金融業總體都開放了，各個內陸城市都可以辦外資金融機構。但是為甚麼外資金融機構在中國全部金融資產裡只佔 1.8%？說明開放程度不夠。為甚麼工商產業中外資企業的資本金佔中國的全部工商企業資產或者資本金的 30% 多呢？因為那個地方沒有甚麼障礙，只要外資願意，都允許幹。從這個角度看，開放深度廣度不同，現在要求對服務業、對金融業、對工商產業裡面各種限制都要取消，都要放開，所以我們叫作全方位、寬領域、多渠道開放。應該說這件事，黨的十八大以後開始推開，現在我們開放度越來越高，今後五年、十年這方面會越來越展開。

5. 中國的開放已經不僅僅是適應外國國際慣例、國際遊戲規則，而是開始介入國際規則的制定

我國已經是世界第二大經濟體，又是第一大貿易國，國際遊戲規則不管是投資還是貿易，我們都有一定的發言權，在這個角度，國際貿易規則的修改我們一起參與制定，國際貿易規則中要有新的制度確立，我們也一起參與討論、談判，所以我們不僅僅是適應現行的國際貿易規則，而且開始進入、介入國際貿易規則的修訂和制定，這也是一個很重要的變化。具體表現在兩件事：一是 WTO 貿易規則的改革，我們現在既是 WTO 全面的支持者，也是 WTO 改革的重要推進者；二是 FTA（雙邊或者地區間自由貿易協定）新的貿易規則討論談判當中，我們既是雙邊貿易談判的推動者、積極參與者，也同樣為了中國人

的利益，為了國際貿易規則公平合理，進行各個貿易規則的討論、談判。「一帶一路」建設方面，涉及世界 130 多個國家和地區，這方面的遊戲規則導向制定，中國起主導作用。這是新時代開放的第五個特徵。

　　以上就是我要說的這五年來中國在開放過程中形成的國際貿易的新格局、新的五大特徵。這個新特徵跟我們過去 40 年的五個特點對比，一方面原來五個特點我們繼續包含着；另一方面，五個單向性的特點變成五種雙向性特徵，這五個雙向性特徵是強國之路，是今後幾十年中國走向世界經濟強國的開放特徵，是引領我們今後二三十年開放的戰略方針。我們可以說改革開放 40 年，如果再過 30 年，到 2050 年，差不多 70 年，這 70 年開放的特點可以分成兩個階段：第一個階段，從 1979 年到 2012 年或者 2015 年這一段，這一段是 30 多年，是原來五個特點的解讀；從 2018 年到現在，一直到 2050 年，也是 30 多年，這個階段是新時代，具有五個新特徵。總之，我們對中國進入這樣一個開放格局充滿信心，充滿嚮往，一定會使我們中國沿着這條道路為人類命運共同體建設，起到一個推進者、一個很重要的基礎的作用。這是我想講的第一部分。

二、中國的開放目前還存在着四個短板

　　通過 40 年的改革開放，我們取得了許許多多重大的發展成就，那麼，我們的開放格局當中還存在甚麼問題呢？確實存在，有四個問題。

（一）我們金融業的開放還不到位，是有限的

　　過去 30 年，從浦東開放起步，再到進入 WTO，外資可以辦銀行、保險、證券，辦各類金融機構，但是在三個方面是有限制的。一

是在股權比上，外資辦銀行一般不能獨資，合資的話，股權不能超過 49%，是有限制的；外資辦證券公司，在合資公司中股權不超過 25%，沒根本上開放。二是在准入前國民待遇上，還不到位。一些金融機構，外資不能設置、不能准入，缺少一個准入前國民待遇問題，國內可以搞的，外資不能參與。三是在業務範圍許可上，也有一定的限制，註冊登記營業範圍的時候，如果一個國內金融企業機構通常有 50 種業務品種或者活動方式，外資可能只許可了 18 種或 20 種。以辦銀行為例，外資在中國要辦一個銀行，首先要設立辦事處三年以上，三年後銀行開辦了，若要在中國內地 31 個省份 400 多個地市州設分行或支行，也需要有一個比較長的申辦過程。如果一個外資銀行在全國各地沒有相應的儲蓄所市場網點，光桿司令一個，僅僅設立了一個總行，與辦事處又有甚麼區別？正是由於這些限制，形成了這樣的一種現象，在開放比較徹底的中國工商產業，外資工商產業資產佔整個中國工商產業資產 30% 左右的比重，而在金融行業，外資金融資產 5 萬多億元，僅佔中國金融資產 300 多萬億元的 1.8%。

（二）我們服務貿易的開放還不到位，致使服務貿易的發展存在四個結構性問題

我國的服務貿易起步晚、發展快，大體跟上了全球服務貿易發展勢頭，2018 年進出口總量達到 7594 億美元，居世界第三位。但對比發達國家的服務貿易高附加值的行業結構，對比我國 40 年來貨物貿易的發展速度，仍然存在四個基礎性、結構性的問題。一是我國服務貿易逆差很大。2018 年 7594 億美元的服務貿易進出口總量中，逆差達到 2922 億美元，居世界首位，佔全球服務貿易逆差的 40%。二是結構效益和附加值不高。我國服務貿易主要集中在人力密集型行業，而知

識密集型、資本密集型、資源環境密集型的服務貿易能力很弱，均表現為大幅度的逆差。三是巨量的貨物貿易對服務貿易發展理應具有的帶動優勢沒有發揮出來。我國是世界第一大貨物進出口貿易國，每年 4 萬多億美元的貨物貿易必然伴隨生產性服務業，比如與貨物貿易緊密相關的跨國運輸、貨物保險和貿易清算結算的競爭優勢未發揮出來。四是跨國公司一方面在中國境內形成了全球產業鏈、供應鏈最為齊全的製造業，另一方面這些製造業企業產業鏈標準、供應鏈紐帶、價值鏈樞紐的掌控企業，大部分都註冊在海外，由此形成的服務貿易業務量以及清算、結算後形成跨國的專利版稅、企業所得稅也都算在海外。

（三）與政府管理相關的公共服務開放度不高、市場化不到位，教育、衛生、文化由於市場化發育不足，不僅對外資不夠開放，對民間投資也不夠開放

　　比如在醫療方面，現在每年有多少人過年過節、暑假寒假到美國、日本、歐洲去待一個星期體檢。為甚麼，無非就是這些地方衛生醫療設備、檢查的服務條件和態度比較好，不管老醫生還是青年醫生像天使一樣笑臉相迎，非常溫馨的問診，最後你走的時候站起來把你送到外面，歡迎你再來。為甚麼每年這幾百億美元的市場服務讓外國做，而國內做不起來？因為我們的醫院忙得不得了。我們國內醫院的醫生忙到甚麼地步？一個醫生，8 點鐘一進診室，三個小時往往要看 20 多個病人，幾乎不到十分鐘要看一個病人。如果你多消耗一些時間，後面的人就等不及了。一個病人排了幾小時的隊，只看了幾分鐘的醫生，心裡感受就會很差，醫生的天使性也被壓抑了，因為太忙沒時間。那能不能增加一些醫院的編制呢？能不能增加一些醫院呢？能不能在政府財力應對不了的背景下，增加一些外資、民營企業辦的醫

院機構以緩解醫療資源不足呢？

　　總體上說，我們各大城市作為公共服務的醫療資源不足，供不應求，是一個不爭的事實。按照世界衛生組織的一般標準，每 100 萬人口應配置一個三甲醫院，一個一億人口的大省應該配置 100 個三甲醫院，但實際上，許多省只能滿足 50% — 60% 的標準，有很大一塊缺口理應通過市場化開放，引進外國專業醫院機構和民間投資來彌補。

　　同樣，在教育領域，開放度也不夠。外資辦的幼兒園、小學、初中、高中或大專院校總體不足。浦東開發初期，浦東新區辦了一個中歐工商管理學院，EMBA 和 MBA 的排名連續十年排名亞洲前列。目前，中國已經成為全球第一大國際生源國，根據教育部數據，2006 年我國出國留學生人數是 13.4 萬，到了 2018 年漲了超過 400%，達到 66.21 萬。根據中國產業信息網在 2018 年年中的預測，2018 年中國留學市場規模將突破 1000 億美元。在數量爆發增長的背後是層出不窮的語言培訓和諮詢機構、絡繹不絕前往諮詢和報名的家長孩子，還有一片繁榮氣象的留學市場。在浦東新區，還有一個從小學到高中連讀的平和雙語學校，學校下設小學部、初中部、IBIB 高中部和國際課程實驗部，具有招收外國學生的資格。多年以來，各年級教學質量均在浦東新區名列前茅，是一所學生喜歡、家長放心、社會公認的好學校，每年報名數和錄取數比例懸殊，令人咋舌。

（四）我們國家的數碼經濟國際化規模不足，數碼貿易的開放度不到位

　　一方面我們國家的數碼經濟和貿易規模是全球之最，因為任何一個數碼經濟的商務模式跟 14 億人一滾動就變成了一個天大的量，10 萬億元、20 萬億元、30 萬億元的量，在這個意義上，馬雲、馬化騰他們

的數碼化服務在世界上是排名前列的。但是這個數碼服務的貿易最主要都表現在境內，一到境外就斷開了。比如跨境電子商務已經試點發展了 6 年，到去年 2018 年，規模僅僅達到 1500 億元，合 250 億美元左右，只相當於 4.3 萬億美元貨物貿易的 0.6%。

馬雲、馬化騰的數碼經濟跟 Facebook、谷歌、亞馬遜的區別在哪兒？在亞馬遜的平台上，不管客戶是美國的還是加拿大的。也就是說，在它上面的客戶，進進出出的通達對象是以全球幾十億人為背景的互聯互通。而我們的網絡，說白了，中國 14 億人在這個土地上形成了一個互相運行的網絡，一跨境就做得很少了。

所以中國的數碼經濟，從國內看是規模巨大的、營業額達幾十萬億元的服務業，從國際來看還只是規模很小的服務貿易。這個服務貿易的量，佔整個中國的服務貿易中的比例只有百分之一點幾。而美國人的服務貿易中數碼服務貿易的比例佔 18%。這就是我們和人家的差距。

我講了這麼四個方面的問題，這四個問題反映了我們現在開放度不夠。這是我們對外開放高質量發展、高效益發展的薄弱環節。把這四塊短板補了，中國的進出口貿易、國際貿易、對外開放的高質量、高效益就體現出來了。

三、以自由貿易試驗區的發展為契機，推動金融、服務貿易、公共服務和數碼貿易的開放發展

中國對外開放，過去幾十年開放度已經很高了，但是新的高度、深度、廣度在哪？就是在金融業開放、服務貿易開放、公共服務開放、數碼經濟開放，這些領域如果跟國際接軌一體化了，那麼中國開

放的高度、深度、廣度就到位了。這樣的一個任務交給誰呢？自由貿易試驗區。這就是我要說的第三部分。

　　進入新時代，中國開放出現了新格局、新特徵、新高度，為服務貿易發展帶來良好的機遇。

　　一方面是中國開放出現五個新特徵：一是從引進外資為主，轉變為引進外資和對外投資並舉；二是從擴大出口為主，轉變為鼓勵出口和增加進口並重；三是從沿海地區開放為主，轉變為沿海沿邊內陸協同開放、整體開放；四是開放領域從過去以工業、房地產等工商產業為主轉變為工業、服務業共同開放，形成了全方位、寬領域、多渠道開放局勢；五是從融入和適應全球經濟治理體系為主，轉變為積極參與甚至引領國際投資和貿易規則的制定修訂。這些新特徵，將貫穿於我國社會主義現代化的全過程，推動我國以更高層次的開放格局參與和引領經濟全球化，推動世界經濟朝着更美好的方向發展。

　　另一方面體現在新一輪對外開放的五大新任務。習近平主席在首屆中國國際進口博覽會開幕式上的講話，從激發進口潛力、持續放寬市場准入、營造國際一流營商環境、打造對外開放新高地、推動多邊和雙邊合作深入發展五個方面闡明了中國新一輪開放重大重點任務。

　　第一，「激發進口潛力」，體現了我國對外開放的擔當和風範。習近平主席明確指出，「中國主動擴大進口，不是權宜之計，而是面向世界、面向未來、促進共同發展的長遠考量」「中國將進一步降低關稅，提升通關便利化水平，削減進口環節制度性成本，加快跨境電子商務等新業態新模式發展」。從曾經的着力鼓勵出口到現在的積極增加進口，體現我國對外開放的思維和意識在不斷提升，敢於面對激烈的市場競爭、敢於與對手攜手合作，這是一種大國的風範和氣度。

　　第二，「持續放寬市場准入」，體現了我國更加開放包容的氣度和

自信。今年四月以來，按習近平主席要求，中國已經進一步精簡了外商投資准入負面清單，減少投資限制，提升投資自由化水平。目前，正在穩步擴大金融業開放，持續推進服務業開放。這些舉措，是新時代我國利用外資的重要突破口，對提升產業競爭力、推動創新發展、提高實體經濟水平、把握發展主動權具有十分重要的作用。對我國企業而言，儘管會面臨競爭加劇、迭代衝擊等諸多挑戰，但這種挑戰正如當初加入 WTO 時所經歷的那樣，並沒有造成農產品、紡織品等國內企業的潰敗，反而是越來越欣欣向榮。相信伴隨着市場准入的持續放寬，這些挑戰必將轉化為發展機遇。我們的企業應該有這樣的自信和底氣。

第三，「營造國際一流營商環境」，體現了我國從制度上打造權利平等、規則平等、機會平等發展環境的鮮明導向。改革開放以來，出於吸引外國資金、先進技術和管理經驗的需要，我國對外商投資給予了以稅收優惠、土地優惠為主的一系列激勵政策。當前，全球引資競爭日趨激烈，不少國家要素成本比我國更低，政策優惠力度比我國更大。隨着我國要素成本不再具有明顯比較優勢、優惠政策空間不斷壓縮，傳統招商引資模式不再有生命力，必須轉向更多依靠改善投資環境。習近平主席提出「加快出台外商投資法規，完善公開、透明的涉外法律體系，全面深入實施准入前國民待遇加負面清單管理制度」，「將尊重國際營商慣例，對在中國境內註冊的各類企業一視同仁、平等對待」，必將有力地推動營造穩定公平透明、法治化、可預期的營商環境，促進外資穩定增長，提高利用外資質量。

第四，「打造對外開放新高地」，體現了我們着力推動高層次改革開放新格局的意識和責任。過去，我國為承接開放，搞了工業開發區、保稅區等開放要件，為探索自由貿易發揮了試驗田作用。當前，

開放水平越來越高，需要更高的平台承載高水平的開放，自貿試驗區、自由貿易港是開放的最高境界，加快中國特色自由貿易試驗區深化改革創新、探索建設自由貿易港進程，將是中國擴大對外開放的重大舉措，將帶動形成更高層次改革開放新格局。

第五，「推動多邊和雙邊合作深入發展」，體現了我國秉持人類命運共同體理念的道義之舉。歷史和現實都告訴我們，開放合作是增強國際經貿活力的重要動力，是促進人類社會不斷進步的時代要求。推動多邊和雙邊合作，建設一個更加美好的世界，就應堅持開放融通，拓展互利合作空間；堅持創新引領，加快新舊動能轉換；堅持包容普惠，推動各國共同發展。

第三方面是通過推動自貿試驗區的建設，使中國的開放高度、深度、廣度有了重大的突破，從而能夠在政策上、制度上化解中國開放中的大短板。短短幾年形成「1+3+7+1+6」共 18 個自貿試驗區，東西南北中，波瀾壯闊、如火如荼地展開。自貿試驗區的目標是對標 FTA，FTA 是國家與國家之間通過協議，實現整體的自由貿易，而自由貿易試驗區，則是在一個國家內部、某一個地方，進行自由貿易活動的探索，實現營商環境的國際化、法治化、公開化。自由貿易試驗區的政策，集中表現在八個基本方面。

一是自貿試驗區作為境內關外，一線放開、二線封閉的海關特殊監管區。海關政策除了體現在自用物資進口實行零關稅之外，更主要的是在非關稅貿易壁壘方面以自由化為核心，強調以貿易自由、投資自由、資金自由、運輸自由、人員從業自由為重點。

二是稅收優惠，形成萬商雲集的效果。鼓勵高科技研發、戰略新興產業，包括相應的戰略性新興製造業和服務業，服務貿易實行五年內 15% 企業所得稅，並視情況實行兩免三減半、五免五減半的優惠政

策，對於境外高端緊缺人才，還可由地方政策按 15% 個人所得稅標準差額返還。

三是凡是與跨國公司的全球產業鏈、供應鏈、價值鏈運營業務關聯的企業，全面准入、放開，業務活動實行負面清單、競爭中性的管理制度。

四是支持自貿試驗區內企業開展真實的離岸貿易、轉口貿易、跨境電子商務貿易、保稅展示貿易和服務貿易。對於合理的離岸轉手買賣業務，海關可以根據國際慣例對貿易合同貨單、貿易清算結算稅單和物流倉儲貨單實行三單分離審核。

五是自貿試驗區內金融機構和企業可以進行跨境發債、跨境投資併購和跨境資金集中運營等跨境金融服務。金融機構可根據國際慣例為企業開展聯轉手買賣業務提供便利的跨境金融服務等離岸金融結算業務。在金融機構准入、設立方面，就在這兩年裡，按照中央的要求，「一行兩會」加上國務院的金融穩定發展委員會，四個機構相繼出台了推動金融領域的全方位、寬領域、多渠道的開放。多個文件，共 64 條措施，其中屬於開放市場准入的措施 11 條，屬於把准入以後的企業股權比例放開限制的一共有 24 條，已經允許註冊、准入的企業營業範圍擴大、拓展業務品種的措施一共有 29 條。所以 29+24+11，一共 64 條。如果讀了，你會心潮澎湃，中國的金融服務業開始真正放開了。這些措施應該在哪裡落地呢？總體上各大城市都可以做，但是重點當然在自貿試驗區，自貿試驗區的金融首先要在這些方面放開。

六是鼓勵並推動數碼經濟、數碼貿易發展，在國家安全的前提下，放寬大數據、雲計算、人工智能及其數據處理中心領域的准入門檻，減少限制範圍。

七是對教育培訓、衛生醫療、物流配送、文化創意、科研創新、

知識產權服務，對銀行、證券、保險、產業鏈金融等金融行業，對跨境的物流配送、售後服務等生產性服務業以及各類進出口貨物貿易相伴隨的服務貿易，進一步放寬准入門檻，實行全方位、寬領域、多渠道的服務業開放方針。

八是自貿試驗區實行營商環境國際化、法治化、公開化，在准入前國民待遇、負面清單管理、知識產權保護、生態環境保護、勞動權利保護、競爭中性、數碼貿易等方面形成國際化、法治化、公開化的營商環境。

自貿試驗區的建設和發展，為中國開放帶來了新的開放高度、深度和廣度，為包含金融業、服務貿易業、教育衛生、文化創意產業、數碼經濟在內的廣義的服務貿易發展帶來了春天，帶來了良好的發展機遇。要圍繞我國服務貿易知識密集型、資本密集型、資源環境密集型的服務貿易能力弱的問題，圍繞巨大的進出口貨物貿易伴隨的服務貿易潛力沒有挖掘出來的問題，圍繞全球相對最龐大的製造業產業鏈所伴隨的「三鏈」服務貿易基地大部分在國外的問題，圍繞教育衛生、文化創意產業開放度不夠的問題，用足用好用活自由貿易試驗區政策。自由貿易、貿易自由，顧名思義，自由貿易試驗區首要宗旨就是要激活貿易，尤其是服務貿易。對我們來說，就是要解決上述服務貿易三大短板問題。

一要以自貿試驗區政策帶動發展保稅展示、進口貿易、轉口貿易、離岸貿易、跨境電子商務貿易、數碼貿易、服務貿易等。

二要以自貿試驗區政策帶動發展與貨物貿易相伴隨的銀行、證券、保險、保理、租賃、離岸金融結算、跨境人民幣結算以及跨境發債融資、投資、併購、跨境資金集中運營。

三要以自貿試驗區政策帶動發展與跨國公司產業鏈、供應鏈、

價值鏈運行有關的生產性服務業和服務貿易，包括科研開發、信息服務、倉儲物流配送、第三方物流以及跨境大產品全球售後服務。要創造國際化的營商環境，吸引這些跨國公司，把「三鏈」服務相關的業務總部吸引到我國的自貿試驗區來註冊落戶。

四要以自貿試驗區政策帶動發展教育培訓、衛生醫療、物流配送、文化創意等與公共服務相關的服務貿易發展。

五要推動數碼經濟和數碼貿易發展。服務貿易與貨物貿易不同，與工業項目不同，服務貿易看不見、摸不着，要虛事實做，實現見項目、見法人、見場景、見效益、見集群「五個見」。我相信，當我們把自貿試驗區政策用足用好用活的時候，當我們的服務貿易把與我國巨大的貨物貿易相伴隨的服務貿易潛力挖掘出來的時候，當我們把最龐大的製造業產業鏈、供應鏈和價值鏈所對應的服務貿易基地體現在中國的時候，當我們把教育、衛生、文化創意產業開放度提升滿足社會大眾多層次需要的時候，當我們數碼經濟不僅在中國而且在全球經濟中發揮重要功能性作用時，我們的服務貿易就實現了黨中央要求的高質量高效益的發展，我們的服務貿易一定能在今後五到十年保持高速度發展的態勢，到 2030 年前後，實現比 2018 年翻兩番，達到 3 萬億美元的目標。

答學生問

問題 1：

黃教授，您好！我們中國內地其他地區如果說金融開放、服務開放的話，香港之前作為內地對外服務窗口、金融窗口的地位是不是會被削弱，這樣的話香港未來產業的出路在哪裡？

黃奇帆教授：

這個其實是不會削弱的。因為這就像三十年前，內地不怎麼開放的時候，香港就很開放，然後這 30 年裡面，內地各個城市包括上海、廣東，都非常蓬勃地發展起來。香港在它的制度、輻射功能方面也沒有發生變化。

具體地說，1990 年，中國內地不怎麼開放的時候，香港對內地的投資就佔外資的一半。現在內地這麼開放了，每年差不多 1300 億美元了，香港還是能佔一半。這就是水漲船高。這裡面最關鍵的就是，中國香港特區這個制度是跟美國、歐洲完全接軌的。即使美國與中國內地有貿易摩擦，這 5500 億美元的商品全加關稅，也不會加到香港去。這個意義上，中國香港真正的制度優勢是跟歐美資本主義制度完全一個板塊。

再比如說招商引資，內地各個省市開放招商，營商環境改善，招商目的都是把內外資金招到本省本市，但香港不同，香港吸引到國際資金，不論是貿易融通的資金，還是投資資本的資金，90% 以上是中轉到內地去的，並由此形成金融中心、貿易中心、人才服務中心。正

是因為這個原因，內地越是發展，香港板塊也跟着水漲船高，這是一個互動的過程。

問題 2：

黃教授您好，請問您怎麼看待擴大金融開放，會有甚麼樣子的後果或者意義，以及我國金融業的監管或者體系固有的一些規則怎樣去適應這樣一個過程？

黃奇帆教授：

這個問題很重要。我剛剛因為時間關係沒去展開。大家可以留意一下，在網上搜索一下 2018 — 2019 年黨中央、國務院政策下發的文件，就是中國人民銀行、中國銀保監會和中國證監會，再加國務院金融穩定發展委員會四個部門，一共發了 64 個文件性的政策。這 64 個政策裡面，國務院金融委發了 11 個，證監會發了 20 個，銀保監會發了 18 個，中國人民銀行發了 15 個，加起來 64 個。裡面有三種類型，關於外資准入前國民待遇的文件有 18 個。就是 18 個原來封閉的、不讓搞的領域都開放了。還有就是有關開放了以後，營業執照裡面擴大業務範圍、品種的內容的文件有 29 個。然後關於股權限制，本來只能有 25% 股本，現在可以有 50%、70%。有關放開股權限制的文件有 17 個。

仔細把這個東西看一看以後，可以發現現在對金融業的開放是真正的大開放，許多外資，包括高盛、摩根士丹利這些大公司現在都在中國註冊它們的子公司。一個非常開放的，就像我們的工商企業一樣開放的一個外資金融機構的體系，今後五年一定會逐漸產生，外資金融佔中國金融資產 1.8% 的局面，很可能五年、十年後就變成 10%、15% 了。

大家又會想着這些外資是不是來這兒做壞事？擾亂中國金融？不

會。大家都要依法辦事，因為政府的強大使得任何違法亂紀的事，不管你是外資，還是內資都一樣會受到懲罰，越是國際企業，越是大的資產，反而越照國際慣例做事，越照你的法規做事，而且把國際慣例上許多優秀的做法帶過來。開放不僅會帶來國際資本，還會帶來金融運行技術和管理，帶來金融產品和市場渠道，當然也會帶來與國內金融機構之間的競爭。但是，正是這種開放，會促使國內金融機構在與虎相伴、與狼共舞的過程中，由大變強，成為未來國際市場的優秀金融機構。開放帶來我們的水平提高，而不是帶來擾亂。

　　開放真正要防範的衝擊是甚麼？是資本項下資金流動。所謂資本項下資金流動，就是如果你開放了，會讓所有老百姓和企業能隨意把人民幣換成美元帶出去。資本項下自由兌換只有等到人民幣成為世界硬通貨，真正成為國際貨幣的時候才可以放開，就像美國人從來不會對美元進出管制，因為它是國際貨幣。我們貿易項下自由流動從 1996 年就開始了，但是資本項下不能自由兌換，這個要管住。這個不管住，每天幾十億美元往外走，一年就會走掉幾千億美元，那是對國民經濟的傷害。

　　還有一個，開放過程中大量外資跟我們融合在一起以後，美國人要在金融上跟我們搞金融戰、匯率戰也會增加很多難度。這就像關稅戰，當中國和美國的企業在產業鏈、供應鏈你中有我、我中有你的時候，他打我們一拳，自傷七成。如果金融都攪在一起了，也會出現這樣的產業鏈、供應鏈上的你中有我、我中有你的效果。實際上開放才是中國金融安全的一個基石。

　　在金融上，我們現在只能鑄牢盾牌，資本項下不能隨意流動和開放，至少等到人民幣逐漸國際化，成為世界的儲備貨幣、硬通貨了，那個時候也不需要管制，自然而然就會開放到位。

中美經貿

美國搞貿易磨擦的五個謬論、六個錯誤和我們的應對

上課日期：2019 年 6 月 9 日

課程摘要：2008 年國際金融危機以來，美國政府債務高企，存在內在的危機。美國人通過打貿易戰「薅羊毛」，從而轉嫁危機。美國貿易談判代表萊特希澤是出名的強硬派，參與了美日貿易戰，強迫日本簽訂了「廣場協議」，導致日本經濟的長期停滯。2010 年，他在美國國會美中經濟安全審查委員會會議上，對中國進入 WTO 後的情況進行了評估，主張採取強硬措施與中國打貿易戰，提出了五個觀點：一是中國入世美國吃虧論；二是中國沒有兌現入世承諾；三是中國強制美國企業轉讓技術；四是中國的巨額外匯順差造成了美國 2008 年的金融危機；五是中國買了大量美國國債，操縱了匯率。這些強詞奪理的邏輯，成了煽動美國朝野上下與中國打貿易戰的理論支撐和思想基石。通過對其謬論的分析，發現美國政策制定者犯了六個錯誤。只要我們認認真真抓好六方面工作，抓好改革、開放、創新，做好中國自己的事，就能擁有應對與美國貿易磨擦的制勝法寶。

　　我們講了世界金融危機這十年來，美國政府的債務和發展走勢、內存的危機。美國人為了避免這麼一個罪惡性的危機，總要有對策。這個對策對他們來說，就是大打貿易戰。不僅跟中國，跟歐洲、跟日本、跟其他他們的盟友，也包括對東南亞或者對世界其他地方大打貿易戰。通過打貿易戰，轉嫁危機，以鄰為壑。

一、關於萊特希澤五個謬論的分析

　　萊特希澤是美國貿易代表，也是特朗普內閣的鷹派代表。他成名在三十多年前，參與了美日貿易戰，是美國出了名的強硬派。2010年，他在美國國會美中經濟安全審查委員會會議上，對中國在 WTO 中作用的評估，洋洋灑灑一萬多字，一是罵遍了十幾年來支持或贊成中國進入 WTO 的美國克林頓、小布殊、奧巴馬等總統以及美聯儲前主席格林斯潘、美國商業理事會主席羅伯特·卡普這樣的經濟泰斗；二是宣揚美國讓中國進入 WTO、給予最惠國待遇吃了大虧；三是主張採取強硬措施與中國打貿易戰。這篇講話既有七拼八湊的數字，又有強詞奪理的邏輯，成了煽動美國朝野上下與中國打貿易戰的理論支撐和思想基石。關於中國加入 WTO，萊特希澤有五個觀點：一是中國入世美國吃虧論；二是中國沒有兌現入世承諾；三是中國強制美國企業轉讓技術；四是中國的巨額外匯順差造成了美國 2008 年的金融危機；五是中國買了大量美國國債，操縱了匯率。

　　這些觀點把美國經濟自身存在的問題，一股腦兒安在中國頭上，既有得了便宜還賣乖的油滑，又有農夫與蛇、恩將仇報之行徑。深入分析，以正視聽，十分必要。

　　第一，關於中國入世美國吃虧論。中國入世之後，中美雙方互予

最惠國待遇，互為重要貿易夥伴。2018 年，雙方貨物貿易達 6335 億美元，是 1979 年建交時的 250 多倍，是 2001 年入世時的 7 倍多；服務貿易達 1250 億美元。中國和美國是互為重要的投資夥伴，2017 年美國在華投資企業約 6.8 萬家，實際投資超過 830 億美元，中國企業對美投資存量約 670 億美元。萊特希澤聲稱，由於中國入世，美國對中國貿易赤字在過去十多年幾乎漲了 4 倍，美國吃虧了，並以貿易逆差為理由，挑起貿易磨擦。先不說雙方對赤字數額統計有異議，美國認為 4000 多億美元，中國認為是 3000 多億美元。只要仔細分析一下中美貿易赤字的結構和來源，就能理性判斷：(1) 中美貨物貿易，美國屬價值鏈中高端，資本品、中間品居多；中國屬中低端，以消費品和最終產品居多。(2) 中國對美出口的產品，60% 是美國企業在華生產的產品返銷美國。2007 年，《福布斯》雜誌報告說：「中美之間懸殊驚人的貿易赤字很大部分來自美國在華企業生產後運往美國出售的商品。」(3) 中國對美出口高科技產品，被萊特希澤報告認為：「在計算機設備、器具和組件方面，對華貿易赤字已成井噴之態，迅速增長的計算機和電子元件進口已超過美國對華貿易赤字的 40%，讓美國計算機電子行業減少 62 萬份工作。」事實是這些高科技產品大多是來料加工、代工組裝的電子產品，進出口貿易值包含零部件、中間產品與國際轉移價值，聽着很多，實則營業收入和附加值很低。比如一台銷售價為 500 美元的筆記本電腦，從美國等各國各地進口的原材料、零部件、中間品成本為 250 美元，美國的品牌商企業在研發、品牌專利、售後維護等方面的成本為 110 美元，各類物流銷售成本為 80 美元，中國代工企業組裝加工收入只有 60 美元，區區 12% 的代工附加收入，讓美國跨國公司獲取了豐富的中國製造業的比較利益，卻要背負巨額貿易逆差之名，究竟誰吃虧，誰佔便宜？

　　分析美國貿易赤字問題，不能僅僅看貨物貿易總量差額，片面研判中美經貿得失關係，還要從美國的經濟結構、金融特徵深入分析，才能搞清為甚麼美國不僅和中國，事實上和全世界各國幾十年來都是貿易巨額逆差的原因。（1）這是美國國內儲蓄不足的必然結果。美國國民淨儲蓄率只有 1.8%，必須通過貿易赤字大量利用外國儲蓄才能平衡。（2）這是中美產業比較優勢互補的客觀反映。（3）這是國際分工和跨國公司生產佈局變化的結果。跨國公司利用中國生產成本低、配置能力強、基礎設施好等優勢，來華組裝產品、銷往包括美國在內的全球各地。（4）這是美國對華高技術產品管制出口的結果，美國對中國出口管制的產品多達 10 個大類 3000 多種物品，由於冷戰思維，讓美國人自己關閉了增加對華出口的大門。（5）這是美元作為國際貨幣的結果。一方面收鑄幣稅，幾美分成本的一張紙，要世界提供 100 美元的商品；另一方面，通過逆差不斷派出美元，美國逆差背後有着極其深刻的利益考慮和國際貨幣根源。

　　第二，關於中國違反入世承諾問題。一是關稅方面。中國在入世前的關稅總水平是 15.3%，入世時承諾到 2010 年降到 10% 以內。事實是中國在切實履行加入 WTO 的承諾後，還主動單邊降稅，擴大市場開放。2010 年，中國貨物關稅承諾全部履行完畢，關稅總水平由 2001 年 15.3% 降到 9.8%，但並未止步，而是通過簽訂自由貿易協定的方式，推進貿易投資自由化。據 WTO 數據，2015 年中國貿易加權平均關稅率已降到 4.4%，低於韓國、印度、印度尼西亞等新興經濟體，已接近美國的 2.4%、歐洲的 3%。在農產品和非農產品方面，已低於日本農產品和澳大利亞非農產品實際關稅。2018 年，中國將汽車整車最惠國稅率降至 15%，零部件稅率從 25% 降至 6%。目前，中國關稅總水平已進一步降為 7.5%。

　　二是不斷擴大開放。中國入世以來，開放了外資投資領域；開放了商業零售、物流運輸、金融業、律師、會計、管理諮詢等服務貿易領域；開放了東西南北中，在中西部內陸地區同步設立了保稅區、新區、自貿試驗區。

　　三是深化改革。按照 WTO 要求，推動了營商環境國際化、法治化、公開化；推動了非公經濟發展，非公經濟佔 GDP 比重從 2000 年 40% 左右提升到 2018 年 60% 以上；推動了國有企業市場化改革，一大批國有集團、大型銀行、金融機構進行了股份制改造，IPO 上市。

　　四是健全了法律。全國人大批准了生態環保、勞動保護、知識產權保護等一大批法規。

　　第三，關於中國是否強制美國企業轉讓技術問題。眾所周知，引進外資、擴大開放不僅會帶來外國資本，也會帶來產品、技術、管理經驗和市場渠道，這些都是根據市場契約、企業之間的合同產生的結果。在中外企業合作中，中國政府從來沒有強制要求外資轉讓技術的政策做法。中外企業都是基於自願原則實施契約行為，雙方從中獲得各自實際利益。一般來說，外資企業技術收入有三種方式：一是一次性轉讓，按轉讓價結算或入股折價；二是銷售產品中包括技術收入；三是技術許可，收取許可費。這些都是國際貿易常規方法，萊特希澤把企業通過商業合同建立夥伴關係、轉讓技術、資源合作叫強制技術轉讓，荒謬透頂，完全是歪曲。

　　2009 年以來，中國 R&D 投入每年達 20% 的增長，2018 年達到 2 萬億元，僅次於美國，位居全球第二，佔 GDP 的 2.13%。除了 2600 所高校、10 萬家研究所、600 多萬研究人員之外，中國研發投入中，企業佔到 77%。對此，美國前財政部長，著名經濟學家拉里·薩默斯曾評論說：「中國的技術進步來自哪裡？來自那些從政府對基礎科學巨額

投入中受益的優秀企業家，來自推崇卓越、注重科學和技術的教育制度，主導地位就是這麼產生的，不應抹殺中國保護知識產權的巨大努力和成效。」通過商標法、專利法、反不正當競爭法和建立知識產權法院等，中國短短十幾年建立了一套完備且高標準的知識產權法律體系，完成了西方幾十年、上百年才完成的路徑。

第四，關於中國順差和外匯儲備導致美國 2008 年金融危機的問題。萊特希澤在聽證會報告說：「中國外匯儲備從 2000 年的 1650 億美元增加到 2009 年的 2.4 萬億美元，很大程度上歸功於不斷擴大的對美順差。這些儲備是如何導致 2009 年的經濟危機的呢？中國購買美國國債，使其價格上漲，從而導致美國國債收益率低於應有水平。長期利率降低使得美國家庭消費水平提升，並擴大了儲備和投資之間的差距。而且，因為外國儲蓄主要通過政府或央行之手，流向美國國債之類的安全資產，私人投資者為了尋求高回報便轉向別處，刺激了金融工程師開發新的金融產品。比如抵押債務，引發了次債。確實，貿易赤字顯然在製造 2008 年破滅的金融泡沫方面發揮了重大作用。」

天下人盡皆知，2008 年美國金融危機原因是 2001 年科技互聯網危機後，當時股市一年裡跌了 50% 以上，再加上「9·11」事件，美國政府一是降息，從 6% 降到 1%，二是採取零按揭刺激房地產，三是將房地產次貸在資本市場 1：20 加槓桿搞 CDS，最終導致泡沫經濟崩盤。2007 年，美國房地產總市值 24.3 萬億美元、佔 GDP 比重達到 173%；股市總市值達到了 20 萬億美元、佔 GDP 比重達到 135%。2008 年金融危機後，美國股市縮水 50%，剩下 10 萬億美元左右；房地產總市值縮水 40%，從 2008 年的 25 萬億美元下降到 2009 年的 15 萬億美元。將這種危機歸咎於中國，虧他們想得出來。

第五，關於中國外匯儲備購買了 1 萬多億美元的美國政府債券、

操縱人民幣匯率的問題。萊特希澤在聽證會報告説：「中國購買美國債券，並不是基於支持美國經濟的無私幫助，那些購買行為是中國想要阻止人民幣兌美元升值的必然結果。中國領導人必然將利用出口來維持穩定。」這個觀點真是滑天下之大稽。誰都知道中國作為美國國債最大的外國政府買主，對維繫美元的信用、世界貨幣的穩定起了至關重要的作用，這竟被曲解成是為了人民幣貶值，如此這般讓人情何以堪，誰還會有投資美國國債的熱情？事實上，由於美國經濟的結構、體制，美國必須保持較大的逆差，向全世界輸送美元，為此，美國不斷降低本國製造業比重（只佔國民經濟的 15%），以確保美國不斷增加進口，輸出美元；美國必須確保較大的國債發行能力，以確保政府收入維繫美國的社會保障和軍事能力，這是美元霸權的條件。誰都知道，美國需要外國投資者對美國國債擁有較大的熱情，這是美國國債得以發行的重要保障條件。美國國債的發行過程也就是美聯儲美元貨幣發行的過程，這個過程除了美聯儲購買國債之外，亟需外國投資者購買。中國購買美國國債，到底誰是真正獲利者？ 2012 年，諾貝爾經濟學獎獲得者斯蒂格利茨有過一番評論，大概意思是説：「當今世界有個奇特的怪圈，發展中國家辛辛苦苦給發達國家打工，好不容易收入了美元，又將這些美元低利息地、上萬億美元地借給發達國家，買了發達國家的國債，而發達國家又將這些低息外匯，投資到發展中國家，賺取 10%以上的高額回報。」這個論斷被經濟學界稱為斯蒂格利茨怪圈。可見，誰是誰非，大家心知肚明。

　　通過以上五論，可以看到美國聲稱的中國是美國陷入困境的重要原因、是美國至今為止最大的貿易問題等論斷完全是得了便宜還賣乖、蠻不講理、倒打一耙的行徑。中國入世以來，包括美國等國家的跨國公司對中國投資大幅度增長，原因在於中國有好的基礎設施、好

的開發區、好的且低成本的勞動力、好的營商環境、好的要素供應，包括能源、水電氣等，最重要的是有上中下游產業鏈配套。明明是好的進步，怎麼變成了問題的根源？須知這中間沒有任何人能強迫投資，只有利潤可觀、法治清明，才能讓跨國公司蜂擁而來。

在我看來，美國政策制定者犯了六個錯誤：一是他們沒有反思一個基本事實。當年中國入世，美國沒改變任何政策，沒降低任何關稅，沒修改任何貿易法，美國進口限制或出口管制也沒有特別取消，因為美國市場本來就對中國開放進口。甚麼都沒做，也就沒有任何吃虧。美國只是維持入世前已用於中國的市場准入政策。所以，中國入世，美國沒損失。而中國降低了關稅，開放了電信業、金融業等服務業服務貿易領域的投資，按低得多的關稅在中國銷售美國汽車，等等，美國企業受益良多。二是他們沒有預見到最近十幾年中美經貿合作取得的巨大成就，是兩國互利合作的結果。如果單單一方受益，一方吃虧，不可能取得這種成果。三是他們沒有考慮中國入世後以開放倒逼市場化改革，改善了的營商環境得到了包括美國公司在內的全世界企業的青睞，中國勞動力、要素供給的比較優勢，使包括美國在內的外國企業取得了豐厚的回報，外資投資也由此大幅增加了 200%。四是他們沒明白從 1980 年以來的 30 多年，國際貿易出現了新格局，70% 的貿易量是中間品貿易，包括中美兩國製造業在內的全球製造業的價值鏈、供應鏈、產業鏈一體化，變得你中有我、我中有你，已經無法採用重商主義時代關稅或非關稅壁壘來分割了。五是他們沒反思 2008 年次貸危機的根本原因是美國經濟脫實就虛，房地產泡沫和金融槓桿過大、製造業比重過低，產業空心化，結構失衡，造成貧富差距加大，再就業問題突出。六是他們沒有認識到當今世界以鄰為壑地把自己的問題轉嫁給別人，利用自己的強國地位、貨幣信用為所欲為，

是行不通的。歷史證明，解決政府債務危機、經濟泡沫的根本辦法靠供給側結構性改革；靠實體經濟發展，拉動稅收增長；靠合理的產業結構獲取經濟收益，平衡國際收支；靠經濟要素供給總量合理，減少赤字，約束透支，讓政府債務與 GDP 比重平衡。

二、特朗普高舉加徵關稅的大棒、大搞貿易磨擦是損人不利己的政策，必將自食其果

第一，特朗普聲稱對中國出口美國的 5000 億美元商品加徵 25% 的關稅，美國政府將多收 1000 多億美元關稅，這些都是中國支付的，以此論點獲取美國民眾對他的支持。實際上，這些關稅是由美國的進口商支付的，最終必然轉嫁到美國企業和民眾身上。第二，出口美國的貨物中相當部分是美國企業在中國投資後的出口貨，加徵關稅，傷了美國自己的公司。第三，中國反制報復，加徵關稅。美國出口中國的 1500 億美元商品中，相當部分為芯片、半導體等，是美國在中國企業的供應鏈中的戰略物資，加稅會增加他們在華企業的成本。第四，在貿易磨擦中，美國政府為了打擊中國企業，採取高科技零部件斷供措施，中國市場往往佔了這些美國高科技企業 20% — 50% 的份額，當你斷供中國，首先引發的事實是丟掉了市場，造成這些美國企業業務巨額萎縮、虧損甚至破產倒閉。第五，當今世界，每一個全球性商品生產都有上千家上中下游企業，構成了產業鏈、供應鏈、價值鏈，貿易戰扭曲了產業鏈、供應鏈、價值鏈，要搬遷一個總裝廠，牽一髮而動全身，重新擺佈少則兩年多則四年，必然造成產業鏈的龍頭企業在這三四年裡喪失了產業鏈把控和供應鏈紐帶管控能力，在國際企業跨國競爭中此消彼長，必將導

致一批美國龍頭企業就此沒落。

三、關於圍剿華為 5G 的科技戰

相比 3G、4G，5G 的重要性史無前例。4G 改變生活，5G 改變社會、改變產業，除了家庭消費的高清視頻、VR/AR 等之外，5G 未來主要是走向工業化應用，是今後十年科技競爭的制高點，是國家科技戰略的重要支點，是數碼經濟時代的引擎。預計十年之後，在全球將形成上 10 萬億美元的產業鏈。

2G 時代，中國全面落後；3G 時代，中國開始露頭；4G 時代，中國基本跟進，進入第一方陣，不再落後；5G 時代，開始領先，從芯片、終端和基站到網絡和應用，5G 產業鏈較長。中國在華為領頭羊的帶動下，在標準化、產業鏈佈局和推進等方面起主導作用。

在 4G 領域還是全面領先的美國，在 5G 時代出現了問題。一是 5G 通信設備缺少供應商。歐洲有諾基亞、愛立信；中國有華為、中興通訊；美國為零。二是波段問題。由於中低頻率的波段被美國軍方佔用，在美國原來不許民用中低頻率的波段。這些年美國民用通信領域只能使用高波段即毫米波段，所有商業開發者都集中在高頻率波段，由於低頻率波段的電波波長更長，傳輸距離更遠，所需基站數量少、成本低、穿透能力強、覆蓋範圍廣，而在高頻率波段，電波波長不長，連樹葉和人體可能都穿不過，容易受到阻擋，所需基站數量多、成本高、穿透能力差、覆蓋範圍小。現在美國緊急轉向，調整政策，開放低頻率波段，但為時已晚，在新一代通信基礎設施領域的競爭中，美國已經無法保持領先地位。三是基站覆蓋問題。目前，全球 4G 基站 500 多萬個，中國佔 370 多萬個，美國僅有 40 萬個左右，其餘各

國約 100 萬個。由於基站覆蓋數量不足，美國部分中小城市尤其是邊遠農村地區的 4G 通信質量較差。四是通信領域基礎科研問題。20 世紀 60 年代以來，美國科研機構及其公司在通信領域全面領先世界，尤其是美國電報電話公司 AT&T 及其所屬的貝爾實驗室曾經二十多年獨領風騷，取得了多項諾貝爾獎。20 世紀 90 年代以來，美國因反壟斷理由肢解了 AT&T 和貝爾實驗室，自那時起，美國通訊領域的領先地位逐漸下降。

中國在 5G 領域一則有巨大的市場拉動；二則由於 4G 基站廣泛覆蓋，為 5G 基站建設打下基礎；三則波段合適。2020 年 5G 問世，中國必然成為全球標準，贏家通吃，勝者為王。大家只能向領頭羊看齊，這很可能會改變第二次世界大戰以來特別是冷戰結束以來通信領域的全球發展格局。這是美國不能容忍的事，為此，美國以舉國之力對華為進行了五大圍剿：一是孟晚舟事件；二是以國家安全名義把華為列入限制性實體清單，禁銷華為產品；三是高通、英特爾等產業鏈上游企業斷供；四是谷歌對華為停供安卓操作系統，ARM 芯片框架設計軟件停止授權；五是把華為從 IEEE、Wi-Fi 聯盟除名。

然而，這一次美國政府失算了。華為作為通信領域全球的領頭羊企業，在 5G 基站、終端、相關芯片和其他網絡設備上處於領先位置，並自主研發了操作系統，具有足夠的實力和智慧化危為機。一是率先開發了全球領先的 5G 基站；二是大批量生產銷售了世界一流的手機終端；三是研製開發了基站芯片、服務器芯片、手機芯片、AI 芯片、路由器芯片和 5G 基帶芯片；四是開發了能同時覆蓋手機、平板電腦和筆記本電腦的鴻蒙操作系統，可替代谷歌的安卓操作系統；五是為防範供應鏈上部分產品斷供、封鎖，開發了相應的備胎技術。

四、按中央要求，以不變應萬變，抓好改革、開放、創新，做好中國自己的事，是應對與美國貿易磨擦的制勝法寶

美國政府的貿易霸凌主義行為表現在四個方面：一是根據美國國內法單方面挑起貿易磨擦；二是片面指責他國實施的產業政策；三是以國內法長臂管轄制裁他國；四是將國內問題國際化，經貿問題政治化。

應對與美國的貿易磨擦，中國有足夠的迴旋餘地，足夠的韌勁，有足夠的不管風吹浪打、我自閒庭信步的定力。對貿易磨擦，我們不願打也不怕打，美國要打奉陪到底。與此同時，我們要按照習近平總書記的要求，以不變應萬變，無論形勢如何發展變化，中國都要堅持做好自己的事情。要認認真真抓好六方面工作。一是對貿易磨擦的艱巨性、長期性要有足夠的準備，要做最壞打算。這場貿易磨擦輕則影響 GDP 的 1%—2%，重則影響 5%—10%，不僅影響進出口，還會影響就業，影響投資，包括國內企業和外資企業，會出現觀望彷徨、減少當期投資。一些外資也會心存別意、撤資走人，要做好這方面的預判。還要防範貿易磨擦中，可能發生科技、匯率、金融等方面的磨擦，並警惕美國的長臂管轄、SDR 特別指定國民名單、扣押美元資產、凍結結算系統，等等。總之，要儘早應對，未雨綢繆，提出對等的有效阻斷措施。二是要把更多的增長動力轉向國內需求上來，堅持「六穩」調控方針。做好因貿易磨擦而受影響的困難企業工作，落實減稅降費措施，進一步採取措施化解中小企業融資難、融資貴的問題。三是加強供給側結構性改革，強化產業結構調整。進一步擁抱全球產業鏈，抓好創新驅動，補短板，抓好戰略性基礎創新、產業鏈核心環節的自主創新，實現高質量發展。四是要加速國內改革。加強完

善知識產權和私有產權保護，加速市場化改革，消除各種市場壟斷，讓市場在資源配置中發揮基礎性決定作用。五是要進一步擴大開放。中國開放的大門不會關閉，只會越開越大，這是習近平總書記在多個國際場合反覆強調的一句話。開放是中國的自主選擇，決不會因為美國搞貿易磨擦而關閉大門。六是要捍衛多邊主義原則。維護現存國際秩序，履行 WTO 原則，全方位開放，加強國際友好，積極參與並推動 WTO 改革。在應對與美國貿易磨擦的同時，另闢蹊徑，與日、韓、歐盟、東盟深入探討 FTA，並爭取早日與他們簽訂自由貿易協議。由此，美國的跨國公司也會奔向我們而來。畢竟，中國今後 15 年，會進口 30 萬億美元的商品，10 萬億美元的服務貿易，中國又是全球製造業產業鏈最齊全的國家，進口大國是世界強國，供應鏈的掌控是王中王。這樣，貿易、產業、金融 (進口可促進人民幣國際化) 都活了，從而實現變被動為主動。

答學生問

問題 1：

　　今天又一次見到老領導，覺得特別親切，因為我原來是上海市政府法制辦的。2000 年的時候，您給市政府辦公廳的工作人員講過一次，那個時候咱們還在爭取加入 WTO 的時候。19 年過去了，因為我是前天聽說今天有老領導的講座，所以我積極提出來一定要來聽一聽。我知道今天的機會以後，回去特意翻了一下筆記本，是 2000 年 7 月 28 日在辦公廳給我們講的，時隔 19 年了。我現在在長興島開發辦，也離開了市政府辦公廳，首先歡迎老領導有機會到長興島看一看，看看長興島十幾年開發建設的巨大變化。

　　我提兩個問題。一個是近期的，一個是遠期的。我們看到 6 月 7 日，習近平主席在俄羅斯說到中美不可能完全割裂。這是否意味着下一周可能中美貿易磨擦會有轉機。還有一個遠期的，我覺得前邊老領導提到了，現在美國它基本上走到發美債，養美軍，靠美軍的實力維持它美元的地位，美元維持霸權地位可以繼續發美債，美債美軍美元這麼一個循環，但它的這個玩法也不是長久之計，我想最後它玩不下去的時候，這個攤子怎麼收？

黃奇帆教授：

　　第一個問題，如果從理性的角度講，中美貿易磨擦，作為這一年多時間的一個過程，對雙方都不利，和則兩利，應該是有理性的政治家都會有這個清晰的判斷的。所以在這個過程中，美國方面，作為

打壓的手段或者想要敲打一下，獲得更多的好處的角度，會搞一些特別的令人感覺異常的極限施壓，但中國方面堅定不移的底線划出來以後，如果你一定要堅持，最後雞飛蛋打，對美國的衝擊絕不會小於對中國的衝擊。所以在這個意義上講，特朗普現在對中國不管是徵稅還是別的舉措，第一波是壓在美國的企業身上。過它個一年兩年三年，那麼中國的企業為了改變市場結構，可能會降低價格，相當於把這個徵稅壓力轉嫁於中國頭上，但這個過程是幾年後，這一波的壓力首先是壓在美國的老百姓身上。從這個意義來講，包括封堵各種各樣的技術和產品，首先是美國企業的市場就莫名其妙丟掉了，最近一段時間，美國企業聯手，向政府提出，要求恢復對中國的供貨等這一類的信息不斷。所以我相信，中國和美國貿易磨擦會因為最終談判，取得互相諒解的結果，形成協議。而且這個協議一定是在兩國的領導人會面以後，產生的一種宏觀的導向作用。所以對這件事，今年年內取得一定的成功，我是抱有比較多的、明確的、樂觀的判斷的。當然，我們也有一個清醒的判斷，即使簽了這個協議，並不等於中美貿易磨擦結束。長遠看，打打停停、停停打打，今後十年二十年，會經常發生，這個是崛起的老二和守成的老大之間必然發生的一種現象。我相信，中國因為是一個和平的國家，在這個過程中，我們會用最負責任的大家互惠互利的方式來走。相信未來是好的，因為甚麼力量也阻擋不了中國的崛起。

　　第二個問題，其實我在今天第一個小時裡講到的概念裡，已經說了，美國的確是要靠發美債來維持美國政府的運行，美國政府運行包括美國軍隊的強盛。美國在世界上，有五個第一。一個是軍隊實力第一，一個是美元霸權第一、貨幣霸權第一。第三個是美國科技力量的確全球第一。第四個是美國的農業也是第一。第五個當然是美國的工

業體系，儘管它只佔 GDP 的 15%，但這 15% 的工業體系佔了全球高
科技的一半以上，因為美國 15% 的工業體系，已經基本上是為軍工
服務，為軍工服務的工業，美國自己保留着，這裡面就有一個軍轉民
的高科技，這個意義上它的工業製造系統是世界最強的。在這個過程
中，有剛才你說的那個循環，發美債養美軍，有了美軍控制了實力，
繼續強迫人家用美元。這個邏輯在美元信用沒有完全喪失的時候，一
直可以行得通，哪怕美元信用丟掉一半，在軍隊的護衛下也可以行得
通。但一旦出現美國每年的財政收入，全部用來還美債本息還不夠的
時候，那麼不管你用甚麼樣的軍隊保障，不管你用甚麼樣的霸凌主義
的方式，你的美債都會發不出去，美元強盛的行情就結束了，那麼美
國國際地位的衰退也是免不了的。就此而言，下一次的經濟危機有可
能從網絡剝離資本的危機、房地產次貸危機導火索引發的經濟危機轉
變為大規模的債務危機。當然，這是若干年後可能會發生的事。你說
是遙遠的，也的確是遙遠的。

問題 2：

　　黃教授，您好！請教一個問題，關於歐盟和日本，美國一定要他
們選邊站，其實我比較擔心這個問題，如果不選邊站的話，感覺還沒
那麼大的壓力，也許可以應付。請問您怎麼看？

黃奇帆教授：

　　這個不用擔心，因為既然是 FTA，自由貿易協定，就是雙邊的，
它不像我們 20 個國家，一起要投票，然後有一個投不同意，就不能通
過。既然是雙邊的、區域性的，那就是博弈的談判。每個國家都有每
個國家的意志，這種自由貿易是以企業的利益為基準的。所以說，要

脅迫一個經濟體的自由貿易是不可能的。它在某個政治問題上，某一個事情上，可能會選邊站或者有利益考量，但是在整體的這種經濟圈的概念裡，比如說你選邊，不跟中國做貿易，中國每年三四萬億美元的進出口裡面，有差不多 1.6 萬億美元是跟歐洲發生的，它不要，沒這可能。在這個意義上，進口大國的進口量是王牌。產業鏈、供應鏈控制是王中王，誰擁有產業鏈、供應鏈的市場，誰就是王中王。不是哪個國家說了算，是市場說了算，是產業鏈說了算。大家要相信這個貿易結構、經濟規律的作用。

問題 3：

近些年中國的民營、外資等非公有制經濟發展速度有所放緩，應怎樣鼓勵更多非公有制經濟加快發展？

黃奇帆教授：

非公有制經濟發展需要放在中國改革開放的歷史進程中來考察。三十多年前，中國經濟中國有成分佔 75% 左右，民營經濟和外資佔 25% 左右；三十多年來，中國非公有制經濟得到了長足發展，2016 年比重上升到 60% 左右，民營和外資分別佔 45%、15% 左右，重要性顯著增強。那麼是否再過十年，非公有制經濟佔中國經濟的比重會不會進一步上升到 90% 以上呢？不會！一個成熟的經濟體，政府每年總有佔 GDP 20% — 30% 的財政收入要支出使用，通常會生成 15% 左右的 GDP，這部分國有經濟產生的 GDP 是通過政府的投資和消費產生的，美國和歐洲各國都是如此。比如 2017 年，美國的 GDP 中有 13.5% 是美國政府財力支出形成的 GDP。

中國政府除了財政稅收以外，還有土地批租等預算外收入，所

以，中國政府財力支出佔 GDP 的比重相對高一點，佔 17% 左右。扣除掉這一部分，中國的國有企業在國民經濟中的比重約為 20%，這個比例已接近底限。所以，再過若干年，中國經濟中民營、外資等非公有制經濟比重最多能進一步從 60% 上升到 62% —— 65%，現在已接近「天花板」，而國有經濟比重也不會再有較大幅度降低，關鍵是做好國有、民營、外資企業均按照市場經濟規律和現代企業治理規則有效運行，進一步深化國有企業改革，發展混合所有制經濟，培育具有全球競爭力的世界一流企業，進一步支持民營經濟、外資經濟改善結構、提升效益，加快發展。近些年，針對民營經濟發展中遇到的融資難、融資貴、成本高等突出問題，中國政府出台了一系列財政、稅收、金融扶持政策，鼓勵支持民營經濟加快發展。全國人大常委會今年 10 月剛剛通過《中華人民共和國中小企業促進法》（修訂），為進一步改善民營經濟和中小企業發展環境加強了頂層設計，提供了法律保障。

問題 4：

　　中國政府在「一帶一路」沿線國家進行基礎設施大規模投資過程中如何避免因外力衝擊而出現壞賬？

黃奇帆教授：

　　這個提醒很有必要，「一帶一路」建設是中國對外開放的重大戰略舉措，也是習近平主席提出的「構建相互尊重、公平正義、合作共贏的新型國際關係、構建人類命運共同體」的重要內容。其核心，就是要讓「一帶一路」沿線國家和人民，通過努力實現政策溝通、設施聯通、貿易暢通、資金融通、民心相通。「五通」之中除了「設施聯通」之外的其他「四通」，並不需要大規模投資，而更多是依靠遵循共商共建共享

原則，增進戰略互信，以最大公約數開展合作。至於實現「設施聯通」需要較大投入，但絕不是由中國政府包打天下，而是按照市場經濟規律，探索符合國際市場運行的商業化運作模式，採用開發銀行和投資基金的方式來逐步推進。目前，400 億美元規模的絲路基金和 1000 億美元規模的亞洲基礎設施投資銀行，已經按照市場化方式開展運營，未來將實現合理財務收益和中長期可持續發展。習近平主席提出的「六廊六路多國多港」為主體框架推動互聯互通，得到了各國的廣泛支持。具體到某個國家、某個基礎設施建設項目，需要項目所在國政府和投資企業按照經濟規律作出決策，中國政府並不尋求發揮決定性作用。當然，中國政府投入部分資金會起到「四兩撥千斤」的引導作用。在過去四年中，中國企業對「一帶一路」沿線國家累計投資超過 500 億美元，貿易總額超過 3 萬億美元；預計未來五年，中國從沿線國家進口額將超過 2 萬億美元，對沿線國家投資 1500 億美元，所有合作都是建立在商業化運作和互利共贏的基礎之上。總的來看，中國推動「一帶一路」建設，並不主要依靠政府投入，而是依靠不斷完善合作規則，打造國際合作新平台，增添共同發展新動力。

近十年美國政府債務演變格局和風險含義

上課日期：2019 年 6 月 9 日

課程摘要：2000 年以來美國發生了兩次世界級的金融危機，第一次是 2001 年互聯網科技股泡沫崩盤引發的金融危機，第二次是 2008 年房地產次貸泡沫崩盤引發的金融危機。時間過去了十年，如果 2020 年之後，美國再發生一次影響世界的金融危機，將是甚麼危機？毫無疑問，將是美國政府債務過重引發的美元信用危機，導致股市高位墮落。

自 1971 年布雷頓森林體系解體，美元脫離了金本位，形成「無錨貨幣」，美元的貨幣發行體制轉化為政府發債，美聯儲購買發行基礎貨幣之後，全球的基礎貨幣總量如脫韁野馬，快速增長。從 1970 年不到 1000 億美元，到 1980 年的 3500 億美元，到 1990 年的 7000 億美元，到 2000 年的 1.5 萬億美元，到 2008 年的 4 萬億美元，到 2017 年的 21 萬億美元。其中，美元的基礎貨幣也從 20 世紀 70 年代的幾百億美元發展到今天的 6 萬億美元。

美元的基礎貨幣靠發債，這些年美國政府債務也從 2000 年的 5.5 萬億美元，到 2008 年的 10 萬億美元，到 2018 年的 21 萬億美元，2019 年達到 23.5 萬億美元。近二三十年，美國有一種理論認為美國

與世界上一般國家不同，各國欠的是外債，一旦超規模，就會導致危機，被債務逼死。美國政府發的是內債，欠的是美元債、是本幣債，不是外債，美國政府加發的債，只要美聯儲多印一些貨幣就能平衡。因此，多點少點不必擔心。這話也對也不對，在美國政府財政收入大於債務還本付息能力的時候，主權信用有效，沒有造成美元信用危機時，是這樣；但是物極必反，一旦突破了邊界，就成了超級龐氏騙局，就會玩完。

　　本文系統地分析了這一演變過程。

今天是端午節的休假日。當時學校跟我說課程定在 6 月 9 日，開始我也沒在意，後來突然發現是星期天，又發現是假日，我想學校怎麼不放假，擔心弄錯時間了。前幾天問了一下，還真是定在端午節，我說學生不是都放假嗎？學校說你的報告，大家會來聽的。我們再晚了就要放暑假了，所以定了這個時間。

今天講一講近十年來，也就是 2008 年的美國次貸危機爆發以來，美國政府債務的發展情況、內在的風險的狀況。這種狀況，預示着今後幾年，可能在美國發源一場整個世界避免不了的大地震，或者大的金融風暴。而且我認為這個金融風暴的級別，不亞於 2008 年國際金融危機。

經濟學理論告訴我們，GDP 除了作為一個國家每年經濟增長情況的綜合反映指標之外，也是一個國家一些重要經濟要素發展狀況是否健康的標尺。比如，M2、政府債務、股市總市值或房地產總市值與 GDP 之比在經濟正常時一般不超過 1:1。當某個方面經濟過熱時，這些指標中某一個或某幾個與 GDP 的比值超過 1:1 時，表明經濟的某個方面或整體出現泡沫；當達到 1.5:1 或更高時，表明經濟出現嚴重泡沫，可能會出現劇烈震盪甚至市場崩潰，從而矯正修復相關指標，回到 1:1 以內，如此這般，周而復始。

從美國來看，2000 年美國 GDP 是 10 萬億美元左右，政府債務是 GDP 的 55%，房地產市值是 GDP 的 81%，M2 是 GDP 的 70% 左右，都在安全範圍內，沒甚麼問題。但由於當時互聯網經濟狂熱發展，股市出現了嚴重泡沫，股市市值與 GDP 之比達到創紀錄的 183%，由此導致了 2001 年的股市大崩盤，幾個月內股市總市值與 GDP 之比從 183% 降到了 90%，重創了美國的經濟，再加上「9‧11」事件，使之在 21 世紀初進入了危機狀態。面對這種局面，美國政府為了刺激經濟發

展，一方面下調利率，從 2000 年的 6.5% 下調至 2003 年的 1%，大大降低了整個社會借債成本；另一方面，採取了零首付按揭貸款的方法刺激房地產，這樣的 100% 按揭貸款加低利息，當然促使房地產瘋狂發展。與此同時，美國人又將這類有問題的房產按揭貸款（次級貸款）轉化為抵押債券，通過 CDS 在資本市場做高槓桿交易，進一步引發了證券市場的泡沫發展。到 2007 年，美國房地產總市值 24.3 萬億美元，大大超過了當年 14.7 萬億美元的 GDP，與 GDP 之比達到 173%，而在 2000 年前後，美國房地產總市值與 GDP 之比僅為 80%，7 年時間翻了一番以上，總量增長了 3 倍以上。股市總市值也達到了 20 萬億美元，與 GDP 之比達到 135%，形成了次貸危機，並引發了人類歷史上最大的全球金融危機。這場房地產次債危機引發的金融危機，導致美國股市縮水 50%，全美股市總市值從 2007 年的約 20 萬億美元縮水到 10 萬億美元左右；美國房地產市場的按揭貸款主辦銀行房地美、房利美幾乎面臨倒閉，按揭業務從 2008 年到 2010 年三年全部停頓，房地產總市值從 2008 的 25 萬億美元縮水 40%，下降到 2009 年的 15 萬億美元。

　　2018 年是 2008 年國際金融危機十周年，如果說 2001 年的金融危機靠降息和房地產次貸刺激使美國經濟走出陰影，恢復景氣。那麼，2009 年在股市、房市一片狼藉中，美國人又靠甚麼拯救、刺激經濟發展呢？我們知道，這一次美國靠財政舉債，靠政府透支，靠 Q1、Q2、Q3 的貨幣放水，直升機撒鈔票。從 20 世紀 70 年代以來，美國經濟有整整三十多年政府債務與 GDP 之比均沒有超過 70%，但 2009 年開始美國的財政債務與 GDP 之比從 2007 年的 62.5%、2008 年的 67.7% 躍升到 2009 年的 82.4%，以後幾年一發不可收拾，十年下來到 2017 年，美國政府債務總量從 2007 年的 9 萬億美元上升一倍多，達到 20.44 萬億美元，是 GDP 的 105.4%。要知道，美國聯邦政府債務並不包括

州、市縣地方政府債務。如果加上 50 個州和市縣地方政府的 5 萬多億美元債務，總量接近 26 萬億美元，全美政府債務與 GDP 之比已達到130% 左右。

　　分析 21 世紀以來美國解決經濟危機的過程，我們看到 2001 年互聯網經濟過熱導致的股市危機，因房地產市場的發展而對沖化解，卻又引起了 2008 年更大級別的國際金融危機。那麼，這十年靠財政舉債、貨幣政策放水平衡化解了次貸危機、金融危機，會不會因美債危機、美元危機引發一場大級別的股市災難、經濟危機呢？對此，有三種認為不會發生這種問題的觀點。一是認為目前的美國經濟很景氣，宏觀上看，正處在股市指數高位、美元匯率高位、經濟增長率高位，在具體結構指標上看，正處在企業利潤上升、貸款意願上升、貸款違約率較低、失業率較低，特別是 10 年期國債與 2 年期國債收益差值不小（差值愈小，甚至負值倒掛，則表明美國經濟趨弱），這些指標都是近十年來最好的。所以，美國經濟不至於衰退。二是認為美國國債利率被視為全球市場的基準利率，是全球信用體系的支柱。如果政府債務違約，必將導致支柱倒塌，導致私人間信貸難以定價，導致全球流動性短缺。所以，大家的共識是美國政府絕不會讓國債輕易違約，在當前美國國債評級還非常高的情況下，美國國債違約可能性幾乎為零。所以，儘管美國政府債務很高，但完全有信用借新還舊，不會發生債務違約等流動性風險。三是認為美元作為世界儲備貨幣，美國想還債，只要美聯儲多印些美元就行了。

　　以上三種說法，第一、第二種是經驗之談，有它的道理，但並不絕對，第三種說法是無知者的直觀感覺，似是而非。這三種情況成立只有一個邊界條件，那就是信用還在，債務率、債務槓桿還沒有到極限，一旦美聯儲過度透支了信用，造成了美元貶值、信用下降，世界

就會減少美元的使用；一旦美國政府出現了債務槓桿過高，出現了美債違約，美債就無法順利發行，借新債還老債的玩法就會失敗；另外，儘管美國股市、匯市、經濟增長率等許多指標處在高點，但是高處不勝寒，是否正是拐點臨近的徵兆？借的債，總是要還的。欲使其滅亡，必先使其瘋狂。金融泡沫越大越圓，離它的破滅往往越接近，而且，這種破滅往往是在人們意想不到的短期內瞬時完成的。

那麼，有沒有一個明確的標準，能確定政府債務上限達到甚麼水平時，美國經濟就會陷於困難、絕境？當然有。美國政府的債務有三個上限。第一種上限，作為良性的上限，是不影響機構正常運行的債務上限；第二種上限，作為有問題的上限，是影響機構運行但不致命的債務上限；第三種上限，作為會導致經濟惡性崩盤的上限，是終極上限或者致命上限，會導致股市崩盤、美元崩潰的上限。第三種崩盤性上限，具體的定量標準是甚麼？大體就是，每年債務付息 + 到期債務 = 全年財政收入。這將導致每年幾萬億美元的國民教育、衛生等政府公共服務正常支出無法維持。按照近幾年美國債務的增長率和增長額推算，再過五年，到 2023 年，美國政府債務總量有可能超過 30 萬億美元，再加上美國州政府、市縣政府等地方政府債，債務與 GDP 之比將達到 150% 左右。屆時，美國政府的全年稅收收入全部用來清償利息和到期債務還不夠，將達到第三種上限。

我們知道，主權國家之所以能發行貨幣，過去主要依據金本位、銀本位等貴金屬本位，現在主要依據 GDP 發展支撐，本質上是政府稅收、財政收入支撐。政府的稅收收入、財政收入是主權貨幣發行的依據，但是如果一個國家的債務利息和到期債務把全年的財政收入消耗完畢了，就沒有信用再發國債，就會降低發行新債還舊債的融資能力，導致重大的金融危機。例如，美國政府這樣做的話，美元公信力

就會大幅下降，美國經濟對世界經濟的影響力也會下降。從這個意義上說，貨幣的命運最終也將成為國家的命運。因此，債務上限的控制能力決定一個國家貨幣的全球公信力。政府債務透支到了極度上限，必然導致貨幣失信、大幅度貶值，引發大規模的混亂和局勢動盪。事實上，如果美國政府債務增長率今後幾年保持不變，不必等到 2023 年，不必等到美國政府債務觸及會導致經濟崩盤的惡性債務上限，各類經濟體就會打提前量預防設防，一場與美元、美債相關聯的大級別全球金融危機就有可能發生，這將是一個超過 50% 可能性的大概率事件。

對美國來說，為了經濟復甦，採用擴張政策，搞一些財政赤字和增發美元的措施無可厚非，雖然這種擴張過度可能會引發財政危機和通貨膨脹，進而迫使利率上升，抑制投資和消費。但是，由於美元的世界貨幣地位，高利率會吸引海外資金注入套利，外國投資者會更多地買美國國債和美元資產，使美元升值降低進口成本，在一定程度上又彌補了政府投資的不足，抵消財政赤字對投資的消極作用。正是這種原因，促使這幾年美國經濟增長率、企業利潤率、失業率等經濟指標都還不錯，不至於馬上衰退。但是，如果債務與收入比在一段時間內快速上升的話，就說明這段時間內產生的大量債務並沒帶來收入的相應增長。一旦借了超過自己收入能力的債務，走向極限，最終必然會導致違約。對一個國家來說，則會導致經濟危機。根據國際貨幣基金組織的研究，一國債務與 GDP 之比在五年內漲幅超過 30% 的話，大概率會在隨後的五年內爆發經濟危機，美國次貸危機後的十年，可以說連續已有兩個五年債務都增長了 30% 以上。所以，按現行美國舉債速度和赤字增加速度如果不變的話，要不了幾年，美國經濟將被債務大山壓倒。

　　大家會問，這種情況下，美國國會會不會批准這個不斷提高的政府舉債上限呢？美國國會批准提高債務上限過程應該更加曲折，但還是會批准。因為不得不批准，畢竟它只是兩黨政治吵鬧的插曲，不是根本，只是程序，不是根源。那麼，美國會採取甚麼經濟措施來緩和平衡美國政府債務率過高的問題呢？從過去幾十年歷史經驗看，大概率會採取三種措施。

　　第一種是美元貶值、通貨膨脹。為了維護美元地位，維持債務融資來源，美國採取直接違約的可能性極小，但卻不能排除美國政府以間接方式違約。這些方法包括美元貶值和通貨膨脹。有三個歷史性案例：一是 1933 年，美國因美元貶值，廢除國債的黃金條款，國債購買者不能按原契約換取相應黃金；二是第二次世界大戰後，美國採取通脹辦法，每年通脹 6%，五年總債務佔 GDP 比例能減少 20% 左右，十年能降低 40% 左右；三是 1971 年美國單方面停止美元兌換黃金，致使布雷頓森林體系崩潰，繼而確定了牙買加體系。總之，採用美元貶值和通貨膨脹變相違約，早已是美國減債減赤的慣用手法。

　　第二種是通過加息縮表剪羊毛，以鄰為壑轉嫁危機。美國每一次加息週期往往會演化出某一領域或某一地區的經濟危機、金融危機。20 世紀 80 年代以來，美國有 4 輪加息週期，80 年代加息的盡頭是拉美債務危機；90 年代加息的盡頭是亞洲金融危機；2003 年開始的加息週期盡頭是全球金融危機。目前這輪加息週期從 2015 年 12 月開始，2015 年、2016 年、2017 年各加息一次，2018 年已經 3 次，預期全年加息 4 次。那麼，這次加息的盡頭是在甚麼地方、甚麼領域出現大級別的危機呢？由於加息，美元走強，近幾個月繼巴西里拉之後，南非蘭特、印度盧比、印尼盾、俄羅斯盧布、阿根廷比索都在大幅貶值。因此，現在大家有種預感，近期的新興市場貨幣貶值是否表示新一輪

金融危機將表現在新興市場？

　　第三種是以全球經濟老大的實力改變遊戲規則，大打貿易戰意圖獲取超額利益彌補、化解債務困境。美國經濟結構有很大問題，其GDP 中 85% 來源於以金融為中心的服務業，製造業只佔 11%。美國巨額的貿易赤字根本就是自己的經濟結構造成的，而不是別國造成的。怪罪於別國，完全是一種得了便宜還賣乖的行為。金融業屬於精英產業，對勞動力吸納能力非常差，比如美國金融中心華爾街總共才吸納 30 萬人就業。美國政府提出要重新振興製造業，但談何容易，冰凍三尺非一日之寒，沒有五到十年根本轉不過彎來。2008 年金融危機後，美國經濟表面上恢復很快，但是結構不好的情況越來越嚴重，在新增GDP 佔比中製造業一路走低，金融與房地產佔比一路走高，貧富分化越來越嚴重，貧困人口佔比從十年前 9% 上升到 20%。特朗普提振經濟的減稅、關稅、基建三大措施疊加加息縮表後的美元升值回流，相當於給美國經濟打了興奮劑，短期看經濟數據還不錯，但經濟結構性矛盾並未修復。大基建由於美國政府拿不出錢來而勢必落空，其他幾個短期興奮劑式的措施，只能是暫時緩解美國經濟中的結構性困難。在這種背景下，美國不是着力調整國內經濟結構，促進經濟良性協調發展，認認真真、持之以恆地節約開支、減少赤字特別是減少軍費來化解國內財政債務危機，而是四處開火，對歐洲、北美、日本，特別是中國大搞貿易戰、單邊主義、逆全球化。事實上，美國的這些作為和措施，是無法解決美國經濟內在的、固有的結構問題、債務問題的。

　　總之，解決危機最不能容忍的辦法有三種：一是不能為了掩蓋矛盾、緩和矛盾而把現在的危機推向未來，導致未來更大的危機；二是不能用一個傾向掩蓋另一個傾向，走極端，採取一種措施解決一個危機而引發另一個更為嚴重的危機；三是不能以鄰為壑地把自己的問題

轉嫁給別人，利用自己的強國地位、貨幣信用為所欲為。歷史已經證明，不論是解決政府債務危機還是全社會債務危機，解決辦法的根本是靠供給側結構性改革；靠經濟發展拉動稅收增長；靠合理的產業結構獲取經濟收益、平衡國際收支；靠去槓桿、降成本、補短板，去過高的財政槓桿、金融槓桿，減少赤字，約束財政透支，讓財政債務與 GDP 比重平衡；靠經濟要素供給總量合理、結構相對均衡，M2、股市、房地產市場、政府債務等指標與 GDP 之比保持在 1：1 左右。對一個國家如此，對全球經濟運行也應當如此。

第 十 四 課

美國金融戰的內涵，我們的應對與化解

在復旦大學經濟學院全球校友會 2020 年年會暨「世界大變局下的中國經濟、科技與金融」論壇上的演講

上課日期： 2020 年 1 月 11 日

課程摘要： 美國的貿易戰不僅僅是關稅戰、壁壘戰，它還包含着金融戰。金融戰裡面有匯率戰、長臂管轄戰等。2015 年美國國會通過了一個「2015 年法案」，法案裡面確定了美國搞金融戰的內容。一旦某個國家被美國財政部確定為操縱美元匯率，美國政府就可以啟動匯率戰，在金融方面就可以採取十大制裁措施。我們的應對和化解要採取四個方面的措施，第一，人民幣國際化。不斷地擴大和推動跨境貿易人民幣清算結算，和貿易大國簽訂兩國之間本幣互換協議，不斷推進離岸人民幣結算，增強大宗物資進口以人民幣計價的定價權，主導「一帶一路」上的各種投資或者貿易。第二，瞄準重點，補齊金融短板。解決好工商企業負債率高和金融企業自身的高風險問題。第三，進一步改善資本市場，抓好資本市場一系列基礎性供給側的改革。第四，做好金融戰攻防的應對。抓好 CIPS 備胎建設，堅持資本項下人民幣不能自由兌換，推出帶有主權信用意義的數碼貨幣，進一步擴大金融的開放。

　　各位來賓，下午好！很高興參加今天復旦大學經濟學院全球校友會的年會。按照會議的主題，我想了一下，和張軍商量了一下，討論一個大家關心的問題——美國金融戰的內涵，攻防的重點，以及如果發生中美金融戰應該怎麼應對和化解。

　　大家知道近一年半，中美貿易磨擦、貿易戰的劇情不斷發展、演變，有時候硝煙瀰漫，有時候又柳暗花明。最近應該說是柳暗花明，1月12日，劉鶴副總理將帶領團隊去美國進行中美第一階段經貿協議的簽約，標誌着這一段貿易磨擦硝煙的消散，預示着2020年中美之間的經濟關係會相對順利地發展。當然經過這一年多的貿易磨擦的過程，我們對美國與世界有關國家和地區搞貿易戰有了更深刻的理解，以前美國跟歐洲、日本或者其他地方發生貿易戰，我們可以關心，但是無關痛癢。這兩年貿易戰發生到中國，我們應該對美國的貿易戰有更廣泛、深入的了解。

一、美國金融戰的內涵

　　美國的貿易戰不僅僅是關稅戰或者科技貿易的壁壘戰，它還包含着金融戰，金融戰裡面有三個內容：第一，匯率戰；第二，金融戰；第三，長臂管轄戰。這三方面內容合在一起形成金融戰的內容。這個內容很具體地表現在2015年美國國會通過了一個法案，這個法案就叫「2015年法案」，法案裡面確定了美國搞金融戰的內容。一個國家只要觸犯了美國操縱匯率國、長臂管轄範圍的條款，被美國財政部確定為操縱美元匯率，美國政府就可以啟動金融戰，在金融方面就可以採取十大措施。

　　第一條，美國政府所有貿易公司不得和這個國家的貿易公司做任

何貿易，既不賣，也不買，貿易上互相脫鈎。

　　第二條，美國所有銀行、保險公司不得和這個國家的企業發生信貸、信用、保險的業務。

　　第三條，美國資本市場和這個國家的企業要逐漸脫鈎，已經上市的可以讓其退市，新的想上市 IPO 一概不得進入美國資本市場。

　　第四條，美國信用評級公司對這個國家政府的信用和企業的信用降級。

　　第五條，美國政府方方面面和這個國家正在推進的貿易談判、協議談判及各種合作談判都停下來。

　　第六條，在特定情況下，美國政府可以對這個國家的企業的海外資產給予凍結。

　　第七條，美國政府對這個國家的企業在世界各地的商業活動，可以認為違反了某種規則，給予高額的罰款。

　　第八條，支持鼓勵比特幣的網絡系統，讓這個國家的外匯或者各種資產通過這個網絡系統跳過匯率管制、貨幣管制流失到國外。

　　第九條，美國掌控的 SWIFT 系統（環球同業銀行金融電信協會），可以切斷這個國家通過 SWIFT 的國際貿易清算，阻斷它的貿易關係。

　　第十條，鼓勵或者推動這個國家資本項下貨幣自由兌換，這樣為美國實施金融戰、匯率戰打開缺口。

　　因為時間關係，我不能把這十條內容具體展開，大家只要稍有金融常識、經濟知識就能理解，如果以美國的金融和經濟實力對某一個國家採取這些措施，那就意味着經濟金融領域的全面戰爭，就是金融戰。面對這個情況，我們不能大而化之、聽之任之，更不能麻木不仁、不當回事、無所作為。美國金融戰的這些制裁條款在過去 20 年，不僅在俄羅斯、阿拉伯地區國家實施過，而且或多或少在歐洲、日本

等國家或地區亦都實施過，但是這十個條款一起集中寫在法案裡，這在 2015 年還是第一次。其實我們國家應該把這個法案翻譯成中文，讓金融專家了解了解，否則就是盲人摸象，只知道一端，不能系統、全面地了解。在這裡，把這個法案當中關於金融戰、匯率戰的內容讓大家知曉，就是今天所說的金融戰攻防的內涵。

二、我們的應對與化解

作為我們國家來說，面對有可能發生的金融戰，我們應該怎麼應對？我國有關的金融管理部門這些年其實很睿智，在四個方面都在展開各項措施，做出各種有積極防禦、應對意義的措施。

（一）人民幣國際化

在清算、結算過程中，在人民幣和美元的關係上實際上最近十年我們做了很多工作，表現在五個方面。

第一，我們不斷地擴張和推動跨境貿易人民幣清算結算。這一件事情最早是周小川行長 2009 年提出來的。2010 年跨境人民幣交易清算的量其實不到 1000 億美元，每年在推進發展，到了 2019 年，實際上跨境人民幣交易量達到 7 萬億元人民幣，這應該是很大的量，整個中國跨境的進出口貿易實際上 2019 年是 4.3 萬億美元，也就是說我們跨境以人民幣為結算貨幣的直接貿易已經達到 1 萬億美元。如果再過五年、十年，人民幣跨境清算、結算變成 20 萬億元人民幣，可以這麼說，人民幣就將成為世界貿易的結算貨幣。匯率戰裡面，人民幣、美元的匯率關係，就在人民幣成為世界貿易清算貨幣、結算貨幣的過程中，不需要硬對硬地碰撞。美國人對匯率戰有三種邊界，只要超過這

三種邊界，他們就可以宣佈你是對美元進行匯率戰的國家。如果跨境人民幣交易普遍展開，就不會觸碰這三個邊界，實際上是一個很重要的措施。

第二，我國和一些大國，重要的貿易國之間簽訂兩國之間本幣互換的協議。中國和俄羅斯、中國和印度、中國和巴基斯坦、中國和日本等，大家確定人民幣兌盧布、人民幣兌日元等，把這些貨幣互換的協議加在一起，這些年這種清算結算也達到幾萬億元人民幣，差不多有五六千億美元的規模，這也是很重要的措施。

第三，不斷推進離岸人民幣結算。這方面通過香港發展了幾年，2010年推動的，2019年香港發生問題之前，達到1萬億港元，香港近半年多出現問題以後，我看它從1萬億元降到6000億元，但是此漲彼消，2019年年底倫敦離岸人民幣的結算市場也到了5000億元，最近它上去了，到了8000多億元。2019年年底，中國離岸人民幣交易量在境外的市場差不多有2萬億元，香港佔一半。今年，香港的市場掉了一塊，新加坡和倫敦的市場加了一塊，總量還在2萬億元。這一塊我認為今後變成3萬億元、4萬億元都有可能。這是第三個蓄水池，人民幣國際化的池子。

第四，中國主導「一帶一路」上的各種投資或者貿易。「一帶一路」涉及130個國家和地區，既然是中國主導的，中國直接用人民幣投資，直接用人民幣作為貿易清算貨幣，在這個地方可以比較多地推進，這也是人民幣國際化的一個通道。

第五，增強大宗物資進口以人民幣計價的定價權。中國是世界最大的貿易進口國，去年有2.3萬億美元的進口，大單子的買家不僅有較大的商品定價權，也會帶來一些大宗物資進口以人民幣計價的貨幣計價權，從而推動石油或者鐵礦石等大宗物資以人民幣計價，形成以人

民幣計價的大宗物資的貿易。

以上五個方面，都是在經常貿易項下，使人民幣成為國際的貿易清算貨幣。

（二）瞄準重點補齊金融短板

我們國家金融機構在匯率戰、金融戰當中，堡壘最容易從內部被突破。國內金融機構只有克服自己的短板，做到自強才能戰勝別人。自己不強，有短板，人家對着你的短板一打擊，你就翻盤了。總而言之，我們怎麼強化補齊金融方面的短板，這裡面也有幾點。

第一，解決工商企業負債率高的問題。我們國家的工商企業負債高達 GDP 的 160%，是世界實體經濟負債率最高的，這就是我們的短板。美國工商企業實體經濟全部負債是 GDP 的 70%，美國政府的短板是政府債務佔 GDP 的 110%，我們政府債務只有 50%，另外美國老百姓的債務也比中國老百姓家庭部門的債務高得多。但是我們的企業比日本、美國、歐洲等世界各地債務重，我們房產商的債務平均資產負債率在 84%，不管是前十位的，資產到了 5000 億元、1 萬億元的房產商，還是小到幾億元的小房產商，負債都極高，負債率平均在 80% 多。這種負債率極高的公司，去年年底不斷冒出幾百億元的公司壞賬、崩盤，老闆、董事長前幾年還是名人，突然一落千丈。這裡面有的人蓄意詐騙，有的人身不由己，金融危機以後，可能做出許多本來主觀不想做，但是為了逃避災難而做的事情，做了以後違反了法律底線。總之，最近這一類事件特別多，這都是我們的短板。總而言之，中央說的「三去一降一補」，工商產業怎麼把 160% GDP 規模的負債往下降，不要降多了，降三四十個百分點，如果可以降到 130%，那就上上大吉，非常好地去槓桿。

　　第二，解決金融企業自身的高風險問題。一是金融企業資產現在是 320 萬億元，你可以說是世界之最。我們要理解這個金融資產背後大量的還是負債，負債加淨資產產生總資產。320 萬億元總資產，我們 M2 有近 200 萬億元，其中有現金流，和現金流無關的資產也有 100 萬億元，在這個意義上，貸款利潤率很高。但是如果把金融企業的利潤和總資產來比，利潤率就很低。總之，我們金融資產裡有很多不生錢、不生利的泡沫資產。二是上市公司幾千家，幾十家金融企業每年利潤幾乎佔了幾千家實體經濟企業利潤的 50%，這個比重太高，造成我們脫實向虛。三是金融企業佔 GDP 的比重是百分之八點幾，是全世界最高的。世界平均金融業 GDP 佔全球 GDP 的 5% 左右，歐洲也好、美國也好、日本也好，只要一到 7%、8%，就會冒出一場金融危機，自己消除壞賬後萎縮到 5%、6%，過了幾年，又擴張達到 7%、8%，又崩盤。我們居然比美國佔比還高，美國現在七點幾，2008 年金融危機的時候到了 8%，金融危機崩盤以後達到六點幾、七點幾，現在也比較高，但是沒有我們高。我們金融企業要按中央要求，推動金融供給側結構性改革，去槓桿、防風險，把金融企業的壞賬儘可能消除。四是金融的資管業務，對各種多而不強、含金量不高的非銀行金融機構要進一步加強管理。這方面的管理，這幾年方向是對的，但還是存在一刀切、層層加碼、同頻共振的問題。在總行一級，銀保監會出台的政策、思路基本對頭，到省一級之後，開始按照同方向加碼，到了地市一級再加碼，層層加碼就有點走極端，而且「一刀切」。不同的行業同時採取政策，單獨看，可能每一個方面都對，但是一個病人如果有四種病，四個外科醫生同一天動手術，好人也被開刀開壞了，所以在這個意義上，避免同頻共振，避免「一刀切」和層層加碼，實事求是、因地制宜地進行分類指導，這也是很重要的一塊。既要解決問

題，但又不要激發矛盾。

（三）進一步改善資本市場

2019 年以來，根據中央要求，在中國證監會的努力下，資本市場已經有了好多方面的改進，比如說科創板、註冊制、退市制度、上市公司回購註銷的法人制度等，這些都是在資本面上對資本市場進行了一系列基礎性供給側的改革。按照習近平總書記所說，資本市場在金融運行中具有牽一髮而動全身的作用，要通過深化改革，打造一個規範、透明、開放、有活力、有韌性的資本市場。這是我們國家防範金融風險，將過去幾年金融業脫實向虛的狀況改變為脫虛向實狀況的重要的關鍵措施。這是習近平總書記 2019 年 2 月關於金融供給側結構性改革政治局學習會上重要的講話精神，我們要做好這方面工作，爭取今後五年、十年，迎來資本市場健康發展的長週期階段。

（四）金融戰攻防的應對措施

中國和美國的金融戰一旦發生之後，應對措施有以下幾點。

第一，美國的 SWIFT 系統的確比較厲害，現在一萬多家商業銀行，包括中國的商業銀行，只要做國際貿易，基本都通過它清算，每年的清算量在 1200 萬億美元，差不多收萬分之一的費用，每年可以收七八百億美元的毛利，這個機構是壟斷的，全世界獨此一家，誰也離不開它。向它交買路錢的單位，美國人通過這個賬單可以知道各個國家的實際貿易情況，走私、軍火交易等各種資金，他都知道。在這個意義上，這個系統幾十年壟斷下來，會產生很多問題：一是效率比較低；二是誤差問題，差不多幾萬分之一的誤差，1200 萬億的幾萬分之一，其實每年也有幾百億美元發生錯誤；三是收費高；四是它根

本不像現在的物聯網、互聯網、區塊鏈可以保密，這裡面對莊家來説是敞亮的；五是它的服務也不夠快，清算以後打印一個紙制的文件給你需要三四天，已經脱離了當下世界移動互聯網清算的水準。我們國家 2012 年推出了 CIPS 系統，以人民幣為本幣的計價系統，原理和 SWIFT 差不多，五六年下來，已經有三十幾個國家一起參與，900 多家銀行參與，和 SWIFT 有 1 萬家銀行比我們差得遠，和 SWIFT 有 170 個國家比，我們三十幾個國家也還差得遠，但的確是一個很重要的備胎。一旦 SWIFT 和我們停牌，那我們 CIPS 勉為其難，作為備胎推出來，説不定 SWIFT 的退出，是 CIPS 推出的契機。壞事有時候會變成好事，這和華為備胎脱穎而出是一樣的道理。

第二，人民幣自由兌換這一件事，不能在貿易戰、匯率戰背景下盲目地推進，這一塊要加強管制，要放慢自由兌換的進度，要審慎。1998 年，中國沒有受太多的衝擊，和人民幣資本項下不能自由兌換有關；2008 年，中國受衝擊也不大，同樣和這個也有關係。2008 年，亞洲那些國家比如韓國都是在當時國際組織推動下，放開了資本項下自由兌換，受到較大的衝擊。這方面中國有經驗，尤其在有可能發生貿易戰、金融戰的背景下，資本項下人民幣不能自由兌換是中國金融安全的堅強的盾牌。

第三，對付像比特幣這種數碼貨幣、企業的數碼貨幣，中國政府一方面要加強對企業法人推出的數碼貨幣的管控，另一方面要推出帶有主權信用意義的數碼貨幣來應對。

第四，中國在金融攻防當中，要進一步擴大金融的開放。可以説金融開放從浦東開發就啟動了，那個時候外資辦銀行、保險信託都可以了。儘管如此，30 年下來，因金融開放不到位，外資在金融資產只佔 1.8%。工商產業開放到位，外資在幾十年裡佔了中國工商產業資產

的 30%。面對這個問題，習近平主席在 2018 年博鰲亞洲論壇上深刻地說了中國開放大門永遠不會關閉，只會越開越大。習近平主席直接對金融怎麼開放講了一段話，包括外資金融企業准入前國民待遇、股權比例放開，金融開放領域中的營業範圍進一步放開，等等。在習近平主席指示的推動下，從 2018 年 4 月到 2019 年年底一年半的時間，國務院金融穩定發展委員會、中國人民銀行、中國銀保監會、中國證監會一共出了十幾個文件，把這些文件裡面的乾貨捋一下，一共有 64 條。一是其中 11 條是放開股權比例的，原來限制在 25%、50% 以內的，現在可以 70%、80%，甚至獨資；二是對於准入門檻，原來不許幹，不准入的金融領域現在放開了，一共有 24 條；三是針對准入以後營業範圍受到的限制，假如銀行有 50 項經營業務，原來外資銀行只能幹 20 項，有 30 項不能幹，把這一塊營業範圍放開，實際上相當於准入後的同等國民待遇，競爭中性的概念，有 29 條。總體上，准入前國民待遇、股權比、營業範圍同等國民待遇，這三個方面一共加起來 64條。這些措施出來以後，雖然沒有集中宣傳，但金融、保險、投行的外資，都在摩拳擦掌。這一波開放以後，就會使得外資金融機構跟中國金融機構你中有我，我中有你。一旦發生金融戰，其實可以起到防禦作用。

另外，外資金融機構可能在今後的五到十年，註冊資金擴大幾十倍，它的營業額也會跟着擴大幾十倍。對中國工商企業金融供給側是一個推動，同時中國總量為幾百萬億元的國內金融企業將與外資金融機構與狼共舞，也將帶來資本競爭、市場競爭、營銷方式競爭、產品競爭等，對中國國內金融機構做大做強、變大變強也會帶來非常好的推動作用。

如果我國在國際貿易清算、國內金融機構企業補短板、國際金

融戰手段的攻防、國內金融領域擴大開放這四方面都做了比較好的應對，我相信用開放化解封鎖，用更大的開放瓦解對抗，中國在未來金融的發展不可限量，經濟的發展不可限量。不管哪一個國家對我國進行關稅戰、壁壘戰、金融戰，都會在我國開放的過程中被一一化解。

改革開放 40 年
珍貴記憶

　　在復旦大學上課的兩年期間，恰逢中國改革開放 40 周年紀念時期，我作為改革開放的一個參與者、親歷者、見證者，有諸多回憶和感慨。因為工作經歷的原因，我受邀參加了一些關於改革開放的紀念活動，發表了一些相關的記憶性講話。為便於讀者更好地閱讀了解，我將這些講話的背景與主要內容作梗概介紹，亦可有助大家延伸思考、加深認識。

　　《浦東開發，一盤大棋中的重要一步》是我在 2018 年 11 月受上海市委組織部等單位的邀請，和朱曉明（金橋出口加工區開發公司首任總經理）一起回憶 20 世紀 90 年代浦東開發那段激情燃燒、如火如歌的歲月，由此講述了一些浦東開發開放過程中不為大多數人知曉的政策史、初創史；《國際化的上海鑽石交易所誕生記》是在次年 7 月，我與上海市委黨史研究室和上海市地方誌辦公室做的一段訪談。訪談中，我回顧了我國首個鑽石交易所 —— 上海鑽石交易所在金茂大廈最終誕生的一波三折的故事。

　　《鄧小平在上海提出的金融觀點》記錄了 1992 年 2 月鄧小平同志視察上海時的指示。當時鄧小平同志「金融很重要，是現代經濟的核心」的論斷在我的腦海裡深深地扎下了根，後來成為我學習金融知識、處理金融事務的思想指引和動力源泉。轉眼二十多年過去了，在經歷了多年經濟領域的工作後，我對金融的理解更加透徹。《金融的本質，

歸納起來就是三句話》記錄了我對金融的思考和認識，在參加上海交通大學高級金融學院 2018 屆金融碩士、博士畢業典禮時，我將它們分享給上海交大學子，希望對他們未來的職業生涯有所助益。

　　「風從海上來，潮湧黃浦江。」改革開放已經走過 40 個年頭，撫今追昔，如今倍覺感慨，希望我的這些回憶能幫助大家深化對我國改革開放進程中這段波瀾壯闊歷史的認識，堅定信心，進一步將改革開放事業向縱深推進。

浦東開發，一盤大棋中的重要一步

浦東開發開放，是黨中央對外開放這盤大棋中的重要一步。1990年4月18日，黨中央、國務院同意上海開發開放浦東地區，浦東開發正式起步，給上海帶來了劃時代發展的一個新起點。

一、上任的第一個任務，制定落實浦東開發十大政策的文件

整個20世紀80年代，全國東部沿海地區，特別是廣東深圳地區都在開發開放的前沿。上海作為老工業基地，是國有經濟比較重的一個地方，同時也是國家的財政口袋，當時上海地方財政收入佔全國地方財政收入的六分之一，佔全國地方上繳中央資金的四分之一。上海相當於是改革開放的一個後衛，也因此，整個80年代，上海經濟社會發展總體比較慢。鄧小平在1990年這個關鍵的時候，推動了上海的浦東開發。在鄧小平的心目中，浦東的開發開放，是一盤大棋中重要的一步棋。他甚至講過，浦東的開發開放晚了5年，如果要早一點起步更好。因此，黨中央高瞻遠矚、審時度勢，決定加快浦東開發開放的步伐。

我於1986年至1990年在上海市經濟信息中心當主任，對全國改革開放、上海經濟發展十分關注，有不少思考。記得1990年4月22

日，那天是星期天，我接到市委組織部通知，告訴我由朱鎔基同志提名、市委常委會審議通過，任命我去浦東開發辦任副主任，第二天即去報到。4月23日，我去參加了時任市委副書記、常務副市長黃菊召開的浦東開發領導小組會議。會上，我接受了上任後的第一個任務，就是負責把中央關於浦東開發開放的十條政策形成具體的落實文件。中央的政策在4月23日的上海市人大常委會上通報，並於4月30日向社會公佈。十條政策的全部內容十分簡單，就兩頁紙，全文如下：

1. 區內生產性的「三資」企業，其所得稅按15%的稅率計徵；經營十年以上的，自獲利年度起，兩年內免徵，三年減半徵收。

2. 在浦東開發區內，進口必要的建設用機器設備、車輛、建材，免徵關稅和工商統一稅；區內的「三資」企業進口生產用的設備、原輔材料、運輸車輛、自用辦公用品及外商安家用品、交通工具，免徵關稅和工商統一稅；凡符合國家規定的產品出口，免徵出口關稅和工商統一稅。

3. 外商在區內投資的生產性項目，應以產品出口為主；對部分替代進口產品，在經主管部門批准，補交關稅和工商統一稅後，可以在國內市場銷售。

4. 允許外商在區內投資興建機場、港口、鐵路、公路、電站等能源交通項目，從獲利年度起其所得稅實行前五年免徵，後五年減半徵收。

5. 允許外商在區內舉辦第三產業，對現行規定不准或限制外商投資經營的金融和商品零售等行業，經批准，可以在浦東新區內試辦。

6. 允許外商，包括若干家外國銀行在上海設立分行；同時適當降低外資銀行的所得稅率，並按不同業務實行差別稅率；為保證外資銀行的正常營運，上海將儘快頒佈有關法規。

7. 在浦東新區的保稅區內，允許外商貿易機構從事轉口貿易，以及為區內外商投資企業代理本企業生產用原材料、零配件進口和產品出口業務；對保稅區內的主要經營管理人員，可辦理多次出入境護照，提供出入境的方便。

8. 對區內中資企業，包括其他地區的投資企業，將根據浦東新區的產業政策，實行區別對待的方針；對符合產業政策，有利於浦東開發與開放的企業，也可酌情給予減免所得稅的優惠。

9. 在區內實行土地使用權有償轉讓的政策，使用權限 50 年至 70 年，外商成片承包進行開發。

10. 為加快浦東新區建設，提供開發、投資的必要基礎設施，浦東新區新增財政收入將用於新區的進一步開發。

另外一條，文件上沒寫，但中央內部口徑允許上海浦東新區搞證券交易所，進行資本市場的探索。

這十條政策，直白說就是：一是 15% 企業所得稅、十年期兩免三減半；二是區內自用物資免進口關稅、增值稅；三是區內企業內銷替代進口，可補稅後銷售；四是外資搞基礎設施，所得稅五免五減半；五是外資可辦三產，對現行規定不許可的，經批准可辦商業、金融；六是外資可辦銀行及分行、財務公司；七是可辦保稅區，可從事轉口貿易、出口業務；八是區內中資企業也可減免所得稅；九是區內土地使用權有償轉讓 50 年至 70 年；十是新增財稅留給浦東新區。

這些政策，再加上允許辦證券交易所的政策，集沿海經濟技術開

發區十條政策、五大經濟特區的九條政策和經濟特區都沒實施的五大政策（外資可以辦百貨超市，辦銀行、保險、財務公司，辦保稅區，辦證券交易所和擴大浦東新區五個審批權）於一體。正是由於這些政策特點，記得當時有一天，朱鎔基同志對我和同事們說了浦東新區命名的內涵：「新區新區，不叫特區，不特而特，特中有特，比特區還特。」

接到任務後，我立即組織了兩個層次的起草工作，一個是全市近二十個委辦局根據十條政策起草各自相關條文和實施意見，另一個是由各委辦局派出得力骨幹參加市裡文件起草小組，包括海關組沈耀華、李秀芬，保稅區組黃開旭，金融銀行組姜建清，證交所組毛應樑、尉文淵，外匯組林月娥，外經貿組陳忠浩，外資組范永進，財稅組顧性泉，土地組譚企坤、王安德等人。那兩個月裡，5＋2、白加黑，日夜奮戰，除了將 20 世紀 80 年代經濟技術開發區、特區的具體政策條款悉數收集、一網打盡，納入浦東新區政策外，更主要的是研究經濟特區沒有幹過的五方面事項。比如，外資辦百貨商店、超級市場，涉及外資零售權、百貨進口權、國內商品採購出口權、外匯調劑權、減徵關稅和所得稅。又比如，建設保稅區，涉及區內免關稅、免許可證；國內外企業可以在區內設立國際貿易機構；區內企業不僅可做一般的進出口貿易，還可以做國際轉口貿易，可從事生產資料交易中心業務；作為境內關外的地區，外匯全額留成，各國貨幣可以流通。再比如，外資辦銀行、保險、財務公司，設立證券交易所以及土地批租的具體規則。所有這些事，現在看很常規，但在 1990 年，是十分複雜的事，中央有關部委、各兄弟省都沒幹過，也沒有相關文件，可以說件件破天荒，件件都是燒腦的重大新突破，只能參照歐美各國的國際慣例，按 WTO 等國際組織的規則結合國內經濟的實際條件或移植或修改變通，形成相應的文件。7 月中旬，我們形成了 10 個文件，經

浦東開發領導小組、市政府常務會、市委常委會和市人大常委會相繼審議通過。7月下旬，由朱鎔基、黃菊同志帶隊，我和有關人員隨行去了北京，向國務院彙報並於9月初得到批覆。9月10日，在錦江小禮堂，召開了一個由上海市政府和國家各有關部委參加的浦東新區具體政策新聞發佈會，會上共發佈了9個文件，另有一個內資政策只做不說沒對外公佈。

這十條政策和落實政策的十份文件，之所以時至今日我仍記憶猶新，是因為在那個時代，這些政策可以說條條都代表了改革開放的內涵，其力度之大，含金量之足，是各種政策文件中罕見的。力度大，不是指給你多少錢，這裡邊一分錢也沒有，但如果能夠把政策落實到位，發揮市場經濟的歷史性的資源配置功能，發揮開發開放對國內外資本的吸引功能，那麼這十條政策的含金量是劃時代的。相反，如果你沒有開放的頭腦，沒有改革的思維，沒有各種具體的國際業務知識和見識，只會按照本本主義照本宣科式地幹活，就無法把中央的政策變成具體的行動、有實踐意義的條款規則。從這個意義上說，浦東新區十大政策的制定過程，就是解放思想、實事求是、改革開放的一個重大成果。

二、發展面臨的問題，首先是錢從哪兒來？

1990年6月，朱鎔基同志帶隊去中國香港、新加坡考察，走之前給我們佈置任務，要求我們準備好浦東新區如何具體搞開發的方案。在黃菊同志領導下，浦東開發辦的同志們準備了陸家嘴、金橋、外高橋三個功能區先行開發的方案。朱鎔基同志回來後，和黃菊同志召集了楊昌基、沙麟、我和李佳能同志開了個專題會。朱鎔基同志聽取了

我們的彙報後說，同意三個開發區的先行開發方案。結合新加坡裕廊開發區經驗，三區起步的頭三年要有氣勢地啟動建設，至少需要各投入 100 億元人民幣以上，長遠看要投入 100 億美元以上，但市政府沒錢，只能給每個區 3000 萬元開辦費，實際開發的資金籌措，要浦東新區自行想辦法。回來後，黃菊同志將這個任務交給了我，由我牽頭，與有關同志和部門商議拿出具體的籌資方案。

我用了一周時間，形成了一個三管齊下找資本金的方案。一是按照浦東新區允許搞土地批租的政策，在土地使用權轉讓中找錢；二是陸家嘴、金橋、外高橋三大開發區公司通過招商引資成立股份制開發公司找錢；三是利用浦東新區開辦證券交易所的政策，近水樓台先得月，讓三個企業上市融資。三管齊下找到足夠的資本金，而有了資本金，開發公司就可以從銀行貸款融資，進行徵地動遷、基礎設施開發，形成熟地後，再通過土地開發轉讓，形成三個公司 100 億元以上的滾動開發資金。

此方案一經批准，便開始緊鑼密鼓地推進。1990 年 7 月下旬，宣佈了金橋、外高橋、陸家嘴三大公司領導班子，開始公司籌備工作，9 月成立了三大公司，而後開始了三管齊下找資本金的工作。一是採取了財政投入、支票轉讓、土地劃轉、收入上繳等方式，形成財政資金空轉循環方式，使土地使用權發生轉移，公司獲得了土地，但是因財政投入後，土地局又上繳了土地批租收入款，所以也沒有發生多支的問題。這件事在三大公司完成了各自的開發規則、土地丈量、定級確權後，於 1991 年 6 月實施了財政空轉、土地使用權實轉的手續，三大公司由此解決了土地資本金問題。二是三個公司以土地使用權形成各有幾個億元的註冊資本金之後，如果沒有實際的現金，就無法進行土地實動遷及七通一平。為此，從 1991 年下半年開始，三大公司開始尋

找戰略夥伴。20 世紀 80 年代上海的漕河涇開發區、閔行開發區和虹橋開發區都與中國銀行香港分行、招商局作為合資夥伴，大家合作得很好。所以，一開始陸家嘴、金橋、外高橋三大公司也打算找中國銀行香港分行和招商局作為合資夥伴。朱鎔基同志當時開玩笑說：你們上海人真沒出息，怎麼六個兒子娶一個媳婦？所以，後來外高橋、金橋吸引了中國銀行香港分行、招商局，陸家嘴吸引了中國人保和上海實業。浦東新區三大公司保持控股地位，大體放出了 45% 左右的股權，吸引了外資資本。每個公司由此形成了各一億多美元的資本金，再向銀行貸款，形成足夠的資金啟動了開發。三是 1992 年，公司實際運轉一開始，就啟動了上市步伐，並向市政府和國務院主管證券的劉鴻儒同志作了彙報，獲得批准後於 1993 年上市，成為深受國內歡迎的優質上市公司。到 2000 年，三大公司都成了實際投資七八百億元、資產規模上千億的公司，實現了朱鎔基同志當年提出的百億美元級的投資目標。後來的張江高科園區、花木世紀公園住宅區的開發也都採用這種辦法。除此之外，浦東開發整個面上也採用了多渠道籌資開發的辦法，用足用好浦東開發優惠政策。到 2000 年，浦東開發的第一個十年，通過土地批租、股票市場、外資、內資及金融機構融資貸款籌集了至少 5000 億元的開發資金。

三、外高橋保稅區，我國第一個保稅區、保稅區的成功典型

當時的中國沒有保稅區，中國第一個保稅區出現在上海 —— 浦東外高橋保稅區，後來輻射到深圳等五大經濟特區和沿海地區。到 2005 年，全國一共形成了 13 個保稅區和 15 個保稅港區，到 2017 年國務院共批准各類海關特殊監管區域 138 個，主要有保稅區、保稅物流園

區、出口加工區、保稅港區、綜合保稅區和跨境工業園區六種類型。

外高橋保稅區一經設立，就是開放度最高、自由貿易功能最強的保稅區。當時，國務院確定外高橋保稅區內：一是實行免關稅、免許可證；二是允許外商貿易機構從事轉口貿易；三是可為區內外商投資企業代理本企業生產用原材料、零配件進口和產品出口業務；四是區內企業外匯全額留成；五是各國貨幣流通；六是設立生產資料交易中心；七是對保稅區內的主要經營管理人員可辦理多次出入境護照，提供出入境方便。由於有了這些政策，來到上海的國內外貿易公司幾乎雲集外高橋保稅區。到 2017 年，外高橋保稅區外貿規模穩居全國保稅區首位，全年進出口貿易額突破 1663.6 億美元，比上年增長 11.3%，佔全國 13 家保稅區進出口總額的比例達到 54.8%，佔全國全部 138 個海關特殊監管區進出口總額的 25%，佔整個上海 2017 年進出口貿易總額的 25%。除了進出口額，保稅區的增加值、稅收等經濟指標幾乎是全國其他 12 個保稅區的總和。之所以有這樣的成效，關鍵在於外高橋保稅區政策所形成的體制機制，產生了長遠的基本面的作用。由於區內上萬個內外資貿易公司不僅從事一般貿易、加工貿易，還從事着轉口貿易、服務貿易、生產資料交易市場的貿易，多元化貿易、多元化經營程度非常高。實質性的貨物進出口可在外高橋保稅港區實施封閉管理，外高橋保稅區從事的是多元化貿易、服務貿易，並沒有實質性貨物進出，因此，為了方便人員進出，外高橋保稅區是唯一沒有圍網、不設卡口、沒有海關值守的海關特殊監管區域，為自由貿易先行先試的探索發揮着標桿引領作用，成為自由貿易開發開放的典型。

四、規劃先行，一流的城市規劃和高起點的產業規劃

　　1991 年 2 月 18 日，大年初四，朱鎔基同志向鄧小平同志彙報浦東新區發展規劃的宗旨是：金融先行、貿易興市、基礎鋪路、東西聯動，得到了鄧小平同志的充分肯定。浦東新區的城市規劃是一流的。它是一個高起點的城市化、都市化的發展過程，而不是一個簡單的開發區、城區的開發過程，是上海這個國際大都市以黃浦江為軸、對稱發展的過程。浦東的城市規劃靈魂是東西聯動。浦東與浦西市政基礎設施一體化、城市規劃一體化、產業發展一體化，從而實現浦東與浦西資源優化配置，浦西大都市的人才資源、經濟基礎支撐浦東開發，浦東的開發開放政策引領帶動上海成為國際的金融中心、貿易中心、經濟中心。為了實現東西聯動發展戰略，浦東開發在起步建設時就規劃了在黃浦江上建楊浦、南浦、盧浦、徐浦、閔浦五座跨江大橋和外環、翔殷路、軍工路、大連路、新建路、延安東路、人民路、復興東路、西藏南路、打浦路十條跨江隧道，並規劃了將浦東浦西包容在內使之一體化發展的內環線、二環線、中環線以及後來確立的三環線。這就使得黃浦江兩岸東西對應、珠聯璧合、相映生輝：外灘對應的陸家嘴地區成為上海的金融中心區，內環東西兩地作為上海的商業商務中心城區，內環到外環之間的東西區域是上海大型居住區和高新技術產業園區所在地。總之，浦東與浦西兩地基本對稱，這就為浦東與浦西聯動發展奠定了上海大都市的基礎形態。

　　陸家嘴金融貿易區的開發是浦東新區城市開發的起點。它的地理位置顯赫，在上海外灘的對面，功能定位與浦西外灘並立為金融貿易集聚區、中央商務區。它的規劃必須是一流的，決不能馬虎。為此，早在 1991 年，由朱鎔基同志提議，對陸家嘴地區開展國際規劃設計招

標，由英國、法國、意大利、日本和我國五個世界著名的設計事務所參加了設計，到 1992 年 10 月，形成了五個方案，而後由我牽頭，會同市規劃局副局長夏麗卿、城市規劃設計院總工程師黃富廂、浦東新區管委會副主任李佳能和陸家嘴集團總裁王安德等成立了聯合深化小組，將這五個成果揚長避短，綜合成一個方案。聯合深化小組的深化工作經過五變三、三變一的過程。記得有一天聯合深化小組的幾個人坐在地上看着五個模型，當時五個模型的最高樓層只有 40 — 50 層。我說紐約、芝加哥各有三幢 100 層左右的超高層，上海作為未來的國際金融中心，也有必要搞三幢超高層。這個提議得到了大家認同，我們拿了三根筷子，在模型上比畫擺放，選擇確定了合理的位置，形成了現在陸家嘴金融區三幢超高層的模型雛形。在這期間，黃菊同志親自聽取了方案彙報，指出了方案進一步優化的三個結合原則，按此原則，我們最終綜合形成了陸家嘴金融商貿區的形態規劃方案。考慮到這個規劃要 15 年到 20 年才會最終建成，會經歷多屆政府，為保證一張藍圖幹到底，後來人不能隨意變更，此規劃方案報經市人大常委會、市政協常委會徵求意見並根據審議意見作了相應修改後，報市政府常務會、市委常委會通過後，最後於 1993 年 12 月 28 日由市政府批覆，成為陸家嘴地區 20 多年來一直遵循的城市規劃法定的方案。

五、發揮金融作用，建設中國的國際金融中心

鄧小平同志在聽取朱鎔基同志關於浦東新區「金融先行、貿易興市、基礎鋪路、東西聯動」的規劃宗旨彙報時，即興講了一段振聾發聵的話：「金融很重要，是現代經濟的核心。金融搞好了，一着棋活，全盤皆活。上海過去是金融中心，是貨幣自由兌換的地方，今後也要這

樣搞。中國在金融方面取得國際地位，首先要靠上海。那要好多年以後，但現在就要做起。」當時，我有幸在旁邊聆聽，受到極大震撼，覺得這段話是世界級的、非常深刻的至理名言，於是就記了下來。

鄧小平同志這段精闢論述，以歷史偉人的思想偉力與遠見卓識，道出了四層含義：一是說明了金融在國家經濟中的核心地位；二是指出了推動經濟改革和發展的方法，一着棋活，全盤皆活，要抓好金融這個關鍵環節；三是提出了中國金融改革開放未來的方向，中國人民幣最終要走向自由兌換，深刻指出了形成國際金融中心的關鍵，是貨幣自由兌換；四是指出上海應該是中國的金融中心，希望上海為「中國在金融方面取得國際地位」作出貢獻。這段話，高瞻遠矚地提出了對我國經濟建設至關重要的金融戰略，指明了我國金融領域改革發展的方向和重點，其意義極為深遠，猶如一粒思想的種子，在我的腦海裡深深地扎下了根，成為後來我學習金融知識、處理金融事務的思想指引和動力源泉。

按照鄧小平同志的理論，中國的金融在世界真正有地位，就是中國的人民幣能在世界上自由兌換的時候，這是金融強國實現的標誌。要知道，1990 年、1991 年中國的貨幣根本連貿易項下都沒有自由兌換，一切都是管制的。在那個時刻，鄧小平同志能夠非常深邃地、高瞻遠矚地講了今後貨幣要自由兌換，是多麼的睿智、有前瞻性！鄧小平同志說了這個話的五年後，到 1996 年中國人民幣在貿易項下實現了自由兌換。

現在又過去了 20 多年，中國人民幣逐漸國際化，跨境人民幣的交易量越來越大，結算量也越來越大，越來越多的國家把中國人民幣作為國際貿易的結算貨幣，也有一些國家把我們的貨幣作為儲備貨幣之一，2015 年，人民幣加入了 SDR。再過二三十年，當有一天人民幣

在資本項下也能夠自由兌換的時候，當有一天人民幣不僅成為貿易清算、結算貨幣，而且成為資本項下自由兌換的貨幣，成為各個國家的儲備貨幣，成為世界各國貨幣中的一種錨貨幣的時候，鄧小平同志提出的目標就實現了。鄧小平同志說，這件事要很長時間，我相信黨的十九大報告提出的 2050 年中國成為世界經濟強國的時候，這個貨幣目標一定能實現。

國際化的上海鑽石交易所誕生記

　　20 世紀 90 年代是上海改革開放歷史進程中值得大書特書的年代。上海從 20 世紀 80 年代中國改革開放的後衛走到中國改革開放的前沿，在全國波瀾壯闊的改革開放大潮中，發揮了「領頭羊」的作用，是先行者，是創新驅動的推動者。上海創造了許多個全國第一，比如第一個證券交易所引領全國，第一個外資銀行，第一個外資保險公司，第一個外資百貨商店，第一塊土地批租，第一個陸家嘴金融貿易區，第一個外高橋保稅區……可以說 20 世紀 90 年代很多破舊立新的改革都出自上海，在全國領先。

　　上海鑽石交易所，也是上海在 20 世紀 90 年代創造的諸多奇跡中的一個，雖然規模不大，但卻最國際化，是當時我國唯一一家中外合資的交易所，實行會員制，並遵循國際慣例，會員之間買賣一律以美元結算。我當時任上海市委副秘書長，分管經濟工作，有幸投身到籌建上海鑽石交易所的工作中，至今回憶起來，依然記憶猶新。

一、發展要素市場，滿足群眾需求需要建立鑽石交易所

　　世界級大城市之間的競爭，國家和國家之間的競爭，中心城市之間的競爭，最為核心的是要素市場的競爭。上海要素市場的發展，同

中央對上海的定位,同經濟體制改革目標相一致,也同上海城市功能變化、「三二一」產業結構調整相一致。自1990年上海搞了證券交易所後,上海市委、市政府對要素市場怎麼發展,開始有了系統的考慮、系統的判斷。總之,上海要成為金融中心、貿易中心、經濟中心,一定要是一個要素市場的中心。至於哪些東西能成為要素市場,當時最先想到的是資本資金——證券,然後想到土地是最珍貴的資源——土地市場,再有一個就是大宗商品、大宗物資,如石油、原材料、銅等各種工業資源,還有外匯,港口船舶貨代、船代等,這些都是要素市場的應有之義。於是,上海的各種交易所星羅棋佈地發展起來,如1994年成立的中國外匯交易中心,1996年成立的上海航運交易所、在物貿中心建立的生產資料期貨交易所,等等。在這個背景下,成立鑽石交易所的想法也應運而生了。

促成上海鑽石交易所啟動的原因,我知道大致有三個:一個因素是以色列最重要的財團——艾森貝克集團對鑽石行業感興趣,艾森貝克先生跟朱鎔基總理見過面。朱鎔基總理在上海會見過他,在北京也會見過他,在會見的時候說到成立鑽交所的事情,朱鎔基總理表示支持。徐匡迪市長參與了這些會見活動,因此知道其中的緣由,所以積極推動在上海成立鑽石交易所這件事。第二個因素是當時我們國內對建立各種各樣交易所的事項都比較重視,只要是和交易所有關的大家都很起勁,因為在那個時候,辦交易所在經濟領域算是熱門的,屬於高精尖、高大上的事情。第三個因素是到了20世紀90年代中後期,隨着我國老百姓逐步富裕起來,富裕了的人們對鑽石首飾的需求不斷增大,鑽石首飾的交易量不斷增大,鑽石市場逐步熱起來,但由於沒有規範的渠道,當時國內的鑽石市場開始混亂無序,可以說當時進入中國市場的鑽石很多是走私性質的。這樣,有一個經典的規範的市場

就顯得十分必要，這也是經濟發展到一定程度的一種內在需求。

通過建立鑽石交易所，至少可以形成五種功能性意義。

一是可以發揮市場實現資源優化配置的作用，用我們現在的提法，就是讓市場發揮資源配置的決定性作用。鑽石交易所，不是一個簡單的買賣場所，而是對鑽石資源進行優化配置的一個系統，包括對鑽礦、毛坯鑽、成品鑽，以及加工後的鑽石首飾等整個過程起到很好的配置作用。我當時負責上海產業結構調整方面的工作，也想把鑽石產業作為上海的重要產業。

二是建立鑽石交易所，可以發揮原始定價的作用，有利於穩定市場。鑽石交易跟我們賣糧食、賣其他標準產品不同，缺少標準化的價格，沒有國家定價之說，也沒有行業定價之說。一顆鑽石有經驗的人一看認為值 10 萬元，沒經驗的人一看，可能認為只值 2 萬元，也有可能把價值 2 萬元的鑽石看成價值 10 萬元買進，因此，在散貨市場，全憑經驗，有一定的偶然性。但在鑽石交易所，賣方的一批人和買方的一批人都是有經驗的高手，在估值、叫賣的過程中，會形成比較一致的行情價，形成理性客觀的定價標準。

三是交易留痕、防範洗錢的功能。國際市場上，傳統的鑽石交易雙方往往是交易現收現付，一面看貨、一面談價，達成協議後，一手交貨、一手付錢，不經過任何其他環節，中間沒有發票。這樣，中國的國有企業是做不了鑽石加工的，因為國企到世界市場上買鑽石，都要開發票，因為沒發票回去無法報賬；如果可以給發票的，往往是中間商加價後開的虛假發票。有了鑽石交易所就不一樣了，中國商人可以到鑽交所進行鑽石交易，而鑽石交易所能起到定價中心的作用。任何原鑽進入鑽石交易所交易，交易雙方價格一叫出來，這批貨事實上就定價了，要在鑽交所登記，就產生了權威的價格依據，這個價格

再出去的時候，就有了原始定價。有了報賬手續，這對於規範會計制度、防範洗錢都有好處。

四是建立鑽石交易所，有利於打擊走私、堵截中間環節灰色交易。雖然我們的海關對鑽石是管制的，但是鑽石由於體積小，無色無味，身上隨便藏都可以藏上價值 10 萬美元、100 萬美元的鑽石，進關的時候往往查一漏萬，很難監測出來。鑽石交易所把供應原鑽的一方和最終需求的一方直接對接，去掉中間環節，就管住了走私。

五是建立鑽石交易所，還有利於掌控鑽石產業鏈集群的核心。鑽石雖是一個小眾產品，卻是一個高附加值產業鏈生成過程。從鑽礦的開採，到把礦石變成毛坯，再把毛坯加工成為成品鑽，成品鑽再設計成為戒指或者掛件，整個過程有製造業的品種，也有服務業、服務貿易的品種。同時，鑽石企業大都是中小企業，是私人企業，是個體戶，一個小家庭就是一個小作坊，能解決很多人的就業問題。記得 1992 年我作為市委副秘書長跟隨吳邦國同志出訪印度時，曾在班加羅爾看到鑽石毛坯打磨廠規模達到幾萬人，除此之外就很難見到大規模的鑽石企業了。但那是小鑽，中低檔鑽石為主的低附加值勞動密集型的工廠，真正把毛坯變成中高檔次的成品鑽，把成品鑽拿來設計變成首飾，一個家庭、一個小業主就可以了。這些小業主各行其是、各得其所，在鑽石交易所這個中樞神經的紐帶牽動下形成一個整體。所以說，鑽石交易所是整個鑽石行業價值鏈的樞紐點、結算點，掌控了交易所就掌控了鑽石產業鏈附加值的樞紐、供應鏈的紐帶、產業鏈集群的核心。

正是在上述內外因素的共同作用下，加上對成立鑽石交易所的意義的逐步釐清，我們上海當然就很起勁地要搞鑽石交易所了。

二、堅持解放思想，實事求是，上海鑽石交易所終建成

認識到建立鑽石交易所的必要性和重要性後，上海方面非常積極主動。徐匡迪市長作為一位非常令人尊敬的專家、領導，又得到朱鎔基同志的首肯支持，很有氣魄，從頭到尾熱心推動這件事。我作為上海市政府副秘書長，也是市委副秘書長，同時還是市經委主任，自然而然成為落實這件事的主要操盤手。

那時，我正好先後負責完成了上海證券交易所條例的制定，浦東開發開放十條政策具體文件的落實工作，還協調了上海航交所成立有關工作，嘗試建立了上海第一個、也是中國第一個藥品交易所。因此，對成立鑽石交易所也是十分積極，可以說是裡面的活躍分子。從1997年到2000年上海鑽石交易所成立，我印象中先後主持召開了幾十次會議。這不僅是我的職責，也跟我的興趣有關，因為有興趣，遇上困難才會更主動克服它，而不是靠領導講一下推動一下，領導不講就迴避，這個時候你會本能地往前推。

記得1997年，徐匡迪同志致信朱鎔基同志就上海擬建立並推進鑽石交易中心項目進展情況作彙報後，朱鎔基同志畫了圈，批示李嵐清會同張春霖協調。

為了跟蹤這件事，我經常跟國辦秘書二局的同志保持聯繫，很快了解到我們的報告報經國務院批轉到相關部委後，海關、外貿部、外管局、財政、稅務等多個部門由於不熟悉、不清楚鑽石交易中心的具體內涵，又涉及鑽石交易所的報告方案中有多項做法與國家現行政策不相符合，幾個部委不約而同，基本上否定了在上海陸家嘴搞鑽石交易中心的設想。

得到消息後，我就打電話找當時國辦秘書二局的副局長石秀詩商

量這個事情，因為我們認為上海辦鑽石交易所這件事是為國家效力，是很有意義的一件事，要想辦法把這件被幾個部委否定的事挽回過來辦成。我們討論了半個多小時，後來商定了一個辦法，就是去找李嵐清同志，李嵐清同志當時是常務副總理，又是搞外貿的，讓他斡旋一下。於是，我就趕緊聯繫李嵐清同志的秘書，把來龍去脈講了一番，講我們上海為甚麼要這麼做，這麼做對國家有甚麼好處，等等。李嵐清同志的秘書就把我們的意思跟李嵐清同志作了彙報。李嵐清同志堅持解放思想、實事求是的原則，批了一段極具里程碑意義的指示，大體意思講了三條。第一條是鑽石交易這件事，我們中國是從計劃經濟過來的，都沒有搞過，都沒有管過，有關部門對這方面不熟悉，缺少經驗，所以不要輕易否定上海的意見。第二條是請當時的外經貿部牽頭組織有關單位，去國際上知名的交易所考察一下，以了解國際鑽石市場的遊戲規則，看完了以後，理解了以後，回來再寫報告。第三條是報告完成後再報他和朱鎔基同志。李嵐清同志這麼一批以後，我接到電話指示，馬上寫報告給徐匡迪市長，給市領導。這件事就柳暗花明又一村，扭轉過來了。

　　1997 年 11 月至 12 月，遵國務院領導及國辦指示，由外經貿部牽頭，國辦秘書二局、財政部、海關總署、國家外匯管理局、上海市和中國工藝品進出口總公司共同組成考察團，赴比利時、以色列、英國、美國、泰國，就各地鑽石業發展情況、鑽石交易所的運作方式和管理規則進行考察。考察由我帶隊，我們上海方面還有陸家嘴開發公司的王安德同志參加，其他都是北京的同志。出發的時候，參加考察的北京同志對上海辦這件事有不同看法，因為他們出訪前已經基本否定了上海的方案，現在又組織他們去國外考察，難免有想法。所以我們登上飛機去以色列的路上，無論是在飛機上，還是在轎車裡，聊

的幾乎都是鑽交所問題，與其說是聊天，簡直可以說是在爭論。我跟他們一路解釋和說明，我說我們的觀點，他們說我們的不對，用國家法理批評我，我就跟他們辯論。我這個人比較好辯，但是跟我辯論的人，從來沒有人跟我做冤家的，後來都是好朋友了，因為我跟人家在講道理，不是意氣用事，我這個人脾氣平時比較隨和，但討論起問題來很認真。國家部委五六個部門的同志都是很好的同志，他們是國家相關政策的制定部門和執行部門，當時反對也是合理的、有道理的，開始兩天都眾口一詞地說我們上海辦鑽交所不行，是不可能的。

　　然而，到了比利時安特衛普和以色列特拉維夫的鑽交所一看，他們的看法開始發生重大轉變。他們原來都沒參觀過鑽交所，還不知道世界鑽石產業的交易規則和通行做法，實地一看就都懂了，意識到我前面跟他們辯論說的各種道理，實際上都是符合世界鑽石交易所的規則的，也不鑽牛角尖了。至此，從特拉維夫開始離開以色列以後的一路上，經過戈蘭高地，經過阿曼，然後到英國倫敦，我們已經思想行動一致了。後來一程，討論的內容已經變了，我們開始共同研究方案，研究鑽石交易當中各種可行方案、各種邏輯、各種內容了。從英國和其他幾個地方結束考察回國的時候，我們已經一起研究報國務院的報告怎麼寫，開頭寫甚麼，中間寫甚麼，下一步建議是甚麼，大家已經要一鼓作氣寫出一個共同支持上海建成鑽石交易所的報告給國務院。可見，這次出國考察效果極佳，一共是半個多月的時間，這麼走了一圈，完全實現了李嵐清副總理的要求，就是說大家不懂，去看看學習一下，回來再形成認識，寫一份報告給朱鎔基同志，上海和中央部委在這個問題上的認識完全一致了。

　　考察結束後，對外貿易經濟合作部會同財政部、海關總署、國家外匯管理局共同簽發了《關於上海鑽石交易中心項目國外考察情況的

報告》，報國務院。很快，國務院領導對報告進行了批示，上海在 1998 年 5 月成立籌備工作領導小組和工作小組，全面啟動上海鑽石交易所成立籌備工作，開始具體搞建設，其間還就一些具體問題與國家部委產生過不同的意見，但我們都本着解放思想、實事求是的原則，一一化解。2000 年 10 月 27 日，上海鑽石交易所在金茂大廈舉行成立大會，世界上第 27 個鑽石交易所在中國誕生。

三、國際規範讓上海鑽交所在世界鑽石業佔有一席之地

現在算一算，到 2019 年，上海鑽石交易所成立差不多是 20 年。儘管從世界已有的鑽交所看，上海鑽石交易所成立不是很早，但是開張後發展迅猛，事實上成為 20 年來世界鑽交所中發展最快的一個。20 世紀 90 年代末國務院批准的鑽交所方案的原始意圖也都達到了預期目標，鑽交所交易方式滿足了中國 40 年改革開放老百姓越來越富裕、對鑽石等奢侈品多層次的消費的需求。目前，整個中國的鑽石進口，不論是毛坯還是成品鑽，100% 都通過上海鑽石交易所，上海鑽石交易所的交易量也從開始時的 1 億美元上升到 2018 年的 26 億美元，約佔全世界鑽石實際加工貿易量的 25% 左右，位居全球 27 個鑽石交易所的前列。上海鑽石交易所的定價系統已經可以影響國際市場，從這個角度講我們在不起眼的小品種上已經做到了世界交易所之最，為中國爭得一席之地。

林強總裁 40 多歲時就當選為世界鑽石交易聯合會副主席，其他國家當選的主席、副主席都是七八十歲的老先生，我們也算開了先河，上海鑽石交易所的國際地位可見一斑，很不容易。這是國際同行對中國鑽石行業發展前景的看好，也是對上海鑽交所的肯定，當然，林強

也非常不容易，1997年從外貿部轉到這個行業，20多年如一日投身到這個行當。這個榮譽屬於林強，也屬於中國鑽石行業。

上海鑽石交易所之所以能取得這麼非凡的成就，究其原因，得益於我們中國廣大的市場，也得益於上海鑽交所一開始就敢於向國際規則看齊，按國際規則操作。

從國際規則看，鑽石交易一般是零關稅，就是這個國家的鑽石到那個國家，那個國家的鑽石到這個國家的互相流通過程中是零關稅，也就是說沒有關稅壁壘。沒有關稅壁壘，不代表不監管。在WTO規則下，非關稅壁壘是其中非常重要的內容。鑽石交易是非關稅貿易壁壘當中重要的管制對象。全世界的海關，嚴重關注走私不走私的商品就是鑽石。為此，全世界鑽石交易的遊戲規則是，作為非關稅的貿易管制，要求鑽石交易登記亮在明處，登記不收關稅。你不登記不報關的話，就罰得你傾家蕩產，所以大多數人不會為了沒甚麼代價的事，去弄得自己傾家蕩產，鑽石交易也就規範起來。

我國從1995年11月開始啟動加入WTO的談判，也同時在國內開啟了研究如何適應非關稅壁壘的問題，與全世界關稅接軌的問題。鑽石行業是最適合進行與世界關稅接軌探索的。因為鑽石交易小眾卻價值昂貴。早先，我們國家對鑽石加收很高的關稅，包括增值稅和作為奢侈品的消費稅，仍然防不住走私，因為走私獲利巨大，利益驅動下很多人選擇了走私。於是，我們大膽學習國際規則，在我們的方案裡，在六部委向國務院報的報告裡，都明確提出免掉鑽石進口關稅，然後增值稅徵17%退13%，只收4%，那就是很低的增值稅了。在當時，這是破天荒的，像房屋開了一個天窗，非常超前。那時傳統的思想對奢侈品別說免稅了，大家都還想着多收點消費稅。所以這個概念一開始提出後被打回來，被六部委否定是可以理解的。至於消費稅，

我們當時做的方案是把它後移，後移到把這個成品鑽鑲嵌到鑽戒上、掛件上變成首飾的時候。此外，我們還明確上海鑽交所交易必須用美元進行結算。這主要是因為中國沒有鑽礦，鑽礦的毛坯也好，原鑽也好，都要從國外進來，交易所作為承上啟下、跟國際之間的連接點，不僅做進出口的批發零售的交易，還做轉口交易，用國際通行的美元進行結算有利於交易。把上述這些事情做通了，上海鑽石交易所可以說成為符合 WTO 規則的一個典型案例。

　　我們的另一個創造性舉措就是把上海鑽石交易所做成全國唯一性的。我們國家各個地方都有海關口岸。如果每個地方口岸鑽石都可以進來，都可以零關稅，增值稅徵 17% 退 13%，只收 4%，上海鑽石交易所就沒有意義了。所以，為了神聖的國家利益，全國鑽石交易只能有一個通道——上海鑽石交易所。任何一個別的通道海關，若要進口鑽石，要麼視同走私，要麼還是用原來的政策，增值稅徵 17% 不退稅。這個規則是別的國家沒有的，這與我國國情有關。所以，為了上海鑽石交易所實現最初預設的目標，我們成功地提出了這個概念，並在國家政策法規的支持下付諸了實施。總之，有了上海鑽石交易所以後，整個中國的鑽石市場，不管毛坯買賣的市場，成品鑽買賣的市場，還是首飾買賣的市場，走私基本消失，這就是上海鑽石交易所起到的重要作用。

鄧小平在上海提出的金融觀點

在上海併購博物館「併購大師講堂」上的演講節選

2018 年 6 月 28 日

　　1991 年 2 月 18 日年初四的早上，鄧小平視察浦東。當時上海市委書記朱鎔基和上海的一些領導參加彙報，我們浦東開發辦的主任、副主任作為工作人員陪同在一起。當朱鎔基彙報上海浦東開發的一個戰略叫「金融先行、基礎鋪路、貿易興市、東西聯動」，這麼一個十六字方針的時候，鄧小平插了一段話：「金融很重要，是現代經濟的核心。金融搞好了，一着棋活，全盤皆活。上海過去是金融中心，是貨幣自由兌換的地方，今後也要這樣搞。中國在金融方面取得國際地位，首先要靠上海。那要好多年以後，但現在就要做起。」鄧小平脫口而出講了這麼一段話，我當時聽了非常的震撼。憑我的知識敏感，覺得這是一個有時代意義的、標誌性的、里程碑意義的一段金融方面的指示，我當然就把它記下來了。

　　鄧小平這一段話寥寥幾句，應該説有四層含義。

　　一是説明了金融在國家經濟發展中的核心地位。

　　二是指出了推動經濟發展的方法，要抓好金融這個關鍵環節。

　　三是指出了中國金融改革開放未來的方向，貨幣最終要走向自由兌換。中國的金融在世界真正有地位就是中國的人民幣能在世界上自由兌換的時候，這是金融強國實現的標誌。大家要知道 1990 年、1991

年中國的貨幣根本連貿易項下都沒有自由兌換，一切都是管制的。在那個時刻鄧小平能夠非常深邃地、高瞻遠矚地講了今後貨幣要自由兌換。他是從上海過去是貨幣自由兌換的地方，今後也要這樣搞這個角度說起的，實際上鄧小平這個話說了以後 5 年，到 1996 年中國人民幣在貿易項下實現了自由兌換。

現在又經過了 20 多年，中國人民幣逐漸國際化，跨境人民幣的交易量越來越大，結算量也越來越大，越來越多的國家把中國的人民幣作為國際貿易的結算貨幣，也有一些國家把我們的貨幣作為儲備貨幣。再過若干年，當有一天中國人民幣在資本項下也能夠自由兌換的時候，當有一天人民幣不僅成為貿易清算、結算的貨幣，而且成為資本項下自由兌換的貨幣，成為各個國家的儲備貨幣，成為世界各國貨幣中的一種錨貨幣的時候，鄧小平的目標就實現了。老人家說這件事要很長時間，我相信十九大報告提出的 2050 年中國成為世界經濟強國的時候，這個貨幣目標也一定能實現。

四是這段話裡講了上海應該是中國的金融中心、國際金融中心，中國的金融要在世界上有地位首先要從上海抓起。這段話對於 20 世紀 90 年代初期的上海是不得了的重要，是非常大的思想震動、思想開放。因為 1990 年前後任何國內報紙沒有一篇文字會說上海是中國的金融中心，上海人自己內部研究，但從來不敢在報紙上去說要成為金融中心的想法。

因為那時候計劃經濟，一切金融出自北京。市場化的地方中心，大家會覺得是不可思議的。所以思想的僵化也好，禁錮也好，包括我們這些當時的局長，腦子裡都是不敢提上海成為中國金融中心。儘管會有這種想法，社科院、研究室內部討論會有，但從來沒有形成文字。

從這個意義上講，鄧小平這段話給上海同志的思想帶來極大的解

放。鄧小平的話講了不久，上海各種報紙開始討論上海金融中心的問題，到了 1992 年上海黨代會正式通過了把上海建成我們國家的金融中心、貿易中心、經濟中心「三個中心的目標」，後來又加了一個航運中心。鄧小平這段話對上海、對中國、對我們所有的金融工作者，對我們不搞金融的經濟工作者都有非常重要的指導意義。所以，金融博物館把鄧小平這段話放着十分重要。

　　1992 年，負責整理鄧小平南方談話的鄭必堅同志到浦東調研。我在陪同他考察過程中講道：「『南方談話』發表後，廣大幹部群眾深受教育和鼓舞。『南方談話』內容很全面，鄧小平同志在上海視察時講的內容基本都有了，但其中有關金融的一段話沒有反映出來。」鄭必堅同志問我：「是甚麼內容？」我便把鄧小平同志視察時關於金融發展的話複述了一遍。鄭必堅同志説：「這段話很重要。在整理『南方談話』時，我們也在尋找鄧小平同志關於金融發展的論述，但沒有找到。你複述的這段話，對上了。」於是，鄭必堅同志要我把鄧小平這段話整理出來。為鄭重起見，鄭必堅同志回到北京後，很快就通知上海市委辦公廳，要求把鄧小平這段話的內容傳真過去。遵照上海市委的要求，我憑自己當時的記錄，很快把這段話寫成文字，並由市委辦公廳轉給了鄭必堅同志。後來，鄭必堅同志告訴我，他收到這段話後，先送給了時任國務院副總理的朱鎔基同志。朱鎔基同志翻閱了自己的筆記本，予以了確認。然後，鄭必堅同志又把這段話給了王瑞林同志，請他呈送鄧小平審閱。鄧小平看後表示，他的確說過這段話，並仔細地在「金融很重要，是經濟的核心」這句話中，「經濟」的前面加上了「現代」兩個字。後來，這段話補充進《視察上海時的談話》一文，收錄在《鄧小平文選》第三卷第 366 頁。

　　改革開放的歷史進程中，很多重要的時刻需要銘記。回顧 1991 年

鄧小平在上海的講話，可以深刻體會到鄧小平超前的戰略遠見和使命擔當。他的講話不僅解放了上海市金融業的生產力，為上海未來成為國際金融中心這一宏偉藍圖打下了堅實的基礎，而且敏銳地指出了金融在現代經濟中的核心地位，將尚處於初級發展階段的金融業提到了一個新的高度，極大地促進了現代金融業的發展。鄧小平雖然已經離開我們，但他對於金融業的思考和戰略謀劃值得我們銘記，他的高瞻遠矚和宏圖偉略將永遠指引中國人民前無古人的改革開放事業。

金融的本質，歸納起來就是三句話

在上海交通大學高級金融學院畢業典禮上的演講

2018 年 7 月 7 日

站在這個講台上，看到同學們青春的面龐、清澈的眼眸，一股蓬勃朝氣撲面而來，讓人倍感欣慰，又心生感慨。在你們即將告別校園、踏入社會之際，我想和大家分享一些關於金融的體悟和感受，希望能對大家的職業生涯有所助益。

同學們的專業都是金融學，我首先和大家分享一段 28 年前鄧小平關於金融的重要論述，這一論述應該成為每個金融從業者的「座右銘」，永記於心，終生回味。記得 1991 年 2 月 18 日，大年初四，鄧小平到浦東視察。在聽取時任上海市委書記朱鎔基彙報時，鄧小平講了一段振聾發聵的話：「金融很重要，是現代經濟的核心。金融搞好了，一着棋活，全盤皆活。上海過去是金融中心，是貨幣自由兌換的地方，今後也要這樣搞。中國在金融方面取得國際地位，首先要靠上海。那要好多年以後，但現在就要做起。」當時，我有幸在現場聆聽，受到極大震撼。

鄧小平這段精闢論述，以一名世紀偉人的思想偉力與遠見卓識，道出了四層含義：一是說明了金融在國家經濟中的核心地位；二是指出了推動經濟改革和發展的方法，一着棋活，全盤皆活，要抓好金融這個關鍵環節；三是提出了中國金融改革開放未來的方向，中國人民

幣最終要走向自由兌換，深刻指出了形成國際金融中心的關鍵，是貨幣自由兌換；四是指出上海應該是中國的金融中心，希望上海為「中國在金融方面取得國際地位」作出貢獻。這段話，高瞻遠矚地提出了對我國經濟建設至關重要的金融戰略，指明了我國金融領域改革發展的方向和重點，其意義極為深遠，猶如一粒思想的種子，在我的腦海裡深深地扎下了根，成為後來我學習金融知識、處理金融事務的思想指引和動力源泉。

按照鄧小平理論，中國的金融在世界真正有地位，就是中國的人民幣能在世界上自由兌換的時候，這是金融強國實現的標誌。大家要知道，1990 年、1991 年中國的貨幣根本連貿易項下都沒有自由兌換，一切都是管制的。在那個時刻，鄧小平能夠非常深邃地、高瞻遠矚地講了今後貨幣要自由兌換，是多麼的睿智、有氣魄！鄧小平說了這個話的五年後，到 1996 年中國人民幣在貿易項下實現了自由兌換。

現在又過去了 20 多年，中國人民幣逐漸國際化，跨境人民幣的交易量越來越大，結算量也越來越大，越來越多的國家把中國人民幣作為國際貿易的結算貨幣，也有一些國家把我們的貨幣作為儲備貨幣之一，2015 年，人民幣加入了 SDR。再過二三十年，當有一天人民幣在資本項下也能夠自由兌換的時候，當有一天人民幣不僅成為貿易清算、結算貨幣，而且成為資本項下自由兌換的貨幣，成為各個國家的儲備貨幣，成為世界各國貨幣中的一種錨貨幣的時候，鄧小平提出的目標就實現了。鄧小平說，這件事要很長時間，我相信黨的十九大報告提出的 2050 年中國成為世界經濟強國的時候，這個貨幣目標一定能實現。

社會在前進，時代在發展，但金融的重要地位始終未變，國家對金融的高度重視始終未變。去年召開的全國金融工作會議上，習近平

總書記深刻指出,「金融是國家重要的核心競爭力,金融安全是國家安全的重要組成部分,金融制度是經濟社會發展中重要的基礎性制度」。其明確提出了做好金融工作的四條重要原則,即回歸本源、優化結構、強化監管、市場導向。特別強調:「金融是實體經濟的血脈,為實體經濟服務是金融的天職,是金融的宗旨,也是防範金融風險的根本舉措」,「防止發生系統性金融風險是金融工作的永恆主題」。習近平總書記這些重要講話,是做好新形勢下金融工作的科學認識論和方法論,每一位金融從業者都應當牢記於心、始終遵循。

對金融的重要性,同學們都很熟悉,學了多年金融,想必也會有這樣的感觸:金融產品種類繁多,操作手法眼花繚亂,似乎讓人摸不透。在金融創新層出不窮的時代,有這樣的困惑不難理解。不過,我們看問題、想事情,要善於抓住本質、化繁為簡,這樣才能得心應手。說到金融的本質,歸納起來,就是三句話。

第一句話,為有錢人理財,為缺錢人融資。金融歸根到底是中介服務,不管甚麼金融機構、金融產品,只有從這個原點出發,才能實現自身價值。比如銀行,一頭攬儲、一頭放貸,賺取的是利差,分散的是風險,充當的是橋樑。再如保險,人在健康、安全時購買,遇到意外時救急,實際是構築了一種財務平衡,保險公司則運用保險資金為企業提供融資。又如證券,上市公司發行股票籌集資金,廣大股民購買股票博取收益,即使自負盈虧、沒有剛性兌付,也是為資金供需雙方搭建通道。

第二句話,信用、槓桿、風險。信用是金融的立身之本,是金融的生命線。金融機構本身要有信用,向金融機構融資的企業也要有信用,沒有信用就沒有金融。信用是槓桿的基礎,一旦有信用,就有透支,透支就是槓桿。銀行存貸比、期貨交易、股票市場融資融券等,

都是一種槓桿。一切金融創新的本質都是放大槓桿比,但槓桿比過高就會產生風險,甚至導致金融危機,而防範金融風險、解決金融危機就要去「槓桿」。信用、槓桿、風險三者之間相互作用、相互影響,信用高的風險就低,槓桿比一般也不會太高;槓桿比高的信用就低,風險也會相應較高。金融的精髓就是把握好三者的「度」,設計一個信用可靠、風險較小、不容易壞賬的槓桿比。

第三句話,為實體經濟服務。這是所有金融工作的出發點和落腳點。實體經濟是金融發展的「母體」,金融在現代經濟中的核心地位,只能在服務實體經濟的過程中體現出來。如果不為實體經濟服務,金融就會變成以自我為中心,就會異化為自彈自唱、空中樓閣,最終成為無源之水、無本之木。所謂「百業興,則金融興;百業穩,則金融穩」,講的就是這個道理。

我講這三句話,是希望同學們對金融的本質有一個清醒的認識。大家即將步入職場,相當一部分同學會進入金融行業,對未來都充滿期待,有着很多美好的憧憬。現在,社會上對金融業的說法也很多,觀點各不相同。有人認為金融業薪酬高,人人都能賺大錢,是發財致富的捷徑;有人認為金融業「高大上」,穿名牌西裝,住豪華酒店,往來「上流」社會;有人認為金融業工作清閒,喝喝酒、聊聊天,觥籌交錯之間就能談成大單,沉醉於歲月靜好、月白風清;有人認為金融業是壟斷行業,是市場中的「甲方」,上海話就是面孔朝南的一方,人人都圍着你轉;有人認為金融充滿幕後操作,把金融業神秘化;更有人因為近年來金融業醜聞不少,認為搞金融的都是吸血鬼,把金融業妖魔化。在這裡,我想告訴大家的是,這些都是假象,都是虛幻的錯覺、浮華的誤解。

金融本質上就是具有中介性質的現代服務業,既不是陽春白雪,

也不是妖魔鬼怪，更沒有那麼神秘。每一位金融從業者，都需要用知識去創造價值，用勞動去贏得客戶，用調查分析去規避風險，都必須沉心靜氣下真功夫、苦功夫。一旦踏入金融行業，加班加點將成為你的工作常態。我國金融從業人員每週平均工作時間超過 56 小時，遇到特殊崗位、重大項目，基本上是「5+2」「白 + 黑」。一旦踏入金融行業，你會經常「為錢發愁」。如果在商業銀行工作，你要四處求人拉存款，絞盡腦汁尋找優質放貸對象，稍有疏忽就可能壞賬；如果在投行工作，你會像項目承包商一樣，全國各地找項目，求人給你 IPO，要找法務財務梳理包裝，要找分析師諮詢，要找投資人詢價，要找證監會審批，要組織路演，經常是多方求人、多頭碰壁、四處受氣。即便是進入企業財務部，也絲毫談不上輕鬆，會經常為企業現金流而操心。一旦踏入金融行業，你還要與殘酷競爭為伴。金融從業人員面臨巨大的考核壓力，為了工資獎金，為了職務晉升，你盡心盡力，精疲力竭，但可能業績平平，甚至掉隊；你可能面臨職場競爭，可能遭遇明槍暗箭，必須學會堅強。

　　金融業還是一個高風險的行業。面對各種或明或暗的陷阱，必須戰戰兢兢、如履薄冰，稍有不慎，就可能陷入困境甚至是危機。在商業銀行，你可能遭遇呆賬、壞賬，讓自己所有努力化為烏有；在保險公司，你可能遇到騙保而影響業績；在證券公司，一次操作失誤，就可能讓個人甚至公司陷入資金周轉困難；在投行，市場波動和潛在風險，可能讓你血本無歸；在一些網絡金融企業，甚至可能因為單位的業務規程就是一個龐氏騙局，你作為具體工作人員，不識廬山真面目，愈是努力按主管要求辦事，愈是把你拖入犯罪的深淵。如此種種，不一而足。

　　每一個即將踏入金融行業的新兵，都應保持清醒的頭腦，做好充

分的思想準備，要學會在逆境中看到希望，在困境中看到光明，在風險中發現機遇，在平凡中成就偉大。

在今後漫長的職業生涯之中：

希望同學們守住本心、不忘初心。自覺肩負起新時代賦予金融人的重大使命，堅守學習金融、投身金融的初心，堅守獻身事業、回報社會的理想，為金融改革發展鋪路架橋，為祖國經濟建設添磚加瓦。

希望同學們沉心靜氣、腳踏實地。保持良好心態，從基層崗位做起，從基礎工作做起，在具體瑣碎的日常工作中學習業務、積累知識，在破解複雜問題的過程中增強本領、沉澱經驗，不心浮氣躁、不急功近利，扎實走好職業生涯每一步。

希望同學們兢兢業業、恪盡職守。以高度負責的工作態度、精益求精的工匠精神，把負責的每一個項目做得周到細緻，把手頭的每一項任務幹得出效、出彩，以實幹創造實績，以實績證明實力，一步一步贏得業內的口碑和事業的輝煌。

希望同學們警惕風險、堅持原則。在日益激烈的競爭中堅守底線，在經濟利益的追逐中有所不為，始終乾乾淨淨做事，清清白白做人，維護好客戶利益，保護好自身安全，為營造良好金融生態環境貢獻自己的一份力量。

同學們！習近平總書記講過：「人的一生只有一次青春。現在，青春是用來奮鬥的；將來，青春是用來回憶的。」希望同學們珍惜青春時光、揮灑青春才情、追逐青春夢想，今後回首往事時，可以驕傲地說，我把青春獻給了最熱愛的金融事業，實現了人生的昇華與超越，不負上海交大的培養，不負青春的韶華！

最後，祝大家乘風破浪、勇往直前，前程似錦、圓夢明天！

後記

授業解惑是人生再學習再研究最好的生活方式

自 2018 年 9 月受聘擔任復旦大學特聘教授以來，不知不覺，在經濟學院講課已經一年多了。這段時間，正式授課 12 次，另有 2 篇復旦大學主辦的論壇演講，一共 14 篇講稿，均整理更新後收錄在這本書中。

在復旦大學授課的這段時光，對我來説既令人振奮又深感責任重大。「日月光華，旦復旦兮」，百年滄桑的復旦大學，培育了大批巨匠名流，沉澱了深厚的人文底蘊。自馬相伯先生創辦復旦大學以來，于右任、陳寅恪、竺可楨等一大批學子在此讀書求學，打下了堅實的學術基礎，日後大放異彩。嚴復、徐悲鴻、蘇步青、楊振寧等學術大家也曾在此授課講學，他們追求真理、踏實奮進的精神，最終融入復旦大學的血脈中，成為復旦人崇高精神的一部分。大學，是每一個莘莘學子追求知識、追求真理、追求夢想的地方。能夠站在復旦大學的講台上，將自己的知識傳授給同學們，身上肩負的使命顯得尤為神聖。

習近平總書記曾説過：「人民教師無上光榮，每個教師都要珍惜這份光榮，愛惜這份職業，嚴格要求自己，不斷完善自己。」在經濟學院授課的這段時間，對我來説，既是教授知識，也是不斷學習的過程。在經濟戰線工作三十四載，每日研究各種經濟問題，處理各種經濟事務，對經濟各領域的運作機制、主要矛盾可以説爛熟於心。但事物處

於發展變化之中，近年來隨着供給側結構性改革的穩步推進，經濟改革中的基礎性、機制性的新問題、新矛盾逐漸凸顯出來。為了不誤人子弟，每次授課前我都會做大量的調查研究，對邏輯思路仔細推敲，不清楚的問題查閱資料、諮詢專家學者；一定要對數據、案例逐一核對、驗證，確保引用的數字準確無誤，課程內容沒有紕漏；發表的觀點在角度、高度、深度上下功夫，做到不拾人牙慧、道人所未道；為了找到問題的對策，我常常思考工作到深夜，這個過程雖然枯燥，也蘊含着無窮的樂趣。

經濟學同時又是一門原理複雜、實踐性很強的學科，如果課堂氛圍呆板嚴肅，會降低學生學習的熱情。所以在教學方法上，我也盡量營造輕鬆、愉悅的課堂氛圍。教授經濟學原理時，我用通俗易懂的語言講通講透，努力讓聽眾有所思、有所獲；針對當代年輕人思維獨立、追求個性的特點，我不講空話套話，盡量用風趣幽默的類比把乾貨內容講出來；同學們課堂上的困惑和疑問，我從原理和實踐出發展開深入探討，力圖達到授業解惑的目標。

復旦大學有句著名的校訓：「博學而篤志，切問而近思。」與教授知識相比，我更注重教授解決問題的思維方法。在我看來，這句校訓裡前者是基礎，後者是進一步精進的必要條件。我們通常認為博覽群書並廣泛學習，能使人收穫更多知識，掌握更多技能。但在讀書過程中，如果沒有自由的靈魂，獨立意志很容易被人影響，最終淪落為人云亦云，結果可能比不讀書更糟。所以在獲取知識的過程中，獨立思考、親自調查是至關重要的。在幾十年的經濟管理和研究經歷中，我總結了一種行之有效的研究範式：「問題—結構—對策」。面對各種問題時，先研究問題、分析問題，找到問題結構性的、體制性的、機制性的、制度性的短板，通過改變問題的聯繫方式、邊界條件，使得問

題朝着理想的方向和預期的目標轉化，問題基本上就迎刃而解了。上述方法也是我一系列書籍、文章、演講的核心分析方法。

　　做學問、做研究，對我來說是一輩子的事情。在從政階段，面對的往往是社會或經濟中的現實問題，需要調查、研究，在此基礎上出台方針、政策，引導產業走上良性循環之路。在為師階段，面對眾多基礎性、前瞻性課題更需要用心思考。這種不斷探索新知的過程，過程可能是枯燥乏味的，但最終收穫的往往是真實難忘的滿足和欣慰。而更讓人高興的莫過於將這些實踐與積累分享給復旦大學聰明而滿懷抱負的學子。在我看來，這是人生再學習再研究最好的生活方式，是最好的人生歸宿。「力學如力耕，勤惰爾自知。但使書種多，會有歲稔時。」願大家繼續立足當下、腳踏實地，以積極進取的朝氣、獨立審慎的態度，不斷探索新知，為中國的改革開放事業再立新功！

黃奇帆

2020 年 4 月

責任編輯 　　正　圓
書籍設計 　　彭若東
排版印務 　　馮政光

書　　名	分析與思考——黃奇帆的復旦經濟課
作　　者	黃奇帆
出　　版	香港中和出版有限公司 Hong Kong Open Page Publishing Co., Ltd. 香港北角英皇道 499 號北角工業大廈 18 樓 http://www.hkopenpage.com http://www.facebook.com/hkopenpage http://weibo.com/hkopenpage Email: info@hkopenpage.com
香港發行	香港聯合書刊物流有限公司 香港新界荃灣德士古道 220-248 號荃灣工業中心 16 樓
印　　刷	陽光 (彩美) 印刷有限公司 香港柴灣祥利街 7 號萬峯工業大廈 11 樓 B15 室
版　　次	2021 年 4 月香港第 1 版第 1 次印刷
規　　格	16 開 (154mm×230mm) 400 面
國際書號	ISBN 978-988-8694-91-4 © 2021 Hong Kong Open Page Publishing Co., Ltd. Published in Hong Kong

本書由上海人民出版社有限責任公司授權出版，只限在中國香港特別行政區、中國澳門特別行政區、中國台灣地區發行、銷售。

©上海人民出版社有限責任公司 2020